微观教育公平实证研究

钱　佳◎著

清華大学出版社
北京

内 容 简 介

本书系统地研究了微观教育公平的理论与实证问题，按照微观教育公平“是什么”“影响因素”“怎样推进”的思维逻辑，提出微观教育公平的理论架构，从家庭内部教育决策、教师行为、学校资源分配等方面探讨教育公平的微观机制，并基于家长、教师、学校、社会、政府五大主体视角，论述推进微观教育公平的对策建议。

本书具有理论性、实证性、系统性的特点，可为教育决策者、教育工作者和研究者提供参考。

本书封面贴有清华大学出版社防伪标签，无标签者不得销售。
版权所有，侵权必究。举报：010-62782989，beiqinquan@tup.tsinghua.edu.cn。

图书在版编目（CIP）数据

微观教育公平实证研究 / 钱佳著 . -- 北京 : 清华大学出版社 , 2024. 6. -- ISBN 978-7-302-66609-7

Ⅰ. G40-052

中国国家版本馆 CIP 数据核字第 2024GR4605 号

责任编辑：杜　晓
封面设计：曹　来
责任校对：李　梅
责任印制：沈　露

出版发行：清华大学出版社
网　　址：https://www.tup.com.cn，https://www.wqxuetang.com
地　　址：北京清华大学学研大厦 A 座　　**邮　　编：**100084
社 总 机：010-83470000　　**邮　　购：**010-62786544
投稿与读者服务：010-62776969, c-service@tup.tsinghua.edu.cn
质量反馈：010-62772015, zhiliang@tup.tsinghua.edu.cn
课件下载：https://www.tup.com.cn, 010-83470410
印 装 者：三河市龙大印装有限公司
经　　销：全国新华书店
开　　本：185mm × 260mm　　**印　　张：**12.75　　**字　　数：**308 千字
版　　次：2024 年 6 月第 1 版　　**印　　次：**2024 年 6 月第 1 次印刷
定　　价：69.00 元

产品编号：103874-01

前言

长期以来，促进教育公平一直是我国教育改革和发展坚定不移追求的目标。“坚持以人民为中心发展教育，加快建设高质量教育体系，发展素质教育，促进教育公平”是党的二十大报告对教育公平赋予的新时代内涵。在追求高质量教育公平的政策指向下，当前我国宏观教育公平得到持续改善，但在微观层面仍面临不少深层次的问题和困难。微观教育公平作为教育公平践行重要的一环，不仅是衡量一个国家文明水平的重要指标，还是推动教育高质量发展、实现教育公平的必由之路。研究和探讨微观教育公平问题，不仅直接关系到学生个体的健康成长，而且对我国基础教育高质量发展乃至整个社会公平正义的实现，都具有十分重要的价值和意义。

鉴于此，本书进行了以下三个方面的研究。

（1）基于理论研究，探究微观教育公平理念。通过总结基础教育实践中的公平理念，并对相应问题进行理论提炼，提出符合新时代发展要求的微观教育公平理念。通过对理论的研究和对现实问题的总结，论证出一种具有政策参考价值的、有关基础教育公平理念的理论架构。因此本书在明确微观教育公平理念的基础上，尝试回答“微观教育公平是什么”的问题。

（2）基于实证研究，探析微观教育公平的影响因素及机制。已有研究从微观层面的家庭决策、课堂教学、家校合作、学校制度等方面探究了教育不平等现象，并尝试解释其微观机制。基于此，本书以家庭、班级、学校三个场域为切入点，从家庭内部教育决策、教师行为、学校资源分配等方面进一步探讨教育公平的微观机制，尝试回答“微观教育公平的影响因素有哪些”的问题。

（3）基于应用研究，探讨微观教育公平的推进策略。教育公平从方向来看，包括教育横向公平和纵向公平；从阶段来看，包括教育机会公平、教育过程公平和教育结果公平。因此，本书基于家长、教师、学校、社会、政府五大主体视角，从微观教育公平的不同维度提出推进微观教育公平的对策建议，尝试回答“怎样推进微观教育公平”的问题。

本书分为七章。第一章是引言部分，分别从教育公平的政策指向、实践趋势及研究转型三方面介绍了本书研究的背景，强调了研究的意义，提出了研究目的及全书的结构安排。第二章是文献综述部分，首先对微观教育公平的理论研究进行了溯源与聚焦，其次从机会公平、过程公平、结果公平三方面对已有的相关研究进行了梳理和述评，最后从家庭、学校及家校合作三方面分析了微观教育公平的机制，为本次开展微观教育公平实证研究提供理论支撑和方法指导。第三章是研究设计部分，首先对数据来源和样本信息进行了描述，其次对本文主要的计量模型进行了说明，最后介绍了本次研究主要变量的测量及主要的控制变量。第四章基于调查数据，从微观层面的学校选择、班级管理、家长陪读等方面探究了教育机会不公平现象，进一步探讨了其中的微观机制及影响因素。第五章基于调查数据，从微观层面的课堂教学、学生评价、家校合作、师生与同伴关系等方面探究了教育过程不公平现象，进一步探讨了其中的微观机制及影响因素。第六章基于调查数据，从学生认知能力、非认知能力、心理健康等方面探究了教育结果不公平现象，进一步探讨了其中的微观机制及影响因素。第七章基于实证分析结果，从微观教育公平的不同维度分别提出保障微观教育机会公平、强化微观教育过程公平、发挥家校协同育人功能和促进微观教育结果公平的对策建议。

本研究基于2023年H省7市（区、县）的调查数据，围绕微观教育机会公平、过程公平和结果公平的结构框架，从学校选择、班级管理、家长陪伴、课堂教学、学生评价、同伴关系、家校合作等方面实证分析了微观教育公平问题。主要研究发现：①从微观教育机会公平来看，不同学生在选择学校、参与班级管理与获得家长陪伴方面存在机会差别，这些差别可以通过文化再生产、资源传递等多种途径转化为学生的微观教育机会优势。②从微观教育过程公平来看，学校课堂教学、学生评价、家校合作、师生与同伴交往过程中，农村、学习成绩较差、留守儿童、随迁子女等弱势学生群体在教育过程中处于不利地位。③从微观教育结果公平来看，学生认知能力、非认知能力与心理健康发展方面存在较明显的群体差异，学校教学方法、家庭教养方式、家校合作等是影响微观教育结果公平的重要因素。上述结论为我们思考新时代背景下如何推进微观教育公平落地提供了重要启示。

本书由华中师范大学钱佳进行整体构思，确定写作思路与内容。参与本书撰写的还有：北京师范大学博士研究生李青青（第二章第一节、第五章第一节），华中师范大学博士研究生崔晓楠（第四章第二节、第五章第二节）、曹义兰（第五章第三节）、郝以谱（第六章第三节）。感谢华中师范大学教育学院范先佐教授、雷万鹏教授对本书的悉心指导。江汉大学讲师徐璐、湖北工业大学讲师黄旭中等同门对本书的完成亦有贡献。在写作过程中，笔者参阅了大量研究论文和著述，在此向作者和出版单位表示感谢。还要感谢清华大学出版社对本书出版的大力支持。本书出版获华中师范大学中央高校基本科研业务费（人文社科类）2024年度重点种子培育项目（项目编号CCNU24ZZ020）和教育学院“双一流”建设经费支持。限于作者学识与水平，本书难免有不足之处，敬请读者批评指正。

钱　佳

2024年2月于武汉桂子山

目录

第一章 引 言

“公平”是衡量社会文明程度的重要标尺，也是人类社会普遍追求的价值理念。教育公平作为社会公平的基石，不仅是反映社会公平的显性指标，也是实现社会公平的重要途径。党的二十大报告指出，“坚持以人民为中心发展教育，加快建设高质量教育体系，发展素质教育，促进教育公平”。当前，我国宏观教育公平已持续改进，但仍面临人民群众日益增长的对更好更公平教育的需要与不平衡不充分的教育发展之间的矛盾，由此产生的微观教育公平问题受到越来越多的关注。促进微观教育公平，既有助于推进更加公平、更高质量的教育体系建设，满足人民群众对教育的需求，也有助于促进社会公平正义的实现。本书基于对H省基础教育学业质量问题的专门调查，从微观教育公平的研究视角出发，探究微观教育公平的影响因素及机制，并在此基础上进一步提出相应推进策略。

第一节 研究背景

一、教育公平的政策指向

促进教育公平是我国的基本教育政策，历来受到党和国家的高度重视。中华人民共和国成立以来，尤其是改革开放以来，我国逐步建立健全教育公平政策体系，从面向“工农大众”和基本实现“两基”的保底式公平，再到“让每个孩子都有人生出彩机会”的高质量公平，从“有学上”到“上好学”，我国教育公平发展成效显著，实现了从人口大国到人力资源大国的奋力一跃。教育公平是历史发展的产物，在不同历史时期和社会背景下，教育公平政策重点与指向也有所不同，据此可将新中国成立以来的教育公平政策大致划分为四个阶段。

一是以面向“工农大众”为重心的奠基阶段（1949—1978年）。中华人民共和国成立后，为改造旧教育、发展新教育，党和政府提出教育“要向工农开门”，着力发展工农大众教育，扩大人民群众受教育的机会，彰显了中华人民共和国重视社会公平与教育公平的理念。1951年，中央人民政务院讨论通过的《关于改革学制的决定》提出，要改革我国原有各种不合理的学制年限与制度，以提高广大劳动人民文化水平。这一时期为了缩小城乡之间、工农之间的教育差距，大力普及教育以扫除文盲，采取了教育重心下移、取消统一考试等举措，虽然满足了工农子女的教育需求，但忽略了当时社会发展的客观条件和教育发展的基本规律，且过分强调了教育的政治功能，一定程度上损害了教育的真正公平[①]。

二是以实现“两基”为主要目标的建设阶段（1979—1999年）。改革开放后，我国进入

① 陈新忠，向克蜜．中国共产党推进教育公平的百年历程与政策前瞻[J].华中农业大学学报（社会科学版），2021（5）：5-13，191.

全面开创社会主义现代化建设的新局面，教育也步入恢复、调整、改革和提高阶段，主要围绕实现基本普及九年义务教育和基本扫除青壮年文盲（以下简称“两基”）的目标，出台了系列教育公平政策。随后，党的十四大确立把“到本世纪末，基本普及九年义务教育，基本扫除青壮年文盲”作为20世纪90年代我国教育事业发展的重要目标。1985年，《中共中央关于教育体制改革的决定》提出“有步骤地实行九年制义务教育”，为促进教育公平提供了体制机制保障。1993年，中共中央、国务院印发《中国教育改革和发展纲要》，明确到20世纪末“全国基本扫除青壮年文盲，使青壮年文盲率降到5%以下”的行动目标。在这一阶段，“两基”目标真正转变为国家行动，为人民提供了接受教育的机会，促进了教育公平。

三是以保障教育机会公平为重点的发展阶段（2000—2011年）。21世纪初，我国基本完成“两基”目标。为了巩固教育公平发展的重要成果，国家更加注重保障教育入学机会的公平，通过合理配置教育资源，加强东部对中西部、城市对农村的教育对口支援等方式，促进义务教育均衡发展。2002年，教育部出台《关于加强基础教育办学管理若干问题的通知》，提出“积极推进义务教育阶段学校均衡发展”，强调“坚持义务教育阶段公办学校就近免试入学”，不招“择校生”等。2003年，《国务院关于进一步加强农村教育工作的决定》指出“发展农村教育，使广大农民群众及其子女享有接受良好教育的机会，是实现教育公平和体现社会公正的一个重要方面”。随之实施了农村义务教育经费保障机制改革、农村寄宿制学校建设工程、“两免一补”工程等政策举措，保障农村地区人人都能够接受教育。至2008年秋，我国实现城乡义务教育阶段免除学杂费，教育公平迈出了更大步伐。2010年，《国家中长期教育改革和发展规划纲要(2010—2020年)》确定了“把促进公平作为国家基本教育政策”。自此政府进一步加大对教育公平的推进力度，重点围绕促进义务教育均衡发展和扶持困难群体出台了许多旨在促进教育公平的政策举措，有力守住了教育公平的底线。

四是以有质量的教育公平为指向的深化阶段（2012年至今）。党的十八大以来，以习近平同志为核心的党中央高度重视教育公平问题，在谋划推进共同富裕、推动中国教育现代化、建设教育强国过程中，始终明确要坚守教育公平的价值原则。2012年11月15日，习近平总书记在中共中央政治局常委同中外记者见面会上强调“人民对美好生活的向往，就是我们的奋斗目标。”2013年，《中共中央关于全面深化改革若干重大问题的决定》提出“以促进社会公平正义、增进人民福祉为出发点和落脚点”，“公平正义”受到了前所未有的重视。2015年，第十二届全国人民代表大会常务委员会第十八次会议通过修改后的《中华人民共和国教育法》，其中将“国家采取措施促进教育公平，推动教育均衡发展”写入总则，教育公平由此也上升为我国教育基本法律的原则。2017年，习近平总书记在党的十九大报告中提出要“努力让每个孩子都能享有公平而有质量的教育”，开启了新时代我国教育公平政策的新篇章。在这一阶段，教育公平政策内容不仅关注教育机会公平的实现，而且逐渐重视教育过程公平和结果公平的实现。

经过“十三五”时期的发展，我国教育公平实现了新跨越，各级教育普及程度均达到中高收入国家平均水平，教育事业发展迈入了新的发展阶段。截至2020年，我国学前教育毛入园率达85.2%，九年义务教育巩固率达95.2%，高中阶段毛入学率达91.2%[①]，历史

① 冯建军，高展．新时代的教育公平：政策路向与实践探索[J].东北师大学报（哲学社会科学版），2022（4）：16-23.

性地解决了基础教育阶段“有学上”问题，随之向更好地实现人民群众“上好学”的殷切期盼迈进。《中国教育现代化 2035》把提高教育质量、促进教育公平和优化教育结构作为推进教育现代化的重要着力点。在党的二十大报告中，习近平总书记明确指出，教育发展要坚持“以人民为中心”“办好人民满意的教育”，要通过深化教育改革，进一步“发展素质教育，促进教育公平”。站在新的历史起点上，建设高质量教育体系，追求高质量的教育公平是建成教育强国、全面实现教育现代化的必然路径，也成为新时代教育公平政策的目标指向。

二、教育公平的实践趋势

针对不同的教育公平问题，世界各国都开展了多种多样的实践探索。21 世纪以前，美国教育改革旨在实现所有种族、性别、社会阶层学生的教育公平，即所有学生都有平等的机会接受教育。1985 年，美国《国家处在危机之中：教育改革势在必行》（*A Nation at Risk: The Imperative of Educational Reform*）报告中将“提升教育质量和保证教育公平”作为新一轮基础教育改革的目标；进入 21 世纪，美国的教育公平实践在一定程度上侧重关注教与学的公平，注重学生全面发展的结果平等。2018 年，美国政府发布的《（2019—2023 财年）美国政府国际基础教育战略》（*U.S. Government Strategy on International Basic Education for Fiscal Years* 2019—2023）提出通过建立一个所有人都能够获得所需知识和技能的教育体系，增加所有人，特别是边缘化和弱势群体接受优质基础教育的机会，并着力提高学生学习成就。英国以“卓越教育”为导向，高度重视教育公平和高质量发展，通过对国家课程的多次改革、实施教育薄弱地区和薄弱学校改造计划等举措，保障每一个儿童都享有接受优质教育的权利。同样，东亚教育强国韩国通过教育经费投入“公私分明”，优先支持和帮助处于弱势地位的地区、学校和学生等举措，保障教育机会均等，并重视实施教育内部均衡及分流等措施，着力满足不同兴趣、能力、态度学生的学习需求[①]。总之，从以上国家的教育公平实践过程来看，在保证教育起点公平的基础上，教育公平的关注点逐渐转向教育过程中教与学等微观教育情境中的公平问题。

在办好人民满意教育，着力促进教育公平的政策指向下，我国各级政府也从多方发力，通过加大教育资源投入、优化教育资源配置等举措，逐步缩小区域、城乡、校际差距，不断推进教育改革成果惠及全体人民，宏观教育公平问题得到了持续改善。

其一，城乡教育一体化发展取得新成效。为了解决“乡村弱”的问题，国家通过加大对农村地区教育发展的投入力度，构建城乡统一、重在农村的义务教育经费保障机制等举措，着力改善学校办学条件，提高农村义务教育水平，推动城乡义务教育一体化发展。如图 1-1 所示，2000—2021 年，我国财政性教育经费支出持续攀升至 45835 亿元，有力保障和推动了我国城乡义务教育一体化发展。具体来看，如图 1-2 所示，我国普通小学的生均一般公共预算教育经费支出由 491 元提高到 12331 元，提高了 24.11 倍，而农村小学的生均一般公共预算教育经费支出从 413 元提高到 11541 元，提高了 26.94 倍；

① 皮拥军. OECD 国家推进教育公平的典范——韩国和芬兰 [J]. 比较教育研究，2007（2）：6-10.

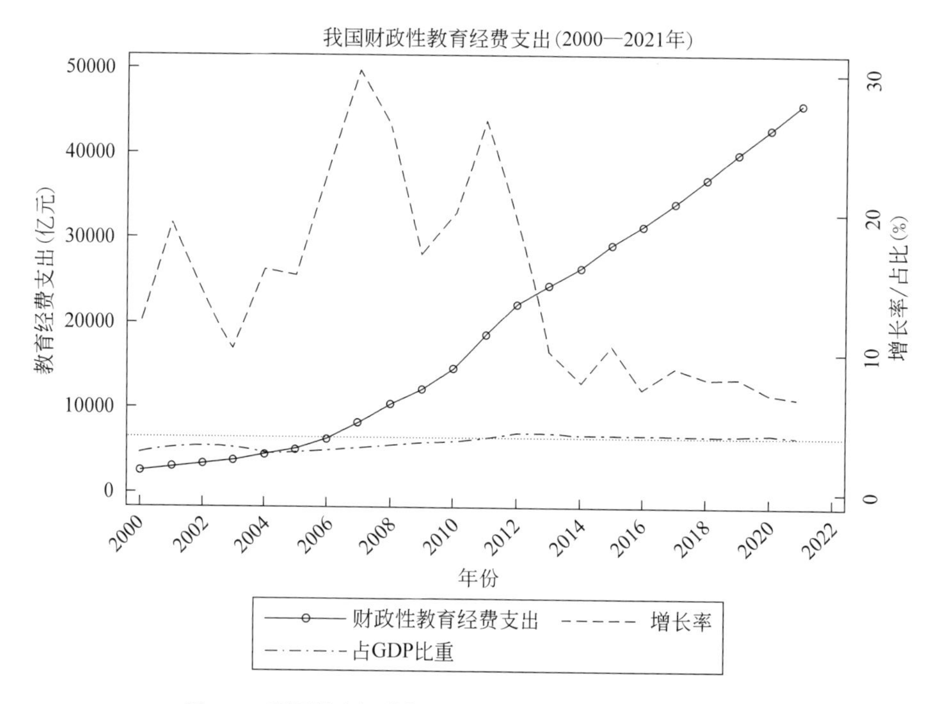

图 1-1　我国教育经费投入的发展趋势（2000—2021 年）

数据来源：教育部 国家统计局 财政部《全国教育经费执行情况统计公告》（2001—2022 年）

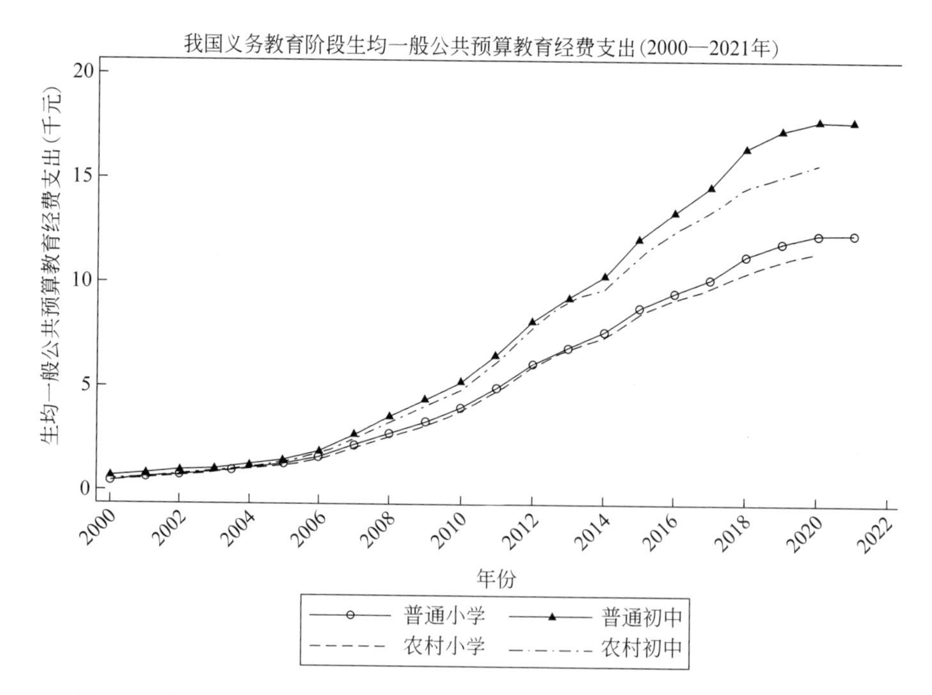

图 1-2　我国义务教育阶段生均一般公共预算教育经费支出（2000—2021 年）

数据来源：教育部 国家统计局 财政部《全国教育经费执行情况统计公告》（2001—2022 年）

普通初中的生均一般公共预算教育经费支出由 680 元提高到 17804 元，提高了 25.18 倍，而农村初中的生均一般公共预算教育经费支出从 534 元提高到 15731 元，提高了

28.46倍。[1]各地政府响应中央政府号召，先后实施全面改薄、校长教师交流轮岗、乡村教师支持计划、集团化办学、县管校聘、推进教育信息化等多项举措，推动城乡教育资源均衡配置，取得明显成效。

其二，区域教育协调发展达到新高度。确保适龄儿童平等享受教育红利、顺利接受公平教育是促进区域经济社会快速发展的基础性前提条件，更是区域教育优质均衡发展的题中之义[2]。近年来，我国通过优化资源配置，把更多资源向薄弱地区倾斜，不同区域之间的不公平现象也得到了有效改善，区域差距逐渐缩小。第一，教育经费投入趋于协调。国家投入中、西部地区的财政性教育经费有所上升，加大教育的投入力度的同时注重优化教育资源的配置，教育资源的供给力度和教育资源分配的均衡度不断提高，使我国原本处于教育劣势地区的教育财政投入、人力资源保障、教育资源分配等教育供给指标均呈现出明显上升的趋势。第二，师资力量趋于协调。党的十八大以来，中央财政对师资力量的投入不断提高，累计投入700多亿元，着力为中西部地区乡村学校补充100多万名教师，范围覆盖了中西部地区22个省（区、市）的共1000多个县。2021年，中西部欠发达地区优秀教师定向培养计划启动实施，这项计划的实施促进了优秀教师的培养，解决了中西部陆地边境县中小学校教师不足的问题。

其三，校际均衡发展实现新提升。在统筹区域和城乡发展的背景下，教育优质均衡发展的目标一定会落到学校层面，通过缩小义务教育校际差距、激发每一所学校的内生动力、提高其办学质量来实现。第一，校际办学质量差距缩小。通过集团化办学和学区制管理，部分学校之间的教师资源实现共享和共同发展，为县域师资配置的均衡化创造了坚实基础。例如，2021年北京市启动“大面积、大比例”干部教师交流轮岗，既是为落实“双减”政策采取的一项重要措施，涉及者众、涉及面广，也为构建优质均衡的基础教育新局面探索了经验。此外，组建联盟式教育集团，形成学校教研共同体，促进各个学校之间优质师资实现合理流动，推动学校办学水平得到整体提升。第二，招生入学秩序得到规范。为破解择校难题，在中小学全面实施免试就近入学、废除“择校费”、取消重点学校、打造“学区”“集团校”等举措，有效遏制了“择校热”现象。2020年“公民同招”政策落地，更是让择校和招生入学秩序得到进一步规范。

其四，群体公平发展呈现新局面。保障群体公平发展也是我国促进教育公平的主要任务之一，其体现的是“补偿性公平”和“差异性公平”。“补偿性公平”是指在配置教育资源时考虑学生的自然特质和背景差距，并对处境不利的学生在教育资源配置上予以补偿。“差异性公平”是指根据学生的个体差异（而非社会经济地位）区别对待，表现为教育资源配置的差异性。一方面，进一步加强对孤儿、事实无人抚养儿童、农村留守儿童、困境儿童、特困学生等群体的保障和关爱。在习近平总书记关于教育公平的重要论述指引下，在不断拓展教育公平“广度”的基础上，深化教育公平的“深度”，实现从基本教育公平的全覆盖到更高质量教育公平的广覆盖，形成政府主导、学校和社会积极参与的“奖、贷、助、勤、补、免”全方位资助体系，在制度上力保“不让一个学生因家庭经济困难而失学”。另一方面，进一步加强对随班就读残疾儿童、学习困难学生、学优生、心理问题学生、不

① 孙丹．中国内地义务教育资源配置与学生教育结果[D]．香港：香港中文大学，2023.

② 孙凤君．区域教育均衡发展视域下中学教师流动失衡现象及对策[J]．教育理论与实践，2022，42（23）：21-24.

良行为学生等群体的关注和重视。围绕教育机会、条件、质量和保障公平，党中央出台落实一系列重大举措，使得视力、听力、智力障碍和孤独症等各类残疾儿童的特殊教育服务机制得到了健全，让适龄残疾儿童义务教育的入学率超过了95%。

在新时代背景下，我国教育公平实践深入推进，原有侧重于通过公共教育资源均衡配置来推动整个国家教育系统的公平的路径不断深化，逐渐回归育人的根本目的，具体教育情境中的微观教育公平问题也日益受到重视。例如，2019年，中共中央、国务院《关于深化教育教学改革全面提高义务教育质量的意见》提出“坚持面向全体，办好每所学校、教好每名学生”的基本要求，并指出要强化课堂主阵地作用，优化教学方式，重视差异化教学和个别化指导；2022年，教育部印发《义务教育课程方案和课程标准（2022年版）》，明确将“面向全体学生，因材施教”作为义务教育课程基本原则，强调为每一位适龄儿童、少年提供合适的学习机会，促进教育公平。

三、教育公平的研究转型

教育公平既是社会公平的重要体现，也是教育研究领域关注的热点话题之一。从现有教育公平研究的问题域来看，主要包括“教育的公平”和“教育对社会公平的作用”两大方面的研究。“教育的公平”是指探讨教育本身的公平问题，如图1-3所示，其具体可以分为宏观教育公平和微观教育公平。对此，一种理解是以教育资源配置的主体地位作为划分标准，认为宏观教育公平是把国家作为教育资源分配的主体，由政府从全国发展角度进行教育资源配置的合理性原则，微观教育公平则是指学校这一配置教育资源的主体，在配置学生学习过程中所需的各种资源时遵循的合理性原则[①]。另一种理解是“教育的公平”有教育系统的整体公平和教育系统内部公平两个层次[②]：宏观教育公平是教育系统整体的公平，主要体现为教育制度与政策上的公平、教育权利平等、教育机会均等、教育规模均衡和教育结构均衡等方面，考虑的是群体的利益；微观教育公平是教育公平的具体化，是教育系统内部的和实质性的公平，主要是指影响学生个体发展、满足学生身心发展需要的过程与方式中存在的公平，关注的是个体利益，相关研究侧重于学校教学、班级管理、师生的交往实践等方面。基此分类，本研究主要关注的是微观教育公平，即教育系统内部的公平问题，具体包括微观教育机会公平、微观教育过程公平和微观教育结果公平。

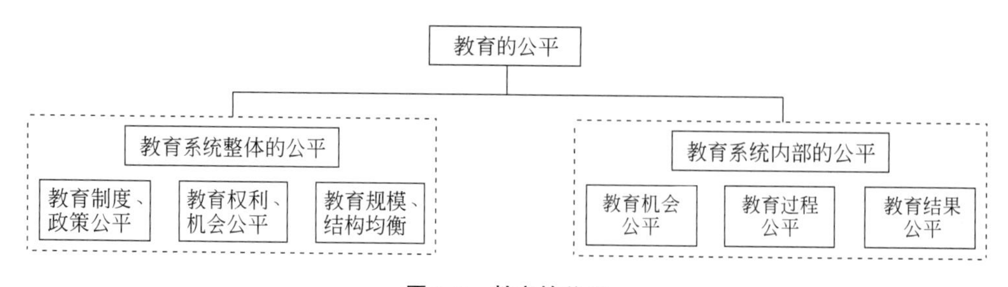

图1-3 教育的公平

① 郭彩琴.教育公平论：西方教育公平理论的哲学考察[M].徐州：中国矿业大学出版社，2004.

② 吕星宇.教育过程公平：教育活动的内在品性[M].上海：华东师范大学出版社，2013.

目前，有关微观层面的教育公平问题越来越成为教育领域研究的重点，研究者将更多关注放在学生在学校、班级、家庭等具体教育情境中的教育公平问题，例如入学机会公平、课堂教学中的过程公平等。从国外相关研究来看，早在19世纪末，教育机会均等运动的兴起就把“平等”的内涵外延到了教育公平之中。1966年，美国学者詹姆斯·科尔曼（James Coleman）等研究者发表了《教育机会均等》（*Equality of educational opportunity*）报告，他们认为教育机会公平是一个连续的过程，并进一步从教育的角度指出要通过将学校资源投入的均等转变为学校教学效果的均等来保障教育机会均等[①]。20世纪70年代后，由于公众对学校教育成效的不满，教育公平研究逐渐指向与教育质量密切相关的学业成功机会均等。瑞典学者胡森认为教育机会均等不仅是起点均等，还包括过程均等和结果均等，他提出真正的平等不是同样地对待每一个儿童，而应该是使每个儿童都有相同的机会得到不同方式的对待。通过大量的实证研究，胡森发现家庭背景、学校内部的物质设施、教师能力与对学生的态度等是影响个人教育的因素[②]。后来，随着美国教育标准化改革运动的发展，吉顿（Guiton, G.）[③]、史蒂文斯（Stevens, F.I.）[④]等研究者还关注了反映学校教学课程内容安排、教师组织课堂教学活动与学生学习过程的学习机会公平问题。2016年，世界银行《公平与发展》（*Equity and Development*）报告指出，尽管在世界各地入学方面的不平等程度有所下降，但学校教育的质量差距依旧明显，并呼吁“要确保所有儿童至少掌握参与社会和当今全球经济所需要的基本技能”[⑤]。在此基础上，国外研究者对如何打开教育过程公平“黑箱”的讨论逐渐增多，学校内部、课堂教学等微观层面的教育公平问题日益受到重视。

从国内来看，2006年《中华人民共和国义务教育法》修订之前，我国教育公平研究主要讨论教育公平的内涵[⑥]，更关注宏观层面的教育公平问题。该阶段的研究者们认为我国教育公平问题主要体现在农村教育问题突出的城乡差别以及弱势群体和贫困学生的阶级差别[⑦]，较少涉及教育活动中的微观教育公平问题的研究[⑧]。随着教育公平政策与实践的深化拓展，我国宏观层面的教育公平问题已持续改善，教育研究者也逐渐将视野延伸至教育发生具体情境中的教育公平，强调促进学生全面而自由的个性化发展，并在促进教育高水平地持续发展过程中，寻求公平与质量的平衡。有研究者认为，真正意义上的教育公平不单单是指教育公共资源配置方面的平等或均衡，更应该扩展到同时关注教育系统内部不平等、边缘化、排斥、欺侮等更加隐蔽的正义问题的解决上来[⑨]。目前，人们对政府努力追求的教育公平改革举措获得感有待提升，对于每个学生享有公平而有质量的教育的呼声依然很高，

① 詹姆斯·科尔曼.教育机会均等的观念[M].何瑾，译.上海：华东师范大学出版社，1989.

② 张人杰.国外教育社会学基本文选[M].上海：华东师范大学出版社，2009.

③ Guiton G, Oakes J. Opportunity to Learn and Conceptions of Educational Equality[J]. Educational Evaluation and Policy Analysis, 1995, (3): 323-336.

④ Stevens F. I. Applying an Opportunity-to-Learn Conceptual Framework to the Investigation of the Effects of Teaching Practices via Secondary Analyses of Multiple-case-Study Summary Data[J]. Journal of Negro Education, 1993, (3): 232-248.

⑤ 世界银行.2006年世界发展报告：公平与发展[M].北京：清华大学出版社，2006.

⑥ 谈松华.论我国现阶段的教育公平问题[J].教育研究，1994（6）：14-18.

⑦ 杨东平.对我国教育公平问题的认识和思考[J].教育发展研究，2000（8）：5-8.

⑧ 郭元祥.对教育公平问题的理论思考[J].教育研究，2000（3）：21-24，47.

⑨ 石中英.教育公平政策终极价值指向反思[J].探索与争鸣，2015（5）：4-6.

这主要指向的是微观教育公平，即以学生为本体，从具体的教育实践过程落实公平的理念和追求[①]。教育公平相关研究也逐渐聚焦于学校、班级以及家庭等具体教育情境，教育内部的课程资源、教学方式、师生关系、教育评价、家校合作等也成为教育领域关注的热门议题[②]。

整体而言，随着对教育公平问题研究的深入，国际教育公平从关注所有人都平等地享有受教育权利逐步扩展到探讨如何基于个体差异给予每个学生充分发展的机会，研究问题也逐渐从宏观层面的教育公平向微观层面的教育公平转变，既关注学校向每个人开放的机会公平，也关注因材施教、为每个学生提供合适的教育的结果公平，以最终使我们的教育能够最大限度地惠及每个学生。

第二节　研究意义

微观教育公平问题是新时代我国社会发展面临的重大问题。经过党和政府长期努力，我国宏观教育公平得到持续改善，但在具体微观层面仍面临不少深层次问题和困难。在当前追求高质量教育公平的政策指向下，教育公平的实践路径从重视“物”的资源调配转向更加强调“人”的充分发展，党的二十大报告也明确将教育公平视为坚持以人民为中心发展教育的落脚点，相关研究也逐渐转向关注具体教育情境中的微观教育公平问题。

第一，有助于深化对教育公平的研究和理解。目前，尽管学术界对教育公平问题进行了大量研究，并针对具体某一方面的微观教育公平问题展开了探讨，但这些研究大多较为碎片化，且缺乏系统性思考和验证。再从实践来看，虽然不少地方和学校对微观教育公平问题采取了许多积极的措施，并取得了一定的成效，但由于缺乏理论指导和必要的提升，这些有益的实践难以在更大范围内得到积极推广。因此，对微观教育公平问题，还需要从整体上加以系统的理论探讨和实证研究。本书从微观视角对教育公平进行深入、系统研究，弥补当前对微观教育公平研究的不足，有助于拓展教育公平的研究视域，深化对教育公平的研究和理解，丰富微观教育公平理论研究成果。

第二，有助于探寻促进微观教育公平的有效路径。实现微观教育公平一直是理论和实践领域都极为关注的重要问题，也是社会各界所关注的现实挑战。微观教育公平伴随着受教育过程的始终，对受教育者全面而有个性的发展具有重要意义。当前，我国的微观教育实践过程充满了不确定性、不稳定性、复杂性以及价值冲突，是教育公平中较为复杂和更难解决的内在、深层次的问题。因此，只有聚焦具体的微观教育公平问题，才有可能找到实现微观教育公平的有效途径。据此，本书聚焦于微观视角的教育机会公平、教育过程公平、教育结果公平，在探讨学校、班级、课堂、家庭等具体情境中存在的微观教育不公平问题的基础上，从家庭内部教育决策、教师行为、班级管理、学校资源分配等方面进一步挖掘影响微观教育公平可能的因素，这在一定程度上有助于找到促进微观教育公平的有效路径。

---

① 郭少榕.论学校教育的微观公平[J].中国教育学刊，2018（10）：68-72，81.

② 黄忠敬，孙晓雪，王倩.从思辨到实证：教育公平研究范式的转型[J].华东师范大学学报（教育科学版），2020，38（9）：119-136.

第三，有助于促进教育的高质量发展和社会的和谐稳定。教育具有显著的社会调节功能，“坚持以人民为中心发展教育”必须要不断促进教育发展成果更多更公平地惠及全体人民，以实现真正的教育公平。研究微观教育公平的意义不仅在于推动教育公平的实现，也有利于促进教育的高质量发展和社会的和谐稳定。一方面，微观教育公平的实现将有利于深入了解教育的需求、短板和瓶颈，有针对性地推动教育创新和改革，提高教育质量和发展水平。另一方面，教育公平是社会公平的基础，教育公平的推进将有助于消除因阶层、贫富差别、家庭背景等导致的不平等，提升人民的幸福感和归属感，最终以教育公平促进社会公平正义，维护社会稳定。

第三节 研究目的

在我国宏观教育公平持续改进的背景下，因人民群众日益增长的对更好更公平教育的需要与不平衡不充分的教育发展之间的矛盾而产生的微观教育公平问题已成为相关学科领域研究的热点问题。教育学、政治学、社会学等学科都对此进行着积极的关注，为本研究提供了重要参考。但从学术研究的角度来看，我国微观教育公平研究亟待深化。鉴于此，本书研究的目的在于以下方面。

第一，基于理论研究，探究微观教育公平理念。一是通过总结基础教育实践中的公平理念，并对相应问题进行理论提炼，提出符合新时代发展要求的微观教育公平理念。二是通过理论的研究和现实问题的总结，论证一种具有政策参考价值的、有关基础教育教育公平理念的理论架构。因此本书在明晰微观教育公平理念的基础上，尝试回答“微观教育公平是什么”的问题。

第二，基于实证研究，探析微观教育公平的影响因素及机制。已有研究从微观层面的家庭决策、课堂教学、家校合作、学校制度等方面探究了教育不平等现象，并尝试解释其微观机制。基于此，本书以家庭、班级、学校三个场域为切入点，从家庭内部教育决策、教师行为、学校资源分配等方面进一步探讨教育公平的微观机制，尝试回答“微观教育公平的影响因素”问题。

第三，基于应用研究，探讨微观教育公平的推进策略。教育公平从方向来看，包括教育横向公平和纵向公平；从阶段来看，包括教育机会公平、教育过程公平和教育结果公平。因此，本书基于家长、教师、学校、社会、政府五大主体视角，从微观教育公平的不同维度提出推进微观教育公平的对策建议，尝试回答“怎样推进微观教育公平”的问题。

第四节 结构安排

本书逻辑框架结构如图 1-4 所示，全书共分为七章。

第一章为引言部分，分别从教育公平的政策指向、实践趋势及研究转型三方面介绍了本书研究的背景，强调了研究意义，提出了研究目的及所要研究的问题。

第二章为文献综述部分，首先对微观教育公平的理论研究进行了溯源与聚焦，其次从机会公平、过程公平、结果公平三方面对已有的相关研究进行了梳理和述评，最后从家庭、学校及家校合作三方面分析了微观教育公平的机制，为本研究开展微观教育公平实证研究提供理论支撑和方法指导。

第三章为研究设计部分，首先对数据来源和样本信息进行了描述，其次对本书主要的计量模型进行了说明，最后介绍了本书研究的主要变量及研究思路。

第四章基于调查数据，从微观层面的学校选择、班级管理、家长陪读等方面探究了教育机会不公平现象，进一步探讨了其中的微观机制及影响因素。

第五章基于调查数据，从微观层面的课堂教学、学生评价、家校合作、师生与同伴关系等方面探究了教育过程不公平现象，进一步探讨了其中的微观机制及影响因素。

第六章基于调查数据，从学生认知l能力、非认知能力、心理健康等方面探究了教育结果不公平现象，进一步探讨了其中的微观机制及影响因素。

第七章基于实证分析结果，从微观教育公平的不同维度分别提出推进微观教育机会、教育过程和教育结果公平的对策建议。

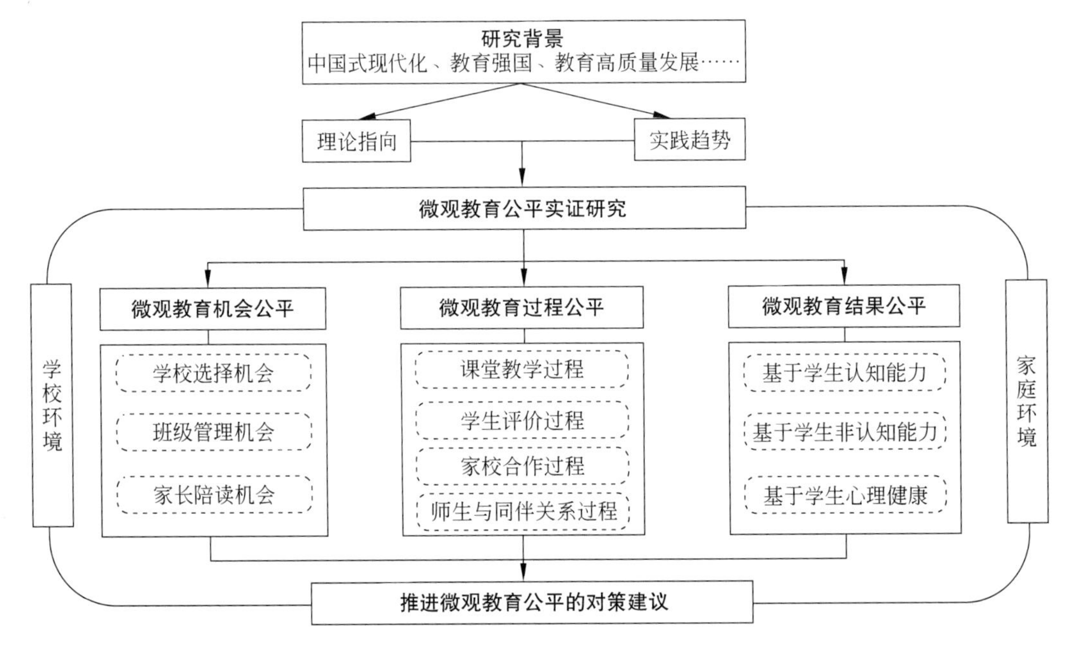

图 1-4　本书的逻辑结构

第二章 文献综述

微观教育公平，往往指学校层面的公平，多指学校内部的公平。在学校教育过程中，教育的微观公平还包括广义和狭义两种。广义指对所有的学校教育而言，是抽象的概念；狭义指一所具体的特定的学校内部的教育活动中教师对待参与活动的学生的态度[①]。本书将微观教育公平定位于教育过程的全要素，既包括学校外部和家庭有关的机会公平，如择校机会、陪读机会，也包括学校内部的公平，如资源分配、学习机会等机会公平，课堂教学、学生评价、家校合作等过程公平，以及学生认知能力、非认知能力、心理健康等相关的结果公平。

第一节 微观教育公平的理论研究：溯源与聚焦

公平是一个历史概念，对公平问题的探讨一直都是中西方学者关注的重点内容之一。当前，对我国学界影响较大的是当代西方自由主义公平观，其代表性人物有罗尔斯、诺齐克和德沃金等。本书从自由主义流派的公平思想入手，试图从资源的分配与补偿、权利的平等持有、选择的自由与保障以及个性的承认与关怀四个层面的公平理论来探寻考量微观教育公平的理论尺度，并基于此聚焦到微观视角的教育公平研究。

一、理论溯源：教育公平的理论发展脉络

（一）资源的分配与补偿

约翰·罗尔斯 (John Rawls) 提出的公平理论认为，机会应取决于个人的先天禀赋和后天努力，且不应受到个人背景的影响。这一理论对后续公平理论的蓬勃发展产生了重要作用。罗尔斯坚持认为资源必须在遵循弱势补偿原则下实现平等分配[②]。据此可以看出，罗尔斯公平理论的重点在于资源分配时实行“差别原则”，并且这种“差别原则”主要指向两个方面：一方面，差别对待自然的不平等。对于这种自然的不平等，罗尔斯认为“没有人天生就应该拥有较高的自然天赋然后享有比较有利的起点，社会基本机构的安排应该使这些偶然因素有利于天赋较低者的利益”[③]。另一方面，差别对待社会的不平等。对于那些生来就不具有阶层优势的人来说，他们不仅不应该被剥夺享有社会公平利益的权力，而且有

---

① 冯建军．教育学视野中的教育公正 [J]. 陕西师范大学学报（哲学社会科学版），2008（2）: 90-91.

② 在罗尔斯的论述中，“诸自由”指在自由主义的民主国家里普遍得到承认的一些标准的公民权利和政治权利，如投票权、选举权、自由言论权等。

③ 约翰·罗尔斯．正义论 [M]. 何怀宏，等译．北京：中国社会科学出版社，1988.

权要求社会对自己的弱势进行补偿，也就是说，所有人在社会中都应该不受身份是否高贵、阶层是否优势的影响，而拥有完全平等的初始地位[①]。

总体而言，罗尔斯的公平理论主要聚焦于资源的分配过程和补偿机制。对于个人来说，机会也是个人在社会中实现发展的重要资源，拥有更多机会也就拥有更多资源。在教育领域，教育公平的基本价值追求便是所有人平等享有教育机会，正如罗尔斯所提出的，机会只和个人的先天能力和后天努力挂钩，而不受个人自然资质和自身背景的影响。罗尔斯除了关注机会的平等外，同时还重视对处境不利者进行弱势补偿，并针对具体情况和需求进行资源的针对性补偿。然而，罗尔斯的公平理论也存在一些缺陷，例如，对个人选择这一因素的考虑不足。虽然在他的公平理论中提出了“为自己的选择负责任”的观点，对于人们因为主观上个人选择而导致的不公平并不关注，而只强调对个人的社会生活会产生影响的客观资源的不公平。但是罗尔斯所强调的“差别原则”对主观上的个人选择和客观上的资源分配无法进行明显的区分。

（二）平等的初始所有权

罗尔斯的公平理论类似基于结果公平导向的社会福利政策，他所强调的是在资源的分配和补偿过程中符合公平的要求，推进公平的实现。但资源分配只是推进公平中的重要环节之一，我们在讨论公平这一话题时，还要将关注视角扩展至更广阔的领域，例如，程序过程公平。程序过程公平不仅仅指向简单平均，而且强调分配的制度、规则以及执行过程符合公平的要求，并将个体的权利置于公平的核心。在罗伯特·诺齐克（Robert Nozick）的公平理论中，强调公平不仅要承认和尊重个体所拥有的权力，而且要保护个人所拥有的权力不被侵犯，因此诺齐克对罗尔斯的分配正义持反对态度，认为这是对他人权力的侵犯。在诺齐克的公平观念中，一个公平的社会不应该将个人当作工具，而要保护个人权力不受侵犯。

从一定程度上来说，诺齐克的观点是对罗尔斯观点的延续，同时也存在分歧。首先，罗尔斯认为资源的分配和补偿最重要，而诺齐克最看重的则是“自我所有权”。其次，诺齐克对罗尔斯的差别原则持批判态度，他认为程序的公平是推进公平实现的重要条件，而“初始所有权”的公平是程序公平的典型代表。无论在社会资源的分配过程中结果差异有多大，只要我们能够确保初始的程序是公平的，最后都是公平而合理的[②]。最后，诺齐克在公平理论中既强调形式上的自我所有权的持有，也关注实质上的自我所有权的持有。然而在关注个人权力的同时，却忽略了所有权转化的现实要求，即将自己的形式自我所有权转化为实质自我所有权需要在特定的环境下才可以，而在自由主义的社会中实现转化并不容易[③]。

（三）选择的自由与保障

在美国哲学家罗纳德·德沃金（Ronald Doworkin）的公平理论中，他认为应该从重要性平等和具体责任这两个原则出发来整体考量公平。一方面，重要性平等的原则强调人

①③ 威尔·金里卡．当代政治哲学 [M]. 刘莘，译．上海：上海译文出版社，2015.

② 诺奇克．无政府、国家和乌托邦 [M]. 姚大志，译．北京：中国社会科学出版社，2008.

生而平等，所有人都拥有相同的基本权利，而社会应该承认并尊重所有人拥有的基本权利并予以同等的关怀；另一方面，个人的具体责任原则强调个人的生活应由个人具体负责。从德沃金的公平理论看来，他认为现存的公平理论大都没有考虑到对个人的具体责任原则的探讨，将理论的核心概括为“敏于志向，钝于禀赋”。“敏于志向”和“钝于禀赋”体现了推进公平的过程中十分重要的两个要素，即选择的自由和风险的保障。只有在这两个要素充分落实的基础上，公平才有可能实现。

具体来看，第一是“敏于志向”的“拍卖”原则。也就是说每个人都应该拥有选择的自由，并且还能承担相应的选择后果，最终促进公平的实现。基于社会的所有资源都会被拍卖这个基础，德沃金在公平理论中认为每个人手中的购买力都处于同一水平[①]。第二是“钝于禀赋”的“保险”方案。德沃金也尝试从弱势补偿的角度出发，针对由残障、天赋或运气等客观的因素造成的不平等，希望能够尝试用“保险”方案来弥补。这一观点与罗尔斯的差别补偿原则有异曲同工之处，但二者的方式略有不同。勒默尔等人针对德沃金所提出的虚拟的“拍卖”和“保险”方案，提出了相应的政策构想。具体来说就是补偿教育政策，重点为来自贫困地区和贫困家庭的孩子提供教育补偿投资，受到地域、背景、阶层等方面的影响，公平的教育机会并不意味着对每个孩子投入同等的公共教育经费，对于弱势群体的孩子来说，他们本身就处于弱势地位，政府应该对这些弱势阶层的学生予以加倍的资助来保障其享有公平的教育，实现教育机会平等。

（四）个性的承认与关怀

从有关公平理论来看，人们主要从物质资源的平等分配角度考察公平，直到20世纪末，探讨的重点开始转向微观领域，逐渐关注公平过程中个体的内心公平感体验。阿克塞尔·霍耐特(Axel Honneth）将实现公平的目标定位于避免羞辱和蔑视，强调对个性尊严平等的承认，并反对将资源分配不平等的消除作为公平的焦点[②]。此外，霍耐特还指出，如果社会始终存在不公平的身份阶层划分,那真正的资源分配平等便不可能实现[③]。美国学者马瑞恩·扬(Marion Young）将社会关系的本质和排序问题视为公平领域的重点问题，他所提出的五种社会不公的主要形式在教育领域同样有所体现，并进一步转化为教育的不公平。针对教育不公平的现象，我们需要提出有效的措施来解决，对此扬认为要从以下两个方面入手：既要发展和激发学生的能力，鼓励他们表达自己的感受，也要让学生有选择自己学习内容、学习方式以及学习需要的权利，从而增强学生公平的感受，促进教育中不平等问题的解决，最终实现教育公平。

此外，与霍耐特的承认观点类似，美国社会学家南茜·弗雷泽提出了“参与平等”这个观念，强调要对人的“参与平等”权力承认和尊重。此外，个性的承认在公平中的角色十分重要，是推进公平的起点，也是推进公平的终点，同时也是实现公平的手段和追求公平的目的。对此，弗雷泽提出了“参与平等”的三大条件：①要对参与者社会资源分配的权力给予保障；②要保证对所有参与者平等对待、一视同仁，不歧视因制度文化而产生的

---

① 罗纳德·德沃金．至上的美德 [M]. 冯克利，译．南京：江苏人民出版社，2003.

② 阿克塞尔·霍耐特，胡大平，陈良斌．承认与正义——多元正义理论纲要 [J]. 学海，2009（3）：9-87.

③ 冯建军．承认正义：正派社会教育制度的价值基础 [J]. 南京社会科学，2015（11）：132-138.

差异，满足个性承认的公平原则；③要从其他领域对个体的权力进行保护，例如政治领域的程序正义等[①]。

二、理论聚焦：微观视角的教育公平研究

在探讨微观教育公平的问题时，如果仅仅聚焦于学生学习过程的公平是不足以对整个微观教育公平的真实情况进行阐释的，还需要从多个视角系统全面地探讨微观视角的教育公平。

从以上有关教育公平研究的理论来看，首先，诺齐克一方面从学生个体的视角出发，遵循学生的差异性，针对天赋和特征不同的学生，根据需要给予相应的教育资源；另一方面从社会背景的视角切入，要求基于资源和条件等背景性因素对弱势者进行补偿。其次，在德沃金“敏于志向、钝于禀赋”的理论视域下，微观教育公平开始重点关注学生的选择权利、选择过程以及选择补偿，充分尊重学生的自主选择权，并鼓励学校为具有不同学习特点和需要的学生提供差别的学习机会，优化程序公平，并不断地对处于自然劣势的学生进行补偿。最后，“承认正义”派别的公平理论强调人的主观情感和感受，属于狭义的“过程公平”的范畴。从学生的视角来看，公平不仅仅是和别人坐在同一间教室、享受同等的教育资源、学习同样的知识，更是在校园生活中能够得到公平的对待，例如是否得到了情感上所需的师生关系和同伴关系、是否获得了平等的班干部身份获得的权利、是否得到了教师对自身成就的认可与表扬等[②]。

微观教育公平是教育公平的重要一环，既与教育公平密不可分，又有其具体特点。总体来看，微观教育公平是使教育公平从形式走向实质的阶段。已有研究表明，对教育公平的研究逐渐聚焦于微观视角的教育公平研究，并尝试从微观视角提出平等性对待、差异性对待、补偿性对待的有效措施来促进微观教育公平的实现。我们在探讨微观教育公平问题时，不仅要考虑到资源分配机会、学习过程的程序公平等，还要考虑到学生内心的公平感受，在平等对待每个学生的基础上关注学生自身的公平体验和个性化需求，通过差异化和补偿性手段帮助学生在微观具体教育情境中感受到教育公平，促进学生的长远发展，最终实现优质的微观教育公平。

第二节　微观教育公平的架构：机会、过程与结果

教育公平是政治、经济领域的自由和平等权利在教育领域的延伸[③]。教育公平的内涵一般被分为三类，即教育起点公平、过程公平和结果公平。在宏观层面，教育起点公平包括

---

① 南希·弗雷泽.正义的尺度——全球化世界中政治空间的再认识[M].欧阳英，译.上海：上海人民出版社，2009.

② 冯建军.后均衡化时代的教育正义：从关注“分配”到关注“承认”[J].教育研究，2016，37（4）：41-47.

③ 杨东平.中国教育公平的理想与现实[M].北京：北京大学出版社，2006.

教育权利和教育机会公平两方面，体现“有教无类”的教育思想[①]，其中的教育权利公平主要涉及宏观的上层设计和价值取向层面，即伦理、制度和法律层面关于受教育权的规定，与微观层面的联系较少，因此，本书对教育起点的研究集中于教育机会公平方面。由此，本书对微观教育公平的研究框架包括微观教育机会公平、微观教育过程公平和微观教育结果公平。

一、微观教育机会公平研究

（一）微观教育机会公平的内涵

教育机会公平即个体进入教育领域、接受同等教育的可能性[②]。已有研究对教育机会公平相关概念进行了界定，例如，科尔曼提出教育机会均等应满足以下四个条件：①向人们提供达到某一规定水平的免费教育；②无论儿童背景如何，要提供他们共同的课程；③为不同背景的儿童提供进入相同学校的机会；④在一定区域内提供平等的教育机会。吴康宁结合我国推进教育机会公平的实践，提出教育机会公平包括以下三个层次：①就学机会公平，这是教育机会公平的“温饱水平”；②就读优质学校机会的公平，即教育机会公平的“小康水平”，实践中“择校”问题就是这一阶段还未完成的体现；③教育过程参与机会公平，即“发达水平”的教育机会公平[③]。也有研究通过考察教育机会均等的演变历程发现，当前教育界广泛认同的教育机会均等不仅包括让来自不同背景的儿童享有平等机会接受平等的基础性教育，也包括让每一个社会成员都能享有同等接受与其能力相符的其他正规教育[④]。综观已有研究对教育机会公平内涵的界定，可以看出，研究几乎都注意到了教育机会公平不仅仅体现在宏观制度、政策层面，微观层面例如学校内部也需要关注教育机会公平。

随着教育机会公平实践的推进，人们对教育机会公平的关注逐渐从教育系统外部宏观环境转向了微观层面，学生在微观的教育场域中得到的关注，接受的教育内容、方式等受到重点关注。早在 1975 年，科尔曼就发现，即使宏观层面投入的教育资源公平，但由于细分到每个学生的教育资源存在差异，且同等资源对每个学生的效果也不一致，教育结果也不一定公平[⑤]。因此，很多研究开始关注更加微观层面，即直接指向学生个体的教育机会公平问题。例如，美国学者琳达 · 达林 - 哈蒙德（Linda Darling-Hammond）将教育机会公平从学校维度进行更加具体的拆解，认为教育机会公平包括教师、教学和课程质量的公平[⑥]。

随着义务教育的普及和基础教育课程改革推进，我国学界也开始关注学校、班级、家

① 辛涛，黄宁 . 教育公平的终极目标：教育结果公平——对教育结果公平的重新定义 [J]. 教育研究，2009，30（8）：24-27.

② 石中英 . 教育机会均等的内涵及其政策意义 [J]. 北京大学教育评论，2007，20（4）：75-82，185-186.

③ 吴康宁 . 教育机会公平的三个层次 [N]. 中国教育报，2010-05-04.

④ 查啸虎 . 教育机会均等的历史演进与现实思考 [J]. 安徽师范大学学报（人文社会科学版），2001（4）：600-604.

⑤ Coleman J S. Equal educational opportunity: A definition[J]. Oxford Review of Education, 1975, 1(1): 25-29.

⑥ 单中惠，勾月 . 基于学校和教室层面的教育机会公平：达林 - 哈蒙德的教育公平思想初探 [J]. 比较教育研究，2010（9）：32-37.

庭这些微观层面的教育机会公平。一方面，从教学机会公平、课堂提问公平、课程公平等方面进行学校和课堂微观教育机会的研究；也有研究从家庭资本、父母教育参与等方面探讨家庭层面的教育机会。另一方面，除了数量上的机会，微观教育机会公平还需探讨教育机会质量的公平程度，例如朱新卓和骆婧雅在对高中的研究中提出，由于高中的类别、教育质量不同，学生在高中阶段教育机会的获得存在质量分化[①]。由此可见，微观教育机会公平主要体现为家庭、班级和学校层面的学生接受平等教育机会数量和质量。根据以上定义，本书将微观教育机会公平划分为学习机会公平、择校机会公平、班级管理机会公平和家庭内部教育机会公平四个层面，并分别聚焦上述方面进行了文献梳理。

（二）学习机会公平

学习机会可被视为反映微观教育公平的重要指标，是指学生学习某一特定内容或解决问题的机会，如果学生缺失学习机会，他们的学习效果可能会降低。对学习机会的研究主要集中在其构成和不公平现象两部分。在具体构成方面，学习机会并没有一个严格的定义，科尔曼认为学习机会是指教学条件的公平，包括课程表中规定用于一个主题或一门学科的时间、教师实际的教学时数及教师要求学生完成的课外作业的数量等具体的物质类学习机会或教学条件的机会。国际教育成就评量委员会将学习机会定义为每一课程计划需要学习的时间和实际的学习时长。库埃托（Gueto）等人认为，学习机会包括四方面：一是课程覆盖，即学生的练习数量；二是课堂学习时间；三是教师正确反馈的练习占总练习的比例；四是学生所做的练习是否与认知能力培养相匹配[②]。Jukka（2005）则认为，学习机会包括不同学习内容在课本上的比例、教师讲授的知识是否覆盖全面、教材是否包含了学生所需材料三方面的内容[③]。

以上对学习机会组成的探究都集中于学校内部，随着研究不断深入，有研究将家庭提供的课后学习机会也纳入了学习机会的考察范围，认为学习机会即学生获得各种教育资源的机会[④]。Herman 也认为，学习机会应该包括校内获得学习资源和高质量教育内容的机会、校外学习机会等[⑤]。总体看，学习机会涉及学生的学习时长、课程结构、教师教学时长等方面，从国内研究而言，研究发现我国学生学习机会具有更容易接受老师的直接指导，但与教师交流互动较少，课堂认知活动有待提升等特点[⑥]。从学习时长层面来看，在教育减负政策的推动下，我国中小学生在校时长不断缩短。中国青少年研究中心一项在 2005 年

① 朱新卓，骆婧雅．家庭资本与高中阶段教育机会获得的质量——基于江苏省 B 县初中后教育分流的分析 [J]. 华中师范大学学报（人文社会科学版），2022，61（1）：152-164.

② Santiago Cueto et al. The Relationship between Socioeconomic Status at Age One, Opportunities to Learn and Achievement in Mathematics in Fourth Grade in Peru[J]. Oxford Review of Education. 2014(1): 50-72.

③ Jukka Törnroos, Mathematics Textbooks, Opportunity to Learn and Student Achievement[J]. Studies in Educational Evaluation, 2005, 31(4), 315-327.

④ 薛海平，韩一鸣．中小学生参加校内课后辅导有助于减少校外补习参与吗？——基于中国家庭追踪调查数据分析 [J]. 苏州大学学报（教育科学版），2022，10（4）：24-38.

⑤ Herman J L, Klein D C D. Evaluating equity in alternative assessment: An illustration of opportunity-to-learn issues[J]. The Journal of Educational Research, 1996, 89(4): 246-256.

⑥ 辛涛，姜宇，王旭冉．从教育机会到学习机会：教育公平的微观视域 [J]. 清华大学教育研究，2018，39（2）：18-24.

和 2010 年的教育调查显示，我国小学生平均在校时长从 7.25 小时缩短到 6.17 小时；初中生平均在校时长也从 10.72 小时缩短到 7.8 小时[①]，这意味着我国学生在校学习机会的减少。校内学习机会的减少把更多的可支配时间交给了家庭，而研究表明，家庭在整个教育过程中发挥的作用越大，学生发展的差异越大，即如果学习机会大部分由家庭赋予，教育机会不公平现象可能会更加严重[②]。

课外补习机会的差异就是家庭导致的学习机会不公平的突出表现，这种差异在城乡、校际、家庭和学生个体间均有体现。就城乡来看，在东欧和亚洲，部分城市地区的课外补习规模远远大于农村地区，例如，印度城市初中生课外补习比例、机会是农村的两倍[③]。校际来看，薛海平和丁小浩（2009）发现，在基础教育阶段优质学校学生无论是参与课外补习的比例还是课外补习的支出水平，都高于质量一般或较差的学校学生，且这种现象在义务教育阶段更为明显[④]。

（三）择校机会公平

择校最初出现在美国，意在通过自由择校的方式打破种族障碍，促进教育公平[⑤]。然而，受制于优质教育资源的稀缺性，同一学段教育机会存在明显的质量差异和等级分化，因此，择校逐渐演变为了优质教育机会获得不公平的问题[⑥]。我国重点学校制度可追溯至 20 世纪 50 年代初，后虽历经了多次波折，但有重点地建设一批中小学一直是基础教育发展的重要举措。虽然重点学校的建设提高了整体教育效率，但拉大了学校间的差距，引发了教育不公平问题。1986 年，《中华人民共和国义务教育法》提出“就近入学”原则，意图缓解学生负担，缩小学校间由于生源问题导致的教育质量差异，但客观上却加大了户籍、家庭经济状况对儿童优质教育资源获取的限制[⑦]。后续一系列政策虽然对择校行为进行了限制和规范，但择校现象依然存在，导致教育机会公平问题日益凸显。

学界对于择校问题的研究，主要集中于择校内涵和态度两方面。结合相关研究和我国现实情况，择校的内涵主要包括与“就近入学”原则相背离的行为和家庭教育选择性行为两方面[⑧]。具体来看，择校行为有多种表现，华桦（2010）提出，择校主要表现为以下三种形式：①以分择校，即以学生考试分数来决定其是否能够获得优质教育资源。②以钱择校，即通过缴纳“择校费”的方式获取优质教育资源；③以权择校，即通过“找关系”让子女获得优质

① 张川川，王玥琴．教育减负、家庭教育投入与教育不平等 [J]. 管理世界，2022，38（9）: 83-97.

② Glomm G, Kaganovich M. Social security, public education and the growth-inequality relationship[J]. European Economic Review, 2008, 52(6): 1009-1034.

③ Silova, I. Private tutoring in Eastern Europe and Central Asia: policy choices and implications[J]. Compare: A Journal of Comparative and International Education, 2010, (40): 327-344.

④ 薛海平，丁小浩．中国城镇学生教育补习研究 [J]. 教育研究，2009，348（1）: 39-46.

⑤ 约翰 · E. 丘伯，泰力 · M. 默．政治、市场和学校 [M]. 蒋衡，译．北京：教育科学出版社，2003.

⑥ 朱新卓，骆婧雅．家庭资本与高中阶段教育机会获得的质量——基于江苏省 B 县初中后教育分流的分析 [J]. 华中师范大学学报（人文社会科学版），2022，61（1）: 152-164.

⑦ 张翼．多元办学体制的建构与教育公平的推进 [J]. 教育与经济，2004（2）: 37-39.

⑧ 巩阅瑄，陈涛．县中发展困境下的义务教育阶段家庭择校——兼论“县中振兴”的路径思考 [J]. 北京大学教育评论，2022，20（4）: 75-96，186.

教育资源[①]。在此划分基础上,周群力和陆铭(2009)又增加了以房择校这一形式[②],即通过购买优质学校的学区房获取优质教育资源。其中,以分择校是较容易被接受的择校形式,因为大部分人会认为,学业成绩主要受学生自致性因素的影响,是学生自身的努力和天赋的结果。而其他三种择校行为由于有明显的资源优势,更容易导致社会大众的不满。

对于择校,学界并未形成统一的态度。部分研究对其持支持态度,认为择校赋予了学生和家庭教育选择权,并且将学校置于市场环境中,促进学校间的竞争,有利于提高学校工作效率和教育质量[③];邱小健(2010)提出,择校能增加学校的办学主动权和积极性,降低交易成本[④]。但大部分研究持相反的观点,认为择校不利于教育公平的实现。择校虽然一定程度上给予了学生和家庭选择自由,但其存在以下问题:第一,择校会拉大校际教育质量差距。经济层面,被选择的学校可以通过收取择校费的方式提高学校收入;社会资源层面,家庭背景较好的学生集中于优质学校,可以给学校发展提供更多社会资源;生源层面,大量优质生源集中于优质学校,促进优质学校教育质量进一步提升;总之,择校会形成学校间"强者更强,弱者更弱"的马太效应[⑤]。第二,择校会加大学生个体间的发展差异。择校让本身存在资源、禀赋优势的学生"挤占"了条件较差学生的优质教育资源,不利于学生间教育机会公平。此外,择校会滋生乱收费、送礼等不良风气,扰乱学校秩序,导致社会不平等一系列难题[⑥]。

(四)班级管理机会公平

班级管理是学校管理中的重要一环,也是影响微观教育机会公平的重要因素之一,其涉及班级内部资源配置公平、文化公平、性别公平和程序正义等问题[⑦]。对于班级管理的内涵,研究的解释并不一致。钟启泉(2001)提出,班级管理是保证教学计划有效推进的教育行为[⑧]。劳凯生(2000)认为,班级管理是以班主任为主体,通过建立目标、组织活动等方式对班集体进行控制,最终促进学生发展的一种行为[⑨]。从主体来看,班级的主要管理者和决策者是教师,特别是班主任教师,班干部是学生群体中的"权威个人",对引导班级秩序建立也有重要作用,班级的全体学生都是班级管理的参与者,其对班级管理公平的感知直接影响着班级管理效率[⑩]。当前对于班级管理中的机会公平问题的研究主要集中于班干部身份获得、座位安排等方面。

---

① 华桦.教育公平新解:社会转型时期的教育公平理论和实践探究[M].上海:上海社会科学院出版社,2010.

② 周群力,陆铭.拜年与择校[J].世界经济文汇,2009,193(6):19-34.

③ 约翰·E.丘伯,泰力·M.默.政治、市场和学校[M].蒋衡,译.北京:教育科学出版社,2003.

④ 邱小健.解读择校:产权经济学的视角[J].济南大学学报,2010(4):83-86

⑤ 袁蕾,田汉族.从"择校"看我国义务教育资源配置的公平性[J].湖南师范大学教育科学学报,2003(5):74-76.

⑥ 巩阅瑄,陈涛.县中发展困境下的义务教育阶段家庭择校——兼论"县中振兴"的路径思考[J].北京大学教育评论,2022,20(4):75-96,186.

⑦ 郭少榕,周志平.均衡·优质·活力:基于差异的学校教育微观公平理论与实践[M].厦门:厦门大学出版社,2021.

⑧ 钟启泉.班级管理论[M].上海:上海教育出版社,2001.

⑨ 劳凯声.班主任工作实用全书[M].北京:开明出版社,2000.

⑩ 赵冬冬.让权威在制度中民主运作——再论中小学班级管理的政治哲学[J].教育学术月刊,2023,367(3):3-11.

在班干部身份获得机会方面，研究首先对班干部和班干部制度进行了界定，即班干部是由全班同学和教师选举产生，担任一定的班级管理者助手角色，带领全班同学完成班级目标的学生，班干部制度具有领导和管理、权利分配、提高效率的功能[①]。虽然班干部制度已经在学校广泛推行，但由于班干部本身的工具性、关系性和象征性特征[②]，其学习机会、教师关注等都会比其他同学多，从而可以获得更加有利的发展[③]，由此，班干部身份获得所带来的教育公平问题受到了广泛关注。关于班干部身份获得不公平现象及其影响因素，已有研究主要从以下几方面进行探讨：①制度性因素，即班干部的选拔方式和原则。研究提出，当前班干部选拔最常见的方式仍然是班主任指派，成绩为选拔的主要标准[④]，这种选拔制度使学业发展处于劣势的儿童更难获得班干部身份。②学生家庭因素，研究表明，班干部身份获得与家庭文化资本、社会资本、自信等因素显著正相关，优势阶层家庭父母对子女的教育过程参与更多且更有效，进一步培养了子女的班干部素养[⑤]。③教师因素，主要体现在教师观念有待更新、缺少对班级成员的全面了解、过分关注学生成绩等方面[⑥]。

在座位安排方面，研究提出，座位安排是班级教育资源分配的重要形式，学生座位会影响师生互动的质量，也会影响师生交往的频率和学生课堂参与[⑦]。研究发现，教室空间的安排、布局和分化受到学生家庭背景的显著影响，同时还反映了师生间的权力关系，可能造成学生教育机会不平等。具体来看，这种不平等主要从以下两方面来解释：一方面，从教师知识资源分配层面，讲台是教师知识资源分配的中心，由于上课时间的限制以及后排与讲台距离相对较远，教师与后排学生的直接互动较少；此外，教师精力有限，难以兼顾到不同位置的所有学生，因此，教师知识资源分配往往会向前排学生倾斜[⑧]。另一方面，从同伴效应来看，后排学生受到的约束较弱，其不良行为出现的可能性更大，且自信心、想象力方面的发展也可能更差，从而导致后排学生在群体交往方面变得不求上进，进一步限制了后排学生的发展[⑨]。

（五）家庭内部教育机会公平

家庭是影响教育公平的重要因素，家庭的先赋性条件通过家庭社会资本、经济资本、文化资本的影响和教育选择过程对教育机会公平产生着重要影响。具体来看，家庭对微观教育机会公平的影响存在于家庭内部和家庭之间。就家庭内部而言，家庭内部的教育资源分配不均并且有向特定子女集中的倾向，这种倾向受子女性别、同胞数量、出生顺序和出

---

① 柯政，李昶洁．班干部身份对学习机会获得的影响——基于 4026 位初中生的倾向值匹配法研究 [J]. 教育研究，2020，41（5）：112-125.

② 程亮．何种正义？谁之责任？——现代学校过程的正当性探寻 [J]. 教育发展研究，2015（2）：6-13.

③ Kuhn P, Weinberger C. Leadership Skills and Wages[J]. Journal of Labor Economics，2002（3）：395-436.

④ 瞿瑛，程洁．新型班集体建设的不公平现象与成因探析——基于城镇化的背景 [J]. 教育理论与实践，2013，33（8）：24-26.

⑤ 李昶洁．家庭背景对初中班干部身份获得影响的作用机制与实证结果 [J]. 基础教育，2021，18（4）：82-93.

⑥ 瞿瑛，程洁．新型班集体建设的不公平现象与成因探析——基于城镇化的背景 [J]. 教育理论与实践，2013，33（8）：24-26.

⑦ 刘欢．公平视野下的中小学座位编排考察 [J]. 教学与管理，2017，716（31）：27-29.

⑧ 王刘飞，王毅杰．后排男孩：空间社会学视角下的群体塑造 [J]. 青年研究，2016，406（1）：66-74，96.

⑨ Sacerdote，Bruce. Peer Effects with Random Assignment: Results for Dartmouth Roommates[J]. The Quarterly Journal of Economics，2001: 681-704.

生间隔的影响[①]。第一，性别层面，研究提出，受传统家庭分工和“养儿防老”观念的影响，家庭对男孩的投入高于女孩，抚养成本的性别差异强化了这种不平等[②]。第二，同胞数量层面，Blake 提出，在家庭资源有限的条件下，同胞数量增加对个体教育资源获得存在“资源稀释效应”，即同胞数量增加对教育资源获得有负面影响[③]。第三，出生顺序层面，有研究表明子女越晚出生，其教育资源获得越多[④]。第四，出生间隔层面，研究提出，与兄姐的出生间隔越大，教育获得机会越大；与弟妹的出生间隔越大，教育获得机会越小[⑤]。

针对家庭间教育机会公平的讨论主要集中于家庭背景和父母教养方式两方面。家庭背景方面，研究从城乡和阶层出发进行了探讨。一方面，城乡间存在教育机会不公平已经成为共识，当前研究主要考察城乡教育机会公平的变化趋势。李春玲通过对 1940—2010 年各个教育阶段的变化趋势的考察，发现只有小学的城乡教育机会不平等有所下降，初中的没有变化，但初中以上学段的城乡教育机会都呈现出上升的趋势[⑥]。另一方面，研究从家庭社会资本、文化资本、经济资本和政治资本层面对家庭进行分层，认为优势阶层的教育机会更多，且质量更好[⑦]。总之，家庭背景对个体教育获得有显著正向影响，且影响力在不断上升[⑧]。教养方式对个体教育机会获得有显著影响。研究提出，权威型教养方式有利于个体教育机会获得，虽然这种教养方式多为优势阶层家庭所采用，但相对劣势家庭采用权威型教养方式也能够提高子女的教育机会[⑨]。此外，父母教育参与也是家庭教养方式的体现，例如，部分低经济水平家庭为打破家庭物质资源限制，可能会通过陪读的方式加强父母对子女的教育参与，从而促进子女发展，这种行为也有利于增加子女的教育机会[⑩]。

二、微观教育过程公平研究

（一）微观教育过程公平的内涵

教育过程公平主要考察个体获得平等入学机会后，在受教育过程中是否受到了公正的

---

① 罗凯，周黎安．子女出生顺序和性别差异对教育人力资本的影响——一个基于家庭经济学视角的分析 [J]. 经济科学，2010，177（3）：107-119.

② 郑筱婷，陆小慧．有兄弟对女性是好消息吗？——家庭人力资本投资中的性别歧视研究 [J]. 经济学（季刊），2018（1）：277-298.

③ Blake J. Family size and the quality of children[J]. Demography, 1981, 18(4): 421-442.

④ 罗凯，周黎安．子女出生顺序和性别差异对教育人力资本的影响——一个基于家庭经济学视角的分析 [J]. 经济科学，2010（3）：107-119.

⑤ 张文宏，栾博．同胞结构、代内文化资本传递与教育获得 [J]. 社会科学战线，2018（9）：230-239.

⑥ 李春玲．教育不平等的年代变化趋势（1940—2010）——对城乡教育机会不平等的再考察 [J]. 社会学研究，2014，29（2）：65-89，243.

⑦ 李煜．制度变迁与教育不平等的产生机制——中国城市子女的教育获得（1966—2003）[J]. 中国社会科学，2006（4）：97-109，207.

⑧ 李春玲．社会政治变迁与教育机会不平等——家庭背景及制度因素对教育获得的影响（1940—2001）[J]. 中国社会科学，2003（3）：86-98，207.

⑨ 陈涛，张艳，薛海平．走向再塑：第一代大学生家庭教育代际传递的双重效应 [J]. 华东师范大学学报（教育科学版），2023，41（4）：111-126.

⑩ 范云霞，郑新蓉．高考陪读：劳动家庭的教育参与 [J]. 教育学报，2020，16（5）：53-61.

对待，教育过程公平的立足点是学生发展。教育过程公平在教育公平的三种形式中，对教育公平的实现具有更加深刻和直接的作用，其关注的是学校内在的、实质的教育公平，是教育公平观念在学生身上的直接体现；同时，由于教育过程公平主要发生于教育领域内部，其改善的可操作性和效果也较好[①]，因此其受关注程度也较高。

关于微观教育过程公平内涵的讨论，研究认为，教育过程公平即在教育过程中，为满足学生差异化发展需要，给予学生合适的教育[②]，因此，其主要关注“合理”“应得”“所需”的教育资源供给。联合国教科文组织（1996）提出，教育公平并不是教育平等和对学生的一视同仁，而应该让每个人都接受合适的教育，满足学生个性化发展的需要，这里“合适的教育”是适合学生能力、发展需要的教育[③]。为进一步理解微观教育过程公平的内涵，研究对教育过程的实践和价值导向进行了深入探讨。实践层面，教育过程公平的实践取向为教育过程中对受教育者的平等对待。例如，周洪宇（2014）提出，教育过程公平要求教育制度安排平等地对待所有学生，消除来自学生家庭、区域等方面带来的外部经济障碍和社会障碍[④]。邓银城（2010）提出，教育过程公平关注微观层面学生个体之间的公平，强调学校教育活动中的公平，其实现主体为教师，要求教师公平地分配关注、给予期望、进行评价和分配资源[⑤]。总之，教育过程公平实践需要关注教育细节和学生感受，为学生提供高质量、个性化、适合的课程内容、教学方式和情感关注[⑥]。价值层面，研究一直强调过程公平不是简单的平等和“一视同仁”，而是“有差异的平等”，要给不同的人不同的对待，弥合个体由于家庭背景、社会经济条件产生的差距[⑦]。如果将教育过程中的资源平等分配给不同背景、能力的学生，将难以弥补学生差异，最终导致教育中的阶层分化和“能力至上主义”[⑧]。

关于微观教育过程公平的测量，黄忠敬（2019）提出，微观教育过程公平可以从学校结构、班级组织、师生关系、教师素质、学生学习自主性、课程多样性等方面分析[⑨]。基于以上观点，结合微观层面的教育过程公平实践，本书以课堂教学、学生评价、家校合作以及师生关系为切入点，具体分析微观教育过程公平问题。

（二）课堂教学中的过程公平

课堂教学公平是教育过程公平的内核，是教育公平落实到学生个体的关键[⑩]。总体来看，课堂公平包括分配公平、过程公平和互动公平三个部分。课堂教学公平在实践中主要可以

---

① 蒋士会 . 论教育公平及其结构 [J]. 湖北社会科学，2003（11）：80-82.

② 郅庭瑾，马云 . 个别化教学的公平意蕴及其实现路径 [J]. 教育发展研究，2013，33（12）：36-40.

③ 联合国教科文组织国际教育发展委员会 . 学会生存：教育世界的今天和明天 [M]. 北京：教育科学出版社，1996.

④ 周洪宇 . 教育公平：维系社会公平正义的基石 [M]. 北京：中国人民大学出版社，2014.

⑤ 邓银城 . 论教育过程公平与学生的差异性 [J]. 湖南师范大学教育科学学报，2010（6）：43-46.

⑥ 褚宏启 . 新时代需要什么样的教育公平：研究问题域与政策工具箱 [J]. 教育研究，2020（2）：4-16.

⑦ 杨小微 . 为促进教育过程公平寻找合适的“尺度”[J]. 探索与争鸣，2015（5）：8-10.

⑧ 石艳，崔宇 .“新教育公平”观与教师教育转型 [J]. 湖南师范大学教育科学学报，2018（5）：110-116.

⑨ 黄忠敬，孙晓雪 . 深入学校内部的教育公平追求 [J]. 中国教育学刊，2019（9）：16-21.

⑩ 徐瑾劼，赵旋 . 课堂公平视域下的教学改进及对策研究——基于中国上海 OECD 全球教学洞察视频研究数据的实证分析 [J]. 教育发展研究，2021，41（4）：42-48.

从教师对待学生的态度和行为进行考察，需要遵循平等性、差异性和发展性的原则[①]。具体来看：第一，平等性原则即教师在课堂教学过程中要意识到每一个学生都是不同的个体，需要无歧视地对待不同家庭背景、智力水平的学生，此外，还需要将学生和自身置于平等水平，发挥学生的教育主体作用。第二，差异性原则即教师要差异化对待不同个性的学生，需要教师承认学生的差异性和独特性，根据学生特点设计教学，即“因材施教”。第三，发展性原则主要包括两方面，一是课堂教学的目的是促进学生全面发展，让学生在固有基础上获得最大化发展，二是推动学生个性化发展[②]。

对于课堂教学公平的研究，大量研究关注了课程教学内容的公平性和师生互动的公平性。在课程教学内容方面，研究提出，课程教学内容最大的问题是对课堂教学差异性原则的忽略，即当前基础教育阶段的课堂教学的一个突出特点是教师将同一种课堂内容用同一种教学方法教授给不同的学生，这种简单化、机械化的平等实质上是微观教育过程不公平的体现[③]。师生互动方面，教师的课堂提问是课程教学中师生互动的主要方式，因此，教师提问过程中的公平问题也引起了广泛关注。研究发现课堂教学过程中教师提问行为存在不公平现象，具体表现为：第一，问题设计难度偏大，阻碍了学困生的课堂参与；第二，某一类型的问题指向特定群体，例如教师更可能会抽取成绩较好的学生回答问题，忽略了与其他学生的问答互动[④]。

关于课堂教学公平的影响因素，已有研究从学生、教师、教育价值取向等方面进行了探讨。第一，学生方面，研究提出，课堂教学中的不公平受到学生的性别、成绩、学生职务、家庭背景、空间分布等方面的影响[⑤]。例如，在课程教学中，学业成绩好的学生、班干部和来自优势阶层家庭的学生被提问的次数明显高于其他学生[⑥]。第二，教师方面，作为课堂教学的主导者，其公平意识和能力对课堂教学公平有重要影响。研究提出，当前教师在课堂教学过程中对公平的理念建构还不成熟，且缺乏自己的独立思考，加之教学方式固化、教师培训中对课堂教学公平的忽视，导致课堂教学公平落实困难[⑦]。第三，从教育价值取向来看，受教育评价的影响，当前教育以应试为主，教育领域功利化严重。在这种价值取向影响下，课堂教学的效率成为教师主要考虑的问题，而忽视了教育过程的公平[⑧]。

（三）学生评价中的过程公平

学生评价也是微观教育过程公平实现的重要依托，学生评价作为教师重要的教育手段

① 冯建军．课堂公平的教育学视角 [J]. 教育发展研究，2017，37（10）：63-69.

② 郭元祥．对教育公平问题的理论思考 [J]. 教育研究，2000（3）：21-24，47.

③ 李金钊．课堂教学中教育公平研究文献综述 [J]. 上海教育科研，2011（8）：21-23.

④ 郝亚迪，胡惠闵．从课堂提问看学习机会的公平——基于 Z 市初中生的调查分析 [J]. 教育发展研究，2016，36（2）：64-70.

⑤ 洪松舟，卢正芝．中学教师课堂提问的社会学分析 [J]. 课程．教材．教法，2010，30（1）：20-24.

⑥ Schmidt, W et al. The Role of Schooling in Perpetuating Educational Inequality: An International Perspective[J]. Education Researcher, 2015, 44(4): 371-386.

⑦ 郝亚迪，胡惠闵．从课堂提问看学习机会的公平——基于 Z 市初中生的调查分析 [J]. 教育发展研究，2016，36（2）：64-70.

⑧ 洪松舟，卢正芝．中学教师课堂提问的社会学分析 [J]. 课程．教材．教法，2010，30（1）：20-24.

和引导方式，其科学性的提高有利于促进微观教育过程公平[①]。基于此，有研究提出了学生评价的原则：①自然生态原则，即学生评价应该在学生不知道的情况下进行。②主体性原则，即教师应该发挥学生评价主体作用，同时征求家长和第三方意见，保证学生评价主体多元性。③低利害性原则，即突出发展性评价，减少功利主义导向的学生评价。④有限目的原则，即重点关注学生发展以及评价对教育的改进，对于升学、教师竞争等非主要目的相对弱化。⑤极简性原则，即尽量简化评价程序、材料和指标，提高评价的便利性[②]。关于学生评价的框架，有研究基于“均衡、优质、活力”理论，将学生的感受置于教师之前，关注过程均衡度、学习优质度和对象活力度[③]。

以上研究从理论层面对学生评价的应然状态进行了探讨，但基于教育实践的研究表明，学生评价在评价方式、标准、内容和结果方面都存在不公平的现象[④]。具体来看，现有的学生评价方式以量化为主，忽视质性评价；评价标准重学生课堂掌握结果，忽视学生的个体差异；评价内容以考试成绩为主，忽视学生整体发展；评价结果呈现也多以横向对比为主，忽视学生发展性[⑤]。为解决学生评价的公平性问题，已有研究提出，应当从以下方面对学生评价进行改进：一是要注重主体多元，即学生评价要将教师和学生两大主体相结合；二是要注重过程评价，关注学生的进步；三是要注重综合评价，即评价内容不仅包括学生成绩，也要注重学生其他方面的发展；四是要注重全面评价，这里的全面不仅指评价内容的全面性，也指评价要公平地运用到全体学生，做到不偏袒[⑥]。

（四）家校合作中的过程公平

家校合作是优化家庭和学校教育过程的途径，也是当前微观教育公平研究与实践领域关注的热点话题。为打破学校教育的社会不平等再生产，20 世纪后半叶以来，世界主要先发国家和地区纷纷通过政策制度等规范家校合作，并把其作为一种解决教育公平与质量问题的战略手段。关于家校合作的具体内容，爱普斯坦认为，家校合作包括当好家长、相互交流、志愿服务、在家学习、参与决策和与社区合作为主体的六种类型[⑦]，在此基础上，有研究基于我国实际，按照主客体关系将家校合作分为“家庭辅助型”“学校辅助型”和“家校交互型”三类[⑧]。家校合作制度提出的初衷即调节教育不平等、促进社会公平，在当前家校合作实践中，仍存在对公平性关照不足的问题，具体表现为弱势群体家庭很容易在家校合作中被边缘化[⑨]。

关于影响家校合作公平性的因素，主要可分为家长因素、学校因素和家校互动情况三

---

① 姚东旻，崔孟奇，许艺煊等．表扬与批评对学生学业表现的异质性影响——教师强化行为与学生自我归因 [J]. 浙江大学学报（人文社会科学版），2022，52（12）：88-103.

② 王烽．开展学生评价要把握好“度”[J]. 中小学管理，2022（11）：34-35.

③ 吴孟帅，赵舒妮．微观公平课堂评价的内涵、设计及应用 [J]. 教育学术月刊，2022（8）：48-55.

④ 李金钊．课堂教学中教育公平研究文献综述 [J]. 上海教育科研，2011（8）：21-23.

⑤ 万伟．新课程教学评价方法与设计 [M]. 北京：教育科学出版社，2004.

⑥ 汪卫平．课堂公平：教育公平的底层思考 [J]. 教育理论与实践，2011，31（11）：6-8.

⑦ 乔伊丝 · L. 爱普斯坦．学校、家庭和社区合作伙伴：行动手册 [M]. 吴重涵，薛惠娟，译．南昌：江西教育出版社，2013.

⑧ 李清臣，岳定权．家校合作基本结构的建构与应用 [J]. 中国教育学刊，2018（12）：38-42.

⑨ 饶舒琪．国际视野下家校合作的公平性问题：初衷、实践与反思 [J]. 外国教育研究，2022，49（12）：30-40.

大方面。首先，家长层面，研究提出，家长教育理念偏差和教育能力欠缺是阻碍家校合作的重要因素，进一步调查发现，这两种因素主要受到家长受教育程度、家长对子女的教育参与、家长教养压力等的限制①。其次，学校层面，家校合作的公平性主要受到学校制度和教师的影响。一方面，研究提出，教师的职业认同、职业倦怠感对家校合作具有显著的负向影响②；此外，教师个体的阶层认知将自己归为"中产阶级"，其意识中与弱势阶层家庭的家长存在阶层隔阂，导致在家校合作过程中对弱势阶层家庭的关注不足③。基于中国教育追踪调查数据的研究也发现，教师在家校合作过程中存在与不同家庭背景的家长"差别化沟通"的行为，教师和高社会阶层家长的沟通频率高于和低社会阶层家长的频率④。另一方面，学校制度对家校合作公平性也产生着重要影响，部分学校在家校合作过程中扮演主导角色，忽视了家庭在家校合作中的参与权和决策权，忽视了家庭的意见表达，导致家校地位不对等；有些学校在家校合作中易采取"一刀切"的合作模式，忽视了学生家庭背景的多样性，易导致家校合作的不平等⑤。最后，家校互动层面，研究表明，当前家校互动语言和活动与中产阶层更为契合⑥，弱势阶层家庭难以参与其中，形成了学校的"选择性抑制"。

（五）师生关系中的过程公平

师生关系是学校中的基本人际关系之一，主要有以下三种表现形式：一是师生关系亲密，即教师和学生之间的关系是温暖、亲切且有效的；二是师生关系冲突，即师生之间关系消极、紧张；三是师生关系依赖，即学生与教师关系过于密切，师生界限不清晰。研究发现，师生关系对学生学业成绩、情绪、行为适应以及非认知能力发展具有重要作用⑦。此外，班级和学校场域中，由于教师的权威性，其在班级人际关系中处于主导和决定性地位，因此，师生关系还可能对同伴关系产生影响。研究提出，师生关系是影响教育过程公平的重要因素，师生关系的形态直接影响着教育过程公平的样式⑧，然而，师生关系中也存在着公平性缺失的问题，研究提出，受市场经济的影响，师生关系出现了"异化"，即师生关系走向商品化，影响着教育公平⑨。具体来看，师生关系的不平等主要表现在两方面：一是教师和学生之间的地位不对等；二是教师与不同学生之间的关系存在差异⑩。

关于影响师生关系的因素，已有研究从家庭、学生以及教师三个方面进行了探索。第一，家庭方面，任春荣（2017）通过问卷、访谈和观察的方式对中国三个城镇的小学进行

① 黄爽，朱叶子，梁丽娜．教师视角下家校互动不良影响因素的质性探究 [J]. 教育学术月刊，2022（6）：42-48，56.

② 梁丽婵．是什么影响了家师关系——基于家长、教师、家校互动多因素综合视角的实证研究 [J]. 中国教育学刊，2019（11）：50-55.

③ Jennings L. Studies link parental involvement higher student achievement[J]. Education Week, 1990, 9(28): 83-101.

④ 钱佳，郝以谱，崔晓楠．学生家庭背景与家校合作育人中的教师行为 [J]. 教育研究与实验，2021（4）：54-61.

⑤ 饶舒琪．国际视野下家校合作的公平性问题：初衷、实践与反思 [J]. 外国教育研究，2022，49（12）：30-40.

⑥ 拉鲁・安妮特．不平等的童年 [M]. 张旭，译．北京：北京大学出版社，2010.

⑦ 史秋霞．农民工子女阶层再生产中的学校教育：从公办教师谈起 [J]. 基础教育，2016，13（4）：23-32.

⑧ 周波，黄培森．关注个体差异：教育过程公平的路径选择 [J]. 河北师范大学学报（教育科学版），2017，19（1）：91-94.

⑨ 王惠琴，郑友训．中小学异化的师生关系探析 [J]. 现代教育科学，2011（6）：67-68.

⑩ 徐瑾劼，赵旋．课堂公平视域下的教学改进及对策研究——基于中国上海 OECD 全球教学洞察视频研究数据的实证分析 [J]. 教育发展研究，2021，41（4）：42-48.

了研究，结果表明，师生关系受到学生家庭背景的显著影响，并且家庭背景带来的不公平感会消耗弱势阶层家庭学生的师生关系，导致不同家庭背景学生的师生关系差距进一步扩大[①]。Hughes 和 Kwok(2007)针对美国得克萨斯州的研究也得出了类似结论[②]。第二，学生方面，吴康宁（2004）提出，在师生交往实践中，部分教师会采取选择性交往的方式，具体来看，教师偏向于与担任班干部职务、性格外向、成绩较好的学生交往，而较少与成绩较差、问题行为较多的学生交往，且在与这些学生较少的交往中，交往质量也较差[③]。第三，教师层面，研究提出，教师的教龄、情绪健康会显著影响师生关系，例如，一项针对上海初中的研究表明，教师教龄与师生关系显著负相关[④]。

三、微观教育结果公平研究

（一）微观教育结果公平的内涵

在理解微观教育结果公平内涵之前，需要先厘清教育结果的概念。辛涛和黄宁（2009）提出，教育结果即学生在经历一段教育后获得的影响和结果，其直接表现在教育条件的获得[⑤]。从这一层面看，教育结果公平关注学生的实际获得，是一种实质上的公平，因此，教育结果公平既是教育公平的标准，也是教育公平发展的目标，其以关注受教育者的差异性为前提，最终追求教育的全过程、全方面公平。教育结果公平并不意味着教育结果完全一样，其强调的是在尊重差异性基础上，所有学生都达到了基本的教育培养目标，并且其各方面潜能获得了合理的发展，这里的合理教育结果应该与个体教育付出相匹配[⑥]。

关于微观教育结果的具体表现，国际测验的常见做法是将学生的知识与技能测验结果直接等同于教育结果，这一层面的教育结果侧重于学生知识的掌握，强调学生的实际表现，对学生心理层面的理解、思考等关注不足。Schalock（1998）则有更为全面的看法，他提出，教育结果包括产品、事件和条件三种形式，产品是指学生受教育后的实体获得，例如学位、工作等；事件是指学生可观察的行为过程，例如完成项目、参加研讨会等；条件是指学生状态在受教育中发生的改变，具体表现为学生能力和学业成绩的上升、价值观的塑造等[⑦]。有研究基于 Schalock 的观点，结合我国“五育并举”的教育方针，提出我国基础教育阶段的教育结果包括学生在测验中表现出的思想道德水平、学业水平、身心健康水平、审美意

① 任春荣．社会阶层视角下的师生关系 [J]. 教育学报，2017，13（5）：79-85.

② Hughes J, Kwok O. Influence of student-teacher and parent-teacher relationships on lower achieving readers’ engagement and achievement in the primary grades[J]. Journal of Educational Psychology, 2007, 99(1): 39−51.

③ 吴康宁．课堂教学社会学 [M]. 南京：南京师范大学出版社，1999.

④ 徐瑾劼，赵旋．课堂公平视域下的教学改进及对策研究——基于中国上海 OECD 全球教学洞察视频研究数据的实证分析 [J]. 教育发展研究，2021，41（4）：42-48.

⑤ 辛涛，黄宁．教育公平的终极目标：教育结果公平——对教育结果公平的重新定义 [J]. 教育研究，2009，30（8）：24-27.

⑥ 褚宏启．教育公平升级换代：更加关注结果公平与教育质量 [J]. 中小学管理，2019，348（11）：58-59.

⑦ Schalock M. D. Accountability, Student Learning, and the Preparation and Licensure of Teachers: Oregons Teacher Work Sample Methodology[J]. Journal of Personnel Evaluation in Education, 1998, 12(3): 269-285.

识和劳动素养[①]。在具体的测量指标方面，研究提出，微观教育结果的公平测量主要指标有两种：一是绝对差异指标，主要包括标准差、全距等；二是相对差异指标，这类指标多是从经济学领域引入，主要包括差异系数、基尼系数等[②]。在实证研究中，大多研究以学生认知能力或非认知能力作为教育结果的代理指标。

（二）基于认知能力的微观教育结果公平

认知能力即人脑对信息进行加工、储存和提取的能力，它包括语言、直觉、记忆、逻辑等多个方面[③]。认知能力在个体人力资本发展、促进教育获得、增加收入、提高教育获得等方面都有重要作用，因此，其获得了学界的广泛关注。认知能力一般包括流体智力和晶体智力两大类别，流体智力包括推理能力、机械记忆能力等，是一种先赋能力，主要受到遗传因素的影响，并且会随着年龄增加而衰退；晶体智力即个体通过后天学习获得的知识和技能，与学习经历和经验有关，并且随着学习的不断深入而持续发展[④]。从两者含义可知，认知能力中的流体智力并不适合作为微观教育结果的衡量指标，因此，本书所述的认知能力主要为晶体智力。在教育领域，常用学业成绩作为学生认知能力的具体测量指标。

关于认知能力的影响因素，已有研究从个体特征、家庭特征、班级与学校特征等方面进行了探讨。第一，个体特征方面，性格、学习动机、教育经历都会对认知能力产生影响。例如，学习动机方面，已有研究表明，学习的内在动机对个体认知能力发展的积极影响大于外在动机，即相对于外部环境刺激，以兴趣和自我发展为动机的学生认知能力发展更好；对教育经历的研究表明，学前教育对学生的认知能力发展有显著正向影响[⑤]。第二，家庭特征方面，大量研究关注了家庭社会经济地位对个体认知能力的影响，并且得出了较为统一的结论，即家庭社会经济地位正向显著影响个体的认知能力[⑥]。此外，家长教育参与、自我效能感等对个体认知能力的影响也得到了广泛关注[⑦]。第三，班级与学校方面，研究关注了教师的行为和能力、学校制度、学校氛围以及同伴效应对个体认知的影响。例如，在教师层面，张柳钦（2022）等人的研究表明，教师的学历对不同地区的初中生认知能力均有显著正向的影响[⑧]。在同伴层方面，陈媛媛（2021）等人运用“中国教育追踪调查”的研究表明，同伴学业成绩对个体的学业成绩有显著的正向影响[⑨]。

---

① 辛涛，黄宁．教育公平的终极目标：教育结果公平——对教育结果公平的重新定义 [J]. 教育研究，2009，30（8）：24-27.

② 辛涛，田伟，邹舟．教育结果公平的测量及其对基础教育发展的启示 [J]. 清华大学教育研究，2010，31（2）：21-26，83.

③ 孟亦佳．认知能力与家庭资产选择 [J]. 经济研究，2014，49（S1）：132-142.

④ 林崇德．发展心理学 [M]. 杭州：浙江教育出版社，2002.

⑤ 郑磊，翁秋怡，龚欣．学前教育与城乡初中学生的认知能力差距——基于 CEPS 数据的研究 [J]. 社会学研究，2019，34（3）：122-145，244.

⑥ 方光宝，侯艺．家庭社会经济地位如何影响初中生认知能力的发展 [J]. 全球教育展望，2019，48（9）：68-76.

⑦ 梁文艳，叶晓梅，李涛．父母参与如何影响流动儿童认知能力——基于 CEPS 基线数据的实证研究 [J]. 教育学报，2018，14（1）：80-94.

⑧ 张柳钦，康玉真，周战强．班主任学历对初中学生认知能力的影响——基于 CEPS 数据的实证分析 [J]. 教育与经济，2022，38（6）：45-55.

⑨ 陈媛媛，等．流动儿童和本地儿童之间的同伴效应：孰轻孰重 ?[J]. 经济学（季刊），2021，21（2）：511-532.

（三）基于非认知能力的微观教育结果公平

在新人力资本理论影响下，非认知能力对个体发展的影响日受重视，部分研究也开始将非认知能力作为衡量教育结果的一个重要指标。关于非认知能力具体内涵，不同的学科界定并不一致，例如，心理学将非认知能力界定为个体的性格、品质等；经济学则多将其定义为除了认知能力以外的人力资本。也有研究从其他方向提出了非认知能力的内涵，例如，方超和黄斌（2019）根据鲍尔斯的一般均衡扩展模型提出，非认知能力是独立于生产条件之外，使个体能够在技术变迁中获得非均衡租金的能力[①]；世界经合组织在一次国际性调查中提出，非认知能力即个体在实现目标、与他人合作以及管理情绪过程中所具备的能力，在教育领域，人们所熟知的“品格教育”“德育”“素质教育”等均属于非认知能力范畴。非认知能力不仅对个体学业发展、人际关系以及心理健康等方面发挥着积极作用，在改善劳动报酬获得方面也有着重要影响[②]。

关于非认知能力的影响因素，已有研究从个体生活经历、社会阶层、补习经历等方面进行了考察。第一，生活经历方面，研究表明，寄宿经历对学生的非认知能力发展有显著的负向影响[③]；崔颖和徐卓君（2021）的研究发现，留守经历对学生不同维度的非认知能力影响具有异质性，具体来看，留守对学生的自尊和宜人性有积极影响，对开放性和情绪稳定性则有显著的消极影响[④]。第二，社会阶层方面，研究表明，个体非认知能力发展呈现出显著的阶层差异，家庭社会经济地位每提升一个单位可使得学生非认知能力得分增加0.06个标准差[⑤]。这种阶层效应的主要原因是家庭资本和家长教养方式差异。第三，补习经历方面，李波（2018）针对北京市小学四年级的调查发现，语文、数学和英语类的学科补习可以显著改善学生的非认知能力[⑥]。兑建浩和李晓曼（2021）的研究也得出了相似结论，但其强调了补习的适度性，过度补习不利于儿童发展[⑦]。此外，也有研究证实了学校氛围[⑧]、隔代照料和家庭教养方式[⑨]等对学生非认知能力发展的影响。

（四）基于心理健康的微观教育结果公平

“健康”一直是世界各国关注的重点问题，随着学界对健康公平性以及健康生活方式

---

① 方超，黄斌．非认知能力、家庭自我效能感与子代学业成绩——基于CEPS追踪数据的经验分析[J].全球教育展望，2019，48（1）：55-70.

② Heckman J J, Rubinstein Y. The importance of non-cognitive skills: Lessons from the GED testing program [J]. American economic review, 2001, 91(2): 145-149.

③ 朱志胜，李雅楠，宋映泉．寄宿教育与儿童发展——来自贫困地区137所农村寄宿制学校的经验证据[J].教育研究，2019，40（8）：79-91.

④ 崔颖，徐卓君．父母外出务工对农村留守儿童非认知能力的影响及机制[J].浙江学刊，2021（5）：125-136.

⑤ 李玉青．家庭社会经济地位与初中生非认知能力发展[J].教育经济评论，2022，7（3）：90-112.

⑥ 李波．教育补习真的有效吗？——基于学业表现和非认知发展的视角[J].北京社会科学，2018，182（6）：38-47.

⑦ 兑浩建，李晓曼．课外补习与儿童人力资本——基于中国家庭追踪调查（CFPS）的实证分析[J].基础教育，2021，18（1）：59-72.

⑧ 杨传利，青晨，黎玉兰，等．学校氛围对西部农村中小学生非认知能力的影响——家庭教养方式的调节作用[J].教育学术月刊，2023，366（1）：36-43.

⑨ 姚昊，陈淑贞．家庭教养方式何以影响大学生非认知能力？——生师互动的中介作用[J].教育学术月刊，2022，357（4）：45-51.

研究的不断推进，1948 年，世界卫生组织提出了当前被广泛认可的健康内涵，即健康不仅指身体没有疾病，还包括完整的心理、生理状态和社会适应能力。由此，学界对心理健康的关注逐渐增多。然而，当前我国中小学生的心理健康状况不容乐观，《中国国民心理健康发展报告（2021—2022）》显示，2021 年 14.8% 的中小学生存在不同程度的抑郁风险，其中 4% 属于重度抑郁风险群体，10.8% 则为轻度风险，虽然相对 2020 年 19% 的抑郁检出率有所下降，但总体仍处于较高水平；此外，从孤独感来看，40% 以上的中小学生感到自己有时或经常缺少伙伴、被冷落、与别人隔绝[①]。

进一步分析心理健康的影响因素，已有研究表明，学生性别、同胞结构、年级、父母教养方式、学校满意度等都对学生心理健康存在一定影响。具体来看，第一，性别方面，大量调查数据表明，女生出现抑郁、孤独等心理健康问题的比例和严重程度都高于男生[②]。第二，同胞结构方面，廖友国和连榕（2020）元分析研究结果表明，独生子女青少年的心理健康水平优于非独生子女[③]。第三，年级方面，随着年级增长，心理健康问题的检出率呈现上升趋势。张薇等（2018）对贵阳市 3721 名中小学生的心理健康调查显示，总体来看，小学生存在行为障碍、性格缺陷和学习障碍的比例为 5% 左右；而中学生有 33.9% 存在轻度心理问题，分维度来看，主要集中在强迫症（56.3%）、学习压力（53.4%）和情绪不平衡（55.6%）[④]。第四，父母教养方式方面，研究提出，严苛型的教养方式对青少年抑郁、自杀倾向等都有显著的正向影响[⑤]。第五，学校满意度方面，姬成伟（2018）等人对太原初二学生的调查显示，学校满意度会显著影响学生的强迫症状、人际关系敏感和敌对三个心理健康维度[⑥]。此外，还有研究关注了亲子分离、教师和同伴行为等对个体心理健康的影响。

第三节　微观教育公平的机制：家庭与学校

工业化理论认为，随着工业化水平的提高和社会经济条件的改善，家庭等先赋型因素对教育获得的影响将逐渐弱化，教育获得越来越取决于个体自致性因素，教育不平等程度也会随之减弱[⑦]。然而，已有研究表明，当前的教育不公平并没有得到缓解，反而呈现出逐步扩大的趋势[⑧]。上节文献梳理表明，影响教育公平的因素很多，从微观视野来看，具体可以划分为家庭、班级和学校三个层面。为进一步厘清当前教育不公平现象的微观机制，本书将从教育投入、文化资本、社会资本、家校合作等方面进行探讨。

---

① 傅小兰，等．中国国民心理健康发展报告（2021—2022）[M]. 北京：社会科学文献出版社，2023.

② 屈坚定，余星池，高伟娜，等．城乡青少年焦虑和抑郁症状调查 [J]. 青年研究，2003（1）：23-28.

③ 廖友国，连榕．独生与非独生子女心理健康变迁的差异——一项横断历史研究 [J]. 西南大学学报（社会科学版），2020，46（3）：117-126，203.

④ 张微，张宛筑，袁章奎．贵阳市中小学生心理健康现状 [J]. 中国学校卫生，2018，39（8）：1256-1259.

⑤ 吕书鹏，王莹，王昕红，等．父母严苛型教养方式与青少年自杀倾向：一个有调节的中介模型 [J]. 心理发展与教育，2022，38（6）：869-878.

⑥ 姬成伟，杨蓓，郝佳佳，等．应对方式与学校生活满意度对初二学生心理健康的影响 [J]. 中国学校卫生，2018，39（12）：1894-1897.

⑦ 李春玲．教育不平等的年代变化趋势（1940—2010）——对城乡教育机会不平等的再考察 [J]. 社会学研究，2014，29（2）：65-89，243.

⑧ 赵心慧．教育机会不平等的变化趋势及成因：2002—2018 年 [J]. 财经研究，2023，49（2）：79-94.

一、来自家庭的影响

（一）家庭教育投入与微观教育公平

自《科尔曼报告》开始，家庭对教育公平的作用就引起了学界的广泛关注。根据再生产理论，社会经济地位较高的家庭通常将家庭教育投入作为稳固社会阶层地位的重要手段，因此也会更多地进行教育投资。不仅如此，收入不平等程度的提高会进一步扩大家庭教育投入差距，主要原因是不平等程度的提高意味着大量资源向优势阶层群体集中，使得其有更多资源投入子女教育；此外，社会不平等的扩大会加剧家长的教育焦虑和教育资源竞争，促使家长加大教育投入。关于家庭教育投入，主要可以从经济投入和时间投入两方面进行考察。

经济投入方面，经济约束理论提出，子女教育获得需要家庭的经济支持，并且这种支持存在“首属效应”,即不同阶层为子女提供的教育投入存在结构不平等[①]。改革开放以来，受市场经济的冲击和教育供给分配制度的影响，家庭经济条件对个体教育获得的影响程度逐渐增大[②]。在学校教育方面，研究提出，优质学校对学生的经济条件要求普遍较高，最终使得这些学校聚集了较多优势阶层家庭子女，形成学校的阶层隔离[③]。

时间投入方面，拉鲁（Lareau）在《不平等的童年》中提出：中产阶层家长的教育更倾向于协作培养模式，而工人阶层和贫困阶层家长则更多采用成就自然成长模式，这两种模式的主要区别之一即家长对子女教育的时间投入差异，具体来看，中产阶级会在子女教育中投入大量时间，而工人阶级受工作时长、教养观念限制，很少花时间参与子女教育[④]。杨可（2018）对城市家庭母职变迁的研究也印证了家庭对子女教育的时间投入差异，她发现，城市家庭中，母亲除了肩负照料子女的传统工作，还发挥着维护信息网络、了解教育信息、定制学习计划、规划学习时间等一系列功能，在子女教育中扮演着“教育经纪人”的角色[⑤]。进一步对比研究发现，我国母职形象呈现出明显的城乡分化，具体来看，城市母亲对子女教育投入了大量时间和精力，但乡村母职形象则表现为对子女松散化的时间管理[⑥]。

（二）文化资本与微观教育公平

布迪厄（Bourdieu）的文化再生产理论指出了文化资本是解释教育公平问题的重要机

---

① Beck R. Education, Opportunity, and Social Inequality: Changing Prospects in Western Society [J]. American Political Science Review, 1976, 70(2): 605-605.

② 孟大虎，许晨曦 . 教育扩展与我国教育不平等的变化——基于教育基尼系数的考察 [J]. 杭州师范大学学报（社会科学版），2022，44（1）：50-60.

③ 吴愈晓，黄超 . 基础教育中的学校阶层分割与学生自我效能感 [J]. 中国社会科学，2016，244（4）：111-134，207-208.

④ 拉鲁 · 安妮特 . 不平等的童年 [M]. 张旭，译 . 北京：北京大学出版社，2010.

⑤ 杨可 . 母职的经纪人化——教育市场化背景下的母职变迁 [J]. 妇女研究论丛，2018，146（2）：79-90.

⑥ 雷望红 . 中国城乡母职形象何以分化——“教育家庭化”中的城市“虎妈”与农村“猫妈”[J]. 探索与争鸣，2020（10）：148-156，160.

制。他提出了学校立场的非中立性，具体表现为学校在语言符号中具有中产阶级偏好，即使弱势阶层家庭能够学习中产阶级语言风格，但受制于资源差异和生活环境，其熟练程度难以达到中产阶级水平，因此，学校可以通过“符号暴力”进一步巩固优势阶层地位，维持教育差距①。这一路径表明，文化资本可以成为家庭背景与教育获得之间的中介因素。沿着这一路径，Lamont 和 Lareau（1988）进一步扩充了文化资本的内涵，将其定义为大众承认的高地位文化标识，这些文化标识起着社会性和文化性区隔的作用②。具体来看，文化资本对教育公平的影响机制可以从文化再生产和文化流动两方面进行阐述。

文化再生产即优势阶层家庭由于其文化资本基数更大，其子女更容易通过文化资本再生产继承其优势地位。文化资本能够促进文化再生产的主要原因在于，拥有较多文化资本的家庭能为子女提供更多、更好的教育指导和教育资源，从而促使其获得更高的教育成就③。文化再生产主要通过塑造个体的认知和非认知能力实现。在认知能力方面，通过文化资本的代际传递，优势阶层家庭的子女拥有更强的认知能力，有利于其教育获得；非认知能力方面，优势阶层文化资本塑造了子女被学校认可的价值观念和行为模式，使其更加顺利地接受学校教育④。受教育制度变化的影响，文化再生产效应在中国有显著年代差异，建国初期到 1966 年以前，文化再生产作用十分显著；但在 1966—1976 年间社会反精英文化的影响下，文化再生产作用受到了限制；随着改革开放和市场经济的发展，文化再生产再一次成为影响教育公平的重要机制⑤。文化流动方面，吴愈晓（2008）的研究发现，不同阶层的教育获得均受到文化资本的积极影响⑥。

然而，当前大量研究表明，文化资本的流动作用日益缩小，其越来越显示出再生产的特性。例如，朱斌（2018）对北京学生的研究证实，文化资本对优势阶层子女的干部身份获得和成绩都有更加积极的影响，文化资本与其他资源的叠加进一步加强了这种积极影响⑦。李路路等人（2018）基于改革开放 40 年的纵向研究也表明，文化再生产的过程相对稳定，其诱发的不平等效应持续性和稳定性更强⑧。

（三）社会资本与教育公平

根据布迪厄（Bourdieu）的定义，社会资本即个人通过社会关系网络所获得的实际和潜在资源，其多寡取决于个人社会关系网络的大小和网络成员所占用的资源多少。当前社会资本对教育公平的影响研究主要从社会闭合和网络资源等路径展开，其中，社会闭合强

① 布尔迪约·帕斯隆．再生产：一种教育系统理论的要点 [M]. 邢克超，译．北京：商务印书馆，2002.

② Lamont M, Lareau A. Cultural Capital: Allusions, Gaps and Glissandos in Recent Theoretical Developments[J]. Sociological Theory, 1988, 6(2): 153.

③ 李春玲．高等教育扩张与教育机会不平等——高校扩招的平等化效应考查 [J]. 社会学研究，2010，25（3）：82-113，244.

④ 胡安宁．文化资本书：中国语境下的再思考 [J]. 社会科学，2017（1）：64-71.

⑤⑥ Wu Y. Cultural Capital, the State, and Educational Inequality in China, 1949—1996[J]. Sociological Perspectives, 2008, 51(1): 201-227.

⑦ 朱斌．文化再生产还是文化流动？——中国大学生的教育成就获得不平等研究 [J]. 社会学研究，2018（1）：142-168，245.

⑧ 李路路，石磊，朱斌．固化还是流动？——当代中国阶层结构变迁四十年 [J]. 社会学研究，2018（6）：1-34，242.

调亲子、家校、同伴之间的互动；网络资源则强调家长社会资本对子女的代际传递①。本书从父母参与、教养方式和家庭结构对社会资本影响的微观机制进行探讨。

父母参与方面，科尔曼提出，社会资本在人力资本再生产过程中的中介作用具体表现为一种结构上的“社会闭合”，其包括父母的直接参与和代际闭合两种形式②。第一，父母的直接参与即父母通过监督、陪伴、沟通等方式直接加深家庭内部代际关系的紧密性，这种方式实际上增加了父母对子女的教育投入，从而有利于子女发展。第二，代际闭合则是指家长通过与子女的教师、同伴家长的交流与沟通，形成闭合的人际交往圈，这个交往圈实际上是一种支持性社群，圈内信息流动较为畅通，且能够较快反映到子女身上，从而有效提升子女学习努力度和有效性。父母参与也存在分化现象，优势阶层家庭的父母更加重视亲子陪伴和亲子互动，且优势阶层家庭中的父亲参与度显著高于弱势阶层家庭③。

教养方式方面，研究提出，当前家庭教养方式从目标和期望、教养过程、教养类型等方面都存在较为明显的分化。第一，教养目标与期望方面，早在 1946 年，Duvall 就提出不同阶层家庭对“好孩子”的定义存在明显差异，具体来看，低阶层家庭通常认为“好孩子”的重要特点为顺从，而高阶层家庭则认为“好孩子”应该是快乐、健康、求知的④，这种分化从观念层面解释了家庭教养方式的差异。第二，教养过程方面，研究提出，与弱势阶层家庭相比，优势阶层家庭的亲子陪伴和互动更多，质量更高；家庭语言词汇更加丰富，语义更加明确；行为管束方面更加关注子女的自控力、好奇心，并以温和方式实施惩罚；家庭日常生活组织化，对子女教育有长远规划；教育责任由父母共担⑤。第三，教养类型方面，总体看，优势阶层的家庭主要教养方式为权威型和宽容型，而弱势阶层家庭更常见的教养方式为专制型和忽视型⑥。

家庭结构也是考察家庭内部社会资本的重要依据。王金云和张静（2008）发现，单亲、再婚等特殊结构家庭的子女发展可能会落后于正常结构家庭，具体表现为更容易形成不良个性、不良行为明显增多、亲子关系差、社会适应能力缺失等⑦。然而，张春泥（2017）利用中国家庭追踪调查数据进行的实证研究结果表明，单亲离婚家庭、重组家庭与完整家庭的子女在学业、心理、行为、交往等方面的发展指标上并没有显著差异，单亲母亲家庭

---

① 赵延东，洪岩璧．社会资本与教育获得——网络资源与社会闭合的视角 [J]. 社会学研究，2012（5）: 47-69，243-244.

② Coleman J S. Equality and Achievement in Education[M]. Boulder，San Francisco & London: Westview Press，1990.

③ 刘程，廖桂村．家庭教养方式的阶层分化及其后果：国外研究进展与反思 [J]. 外国教育研究，2019，46（11）: 92-104.

④ Duvall E M. Conceptions of parenthood[J]. American Journal of Sociology, 1946, 52(3): 193-203.

⑤ 刘程，廖桂村．家庭教养方式的阶层分化及其后果：国外研究进展与反思 [J]. 外国教育研究，2019，46（11）: 92-104.

⑥ 黄超．家长教养方式的阶层差异及其对子女非认知能力的影响 [J]. 社会，2018，38（6）: 216-240.

⑦ 王金云，张静．特殊结构家庭子女的社会性发展问题及策略 [J]. 郑州大学学报（哲学社会科学版），2008，195（3）: 42-44.

子女在一些指标上甚至表现得更好[①]，可见，单纯探讨家庭结构完整性并不能解释子女发展差异，基于上述关于父母参与和教养方式的分析，更需要关注可能影响亲子参与的家庭居住安排。研究表明，相比于优势阶层家庭，弱势阶层家庭更可能呈现出亲子分离的居住状态[②]，而未亲子分离的孩子对自己的自我效能感更高，考试成绩也更好[③]。因此，亲子分离造成的家庭社会资本缺失也可能阻碍教育公平的推进。

二、来自学校的影响

文化再生产理论提出，学校实际上是利益争夺的“战场”，其在教育实践中使得社会阶层结构向下传递并将其合理化，一方面，学校行为实际上是一种“符号暴力”行为，精英阶层的代表——教师根据精英文化的标准对学生进行考核和评价；另一方面，这种文化在学校教育过程中并不会被明确教授，学校过程也可能是教育公平的重要机制。研究表明，优势阶层可以凭借其家庭资本获得更加优质的教育资源，而大量优势阶层家庭子女集中在优质校，形成了学校之间的阶层分化[④]。具体来看，学校过程中影响教育公平的具体机制可能包括教师、学校制度、同伴效应等。

教师方面，教师在教育中占据主导地位，其行为与教育过程公平直接相关。然而，研究表明，不论是在课堂教学、班级管理还是家校合作实践中，教师都存在与学生和家庭选择性交往的现象[⑤]。关于其解释路径，已有研究认为，教师在教育过程中，容易将学生家庭背景当作给学生分类和解释学生行为的参照和标准。加之教师的“中产阶级”身份，其往往更加认同相对优势阶层家庭的表达和观点，因此来自优势阶层家庭的学生更能够获得教师的积极反馈，而这种反馈又会通过自我效能感、学习态度等进一步促进优势阶层家庭学生的发展[⑥]。

学校制度方面，研究主要针对学校课程设置进行了探讨。课程设置方面，研究提出，课程传送的价值导向具有较强的优势阶层属性，对于一些弱势阶层家庭学生而言，他们难以理解课程中的抽象化、书面化的语言[⑦]。

同伴效应方面，社会互动理论提出，个人与个人、个人与群体、群体与群体之间可以在心理和行为上相互影响、相互作用。Winkler（1975）提出，同伴互动可以传递社会规范、

---

① 张春泥．当代中国青年父母离婚对子女发展的影响——基于 CFPS 2010—2014 的经验研究 [J]. 中国青年研究，2017，251（1）：5-16.

② 吴愈晓．社会分层视野下的中国教育公平：宏观趋势与微观机制 [J]. 南京师大学报（社会科学版），2020，230（4）：18-35.

③ 吴愈晓，王鹏，杜思佳．变迁中的中国家庭结构与青少年发展 [J]. 中国社会科学，2018，266（2）：98-120，206-207.

④ 吴愈晓，黄超．基础教育中的学校阶层分割与学生自我效能感 [J]. 中国社会科学，2016，244（4）：111-134，207-208.

⑤ 朱新卓，王欧．教师的阶层文化与教育的文化再生产——西方学者论阶层文化对教育公平的影响 [J]. 教育研究，2014，35（12）：133-142.

⑥ 郭丹丹．教育不平等发生的中介机制和破解策略 [J]. 国家教育行政学院学报，2022，292（4）：70-77，87.

⑦ 麦克・扬．知识与控制——教育社会学新探 [M]. 谢维和，朱旭东，译．上海：华东师范大学出版社，2002.

价值观和学习技能，并对整个同伴群体的认知和非认知能力产生重要影响[①]。学校中来自优势阶层家庭的学生比例越高，学校整体教育氛围越好，同辈群体会起到个体发展的催化剂作用；而学校来自弱势阶层家庭的学生比例越高，学生之中的不良行为越多、学习期望越低，不利于学生发展[②]。这种效应在我国的城乡学校之间表现得更为明显，雷望红（2021）的研究表明，在乡村学校，学生的同辈群体呈现“低质化”特征，导致寒门子弟在教育中处于一个弱势的自闭结构，进一步导致其依靠教育发展无望[③]。

三、家校合作的影响

个体发展不仅仅是学校或者家庭单独作用的结果，更是学校和家长持续性互动的结果。研究表明，家庭社会阶层会显著影响家校合作水平，即高社会阶层家庭的家校合作水平高于低社会阶层家庭[④]。关于家校合作阶层差异的解释，已有研究主要有“家庭缺失论”（Family Deficiency Theory）和“教育机构歧视论”（Institutional Discrimination Theory）两种[⑤]。

“家庭缺失论”将家庭资源和家长能力问题视为阻碍家校合作的核心因素。第一，低社会阶层家庭的受教育程度、职业地位与工作性质决定了其家庭资源的有限性，这导致了其在家校合作中的天然劣势[⑥]。第二，受教育背景、语言等限制，低社会阶层家长在家校合作中的能力不足，这进一步削弱了家校合作的效果[⑦]。第三，就观念来看，低社会阶层对于家庭的教育责任并不明晰，往往认为教育是学校的责任，大多缺乏家校合作意识。拉鲁提出，由于社会地位较低，低社会阶层家长往往对教师的意见言听计从，缺乏信心去理解、挑战教师，难以将自己与教师放在平等地位[⑧]，这也是低社会阶层家校合作水平较低的原因之一。

“教育机构歧视论”则提出，学校在家校合作中存在“选择性抑制”，即学校在家校合作过程中贬低了低社会阶层家长的参与权力。一方面，当前家校合作多以学校为主导，学校在开展家校合作时容易忽略低社会阶层工家长作时间长、工作灵活性低等现实情况，限制了这部分家长的家校合作参与[⑨]。另一方面，由于高社会阶层家长参与家校合作的态度更加积极，教师和学校认为高社会阶层家庭更重视学生教育、更符合学校价值观，因此与高

① Winkler D R. Educational Achievement and School Peer Group Composition[J]. Journal of Human Resources, 1975, (10): 189-204.

② 吴愈晓．社会分层视野下的中国教育公平：宏观趋势与微观机制 [J]. 南京师大学报（社会科学版），2020（4）：18-35.

③ 雷望红．从结构主义视角论寒门子弟的阶层困境与教育突围 [J]. 中国青年研究，2021，299（1）：5-11，20.

④ 吴重涵，张俊，王梅雾．是什么阻碍了家长对子女教育的参与——阶层差异、学校选择性抑制与家长参与 [J]. 教育研究，2017，38（1）：85-94.

⑤ 何瑞珠．家庭学校与社区协作：从理念研究到实践 [M]. 香港：中文大学出版社，2002.

⑥ 饶舒琪．国际视野下家校合作的公平性问题：初衷、实践与反思 [J]. 外国教育研究，2022，49（12）：30-40.

⑦ Gestwicki Carol. Home, School, and Community Relations: A Guide to Working with Parents[M]. Delmar Publishers, 1991.

⑧ 安妮特·拉鲁．家庭优势：社会阶层与家长参与 [M]. 吴重涵，等译．太原：山西教育出版社，2014.

⑨ 姚岩．家长教育参与的阶层差异 [J]. 中国教育学刊，2019，312（4）：39-43.

社会阶层家庭的交流和互动更多，这又进一步加剧了家校合作的阶层差距[①]。

第四节 文献述评

综上所述，微观教育公平是教育公平研究中的重要组成部分，是教育公平从形式走向实质的必由之路。虽然国内外已有研究对教育公平的关注度很高，围绕微观教育公平领域也进行了一定探索，为本研究的设计和开展奠定了良好的理论基础和方法论基础，但还存在以下不足有待进一步探讨。

第一，从研究视角来看，缺乏对微观教育公平的系统性理解。由于教育公平涉及问题较多，且错综复杂，无论是政策制定还是实践推进都存在一定的碎片化问题。具体到学术研究方面，相关研究仍较多地关注教育资源配置、教育体制机制等外在的宏观教育公平，将这种公平视为教育公平的全貌，对微观层面的教育公平研究还有待深入。虽然国内已有部分学者展开了学校教育教学过程中教师、课程、家校合作等对教育公平影响的探讨，但相关内容对微观教育不公平现象的描述和分析较为零散，大多仅关注学校课堂管理、师生关系、教学方式某一方面，鲜少研究基于微观教育机会、过程与结果的完整框架系统性探讨微观教育公平问题。

第二，从研究内容来看，对微观教育公平的研究多集中于义务教育学校教育过程方面。梳理已有研究发现，一方面，国内外关于微观教育公平的研究多集中于对学校不公平现象的概括及机制分析，包括空间座位排法、教师偏爱、课程资源、提问次数等在群体间的不均衡分配等，较少关注学校班级管理、教学过程、家校合作及微观教育公平实际效果等其他方面；另一方面，研究主要集中于义务教育阶段学校内部的课堂互动层面，聚焦于整个基础教育阶段的探讨较少。对于基础教育的公平问题，已有研究大多围绕区域和城乡间的资源投入，而普通高中育人方式的改革对普通高中教育公平提出了更高的要求，且不仅仅存在于资源投入这个层面，还存在于课程与教学、家庭与学校互动的多个方面，为此，需要展开相关的体系化研究。

第三，从研究方法来看，微观教育公平的相关实证研究同质化现象较明显。近年来国内微观教育公平研究呈现从思辨向实证研究方法萌发的趋势。在此背景下，学者们的研究思路、研究过程、研究主题、研究方法甚至是问卷调查、访谈提纲都较为相似。虽然部分学者是实地收集和分析微观教育公平数据与资料，但是他们往往忽视学校、家庭某一场域或家校互动中的微观教育公平问题，且难以呈现某个地区、某个群体的独有特征。因此，本研究基于区域性调查数据，建立“学校—家庭—学生”匹配数据库，采用实证研究方法以勾勒出微观教育公平的现实图景。

第四，从成果应用来看，如何推动新时代背景下的微观教育公平尚待回应。新时代高质量的教育公平政策指向对微观教育公平提出了更高要求，需要相关研究准确把握时代脉搏，立足于中国本土情境，切实推进微观教育公平。但目前相关研究对长期以来被认为是学校领域的微观教育公平关注不够，如何解决教育公平“最后一公里”问题有待回应。一

① 熊和妮．家庭教育“中产阶层化”及其对劳动阶层的影响[J]．教育理论与实践，2017，37（7）：30-34.

方面，已有研究与新时代背景下政府的制度设计缺乏有效连接，其研究成果并没有在相关政策的顶层设计中得到体现；另一方面，已有研究结论多为对微观教育不公平现象的观察和个人经验的总结，缺乏内在的逻辑关系及机制探讨，在具体实践层面存在部分主观性建议，缺乏一定的可操作性，因而很难对微观教育公平起到真正的促进作用。鉴于此，本研究基于调查数据，采用实证研究法探讨微观教育公平问题，从家庭、学校与家校合作等方面分析影响微观教育公平的因素与机制，并为推进教育公平落地提出相应建议。

第三章 研究设计

研究设计是研究推进的必要条件，包含研究问题、研究方法、概念和变量的操作化、数据收集和分析等内容。本章介绍了本书的主要研究问题、研究思路和研究方法，并对数据的基本信息进行了描述，为后续研究提供可行性支撑。

第一节 数据描述

通过问卷调查的方式，笔者对H省范围内一百余所学校进行调查，收集了大量基础教育数据，为本书提供了坚实的基础。

一、数据来源

本研究围绕微观教育公平问题进行问卷设计，对H省7个市（区、县）展开实地调研并获取第一手数据，研究对象包括小学四年级、初中二年级和高中一年级的学生、家长、教师和学校。以H省作为调查区域的原因如下：H省历来重视教育，其教育发展具有一定典型性。H省地处我国中部，改革开放以来，在我国东、中、西部的经济版图中，中部省份发展水平落后于东部，发展速度落后于西部。与之对应，中部地区义务教育投入存在“水平塌陷”与“低水平均衡”现象，存在“增长塌陷”，并有可能长期陷入“低水平陷阱”，如何解决“教育中部塌陷”成为促进教育公平的重要抉择[①]。H省作为中部地区的代表省份，探讨其教育发展具有重要价值。在确定H省作为主要调研地后，研究选择采用分层随机抽样的方式进行抽样，为保障研究的科学性，本次调研对象的选择覆盖到各层次、地区、类别的学校和学生。选择不同学段的主要考虑是：一方面，不同学段的学生、教师和学校具有明显差异，在微观场域的教育公平实践中可能会有不同的表现；另一方面，各阶段教育具有衔接性，总体来看，基础教育，特别是义务教育阶段实际上是一体化的教育过程，上一学段的学习状况会对下一学段的学习产生直接影响，因此，需要对其进行整体性分析。

（一）区域样本选择

调研省份确定后，需要确定具体的抽样区域，对于样本的选择，本研究主要采用分层随机抽样的原则进行取样。总体来看，H省整体发展处于全国的中等水平，该地区具备一定的典型性特征，对其的研究能够为具有相似特征的地区推进微观教育公平提供有益经验。因H省整体呈现“中间高，两边低”的地理态势，本研究进一步按照社会经济发展水平

① 雷万鹏，钱佳，马红梅. 中部地区义务教育投入塌陷问题研究 [J]. 教育与经济，2014（6）：3-9.

和地理位置等因素选取了7个样本市(区、县)。从区域样本来看,分属于H省7个市(区、县)共百余所学校的一万多名学生所提供的信息，使本研究全面考察微观场域的教育公平问题成为可能。同时，以H省学生为单一样本，既控制了地区社会经济发展、教育水平的影响，也充分考虑了市（区、县）间的发展差异。

（二）学校样本选择

为使选取的学校样本具有代表性,我们在样本市(区、县)分别从公办/民办、城区/乡镇、普通/职业（高中）、小学/中学等几个角度分层随机抽样确定学校样本。同时，我们在对学校抽样时也考虑了各学段学校样本之间的教育质量差异。本次调查共选取学校样本119所，最终收集到了106所学校的有效信息。

（三）学生、家长、教师样本选择

当学校样本确定后，学生样本的选择采取整群与分层随机抽样相结合的原则。首先，以班为单位进行整群抽样；其次，对于不同成绩水平的班级和高中分科班级，我们也会照顾到结构差异，分类别进行抽取。另外，对于家长样本，课题组将样本学生的家长纳入了样本中，以便后续的信息匹配。教师层面，被抽样班级的班主任和科任教师全部入样。

课题组最终共发放学生问卷14411份，回收有效问卷11503份，有效回收率为79.82%；家长问卷13354份，回收有效问卷12042份，有效回收率为90.18%；教师问卷1684份，回收有效问卷1478份，有效回收率为87.83%，其中班主任问卷314份，科任教师问卷1164份；校长问卷172份,回收有效问卷106份,有效回收率为61.63%。后续研究中，考虑到变量多样性，将四类问卷进行匹配分析。问卷调查样本的地区分布如表3-1所示。

表3-1 样本地区取样分布情况

样本区域	学生	家长	教师	学校
A	1439	1589	202	3
B	599	874	100	11
C	2181	2151	213	19
D	1305	1347	145	11
E	1179	1295	195	15
F	487	448	56	4
G	4313	4338	568	43
合　计	11503	12042	1479	106

二、样本信息

（一）学生基本情况

由表3-2可知，学生样本的基本特征为如下。

（1）从年级分布来看，小学四年级样本数为4031，占总样本的35.05%；初中二年级样本数为3541，占总样本的30.78%；高中一年级样本数为3931，占总样本的34.17%，其中普通高中样本数为1719，职业高中样本数为2212。

（2）从性别分布来看，总样本中男生的比例为50.4%，男女比例基本均衡；具体来看，小学四年级男生占比为50.61%；初中二年级为51.03%；高中一年级为49.61%，其中普通高中男生占比为48.98%，职业高中为50.01%。

（3）从年龄结构来看，小学四年级的平均年龄为9.92；初中二年级为13.87；高中一年级为15.81。

（4）从同胞结构看，独生子女占总样本的38.82%，小学四年级、初中二年级和高中一年级的独生子女占比分别为39.17%、41.47%和50.20%；在高中内部，普通高中和职业高中的独生子女占比有较大差异，普通高中独生子女占比为50.20%，职业高中为34.67%。

此外，表3-2还呈现了学生的一些发展情况。

（1）非认知能力方面，小学四年级学生非认知能力的均分为4.07；初中二年级为3.58；高中一年级为3.39，学生非认知能力的发展有随着学段提升呈下降的趋势，这与已有研究结论相似[①]，可能是因为在“应试教育”背景下，当前教育过度重视个体学业成绩而忽视了非认知能力发展，导致非认知能力发展的教育干预不足。分维度来看，学生的情绪稳定性这一维度的能力得分最低，后续要更加关注学生该方面发展。

（2）学业成绩方面，小学四年级学生的均分总体较高，但随着学段上升，语文、数学、英语成绩都有下降的趋势。在高中阶段，普通高中的语文、数学、英语的均分都高于职业高中，这与现实情况相符。

表3-2　学生样本基本信息（*N*=11503）

类　别	小学四年级（*n*=4031）	初中二年级（*n*=3541）	高中一年级（*n*=3931）		
			总　体	普通高中	职业高中
男生（%）	50.61	51.03	49.61	48.98	50.01
年龄	9.92	13.87	15.81	15.77	15.84
独生子女（%）	38.82	39.17	41.47	50.20	34.67
非认知能力	4.07	3.58	3.39	3.51	3.29
开放性	4.15	3.70	3.42	3.62	3.26
宜人性	4.17	3.70	3.48	3.68	3.33
外向性	4.19	3.54	3.27	3.38	3.19
情绪稳定性	3.76	3.28	3.23	3.18	3.27
尽责性	4.10	3.69	3.54	3.71	3.42
语文成绩	92.74	73.66	65.02	91.34	44.56
数学成绩	79.36	66.36	43.49	53.14	36.00
英语成绩	71.95	56.33	52.71	81.96	29.97
省级示范高中（%）			36.36	83.07	
职业高中（%）			56.27		

① 徐瑾劼，杨雨欣．学生非认知能力的国际比较：现状、影响及培养路径——基于OECD的调查[J]．开放教育研究，2021，27（5）：44-52，120.

（二）家庭基本情况

对于学生的家庭信息，研究主要从家长问卷获取，因此对学生问卷和家长问卷进行了匹配，形成“学生—家长”匹配数据，可匹配问卷共 8827 份。学生的家庭基本情况如表 3-3 所示，具体为：

（1）从基本信息来看，农业户口的样本占比为 73.69%；留守儿童占比为 20.35%；家庭社会经济地位的平均得分为 47.66。

（2）从家庭结构来看，完整家庭占比为 86.87%；单亲离异家庭占比为 8.27%；再婚家庭占比为 3.31%；此外，还有 1% 左右的丧父、丧母家庭，由此可见，样本的家庭结构比较多样化。

（3）从家庭经济条件来看，大部分样本家庭年总收入在 3 万 ~15 万元，这部分家庭的比例接近 60%；家庭年总收入 3 万元以下的占比 16.69%，这部分家庭面临的经济状况相对拮据；家庭年总收入 15 万 ~30 万元的占比为 11.76%，20 万 ~50 万元的占比为 2.63%，还有 1.14% 的家庭年总收入在 50 万元以上。

表 3-3 还报告了父母的基本情况：

（1）总体来看，母亲的受教育年限、职业得分和党员占比均低于父亲；

（2）从受教育年限来看，母亲的平均受教育年限为 10.96 年，父亲的平均受教育年限为 11.21 年，均高于全国平均受教育年限 9.91 年；

（3）从职业得分来看，母亲的平均职业得分为 50.95，父亲为 53.25。

表 3-3　学生家庭基本信息（*N*=8827）

基本信息					
农业户口（%）		留守儿童（%）		家庭社会经济地位	
73.69		20.35		47.66	
家庭结构（%）					
完整家庭	单亲离异家庭	再婚家庭	丧父	丧母	其他
86.87	8.27	3.31	0.82	0.29	0.44
家庭年总收入（%）					
3 万元以下	3 万 ~8 万元	8 万 ~15 万元	15 万 ~30 万元	30 万 ~50 万元	50 万元以上
16.69	39.55	28.23	11.76	2.63	1.15
母亲信息			**父亲信息**		
受教育年限	职业得分		受教育年限	职业得分	
10.96	50.95		11.21	53.25	

（三）教师基本情况

本次教师问卷共回收了 1479 份有效问卷，其中班主任问卷 314 份，占比 21，24%，根据表 3-4，教师的基本特征如下。

（1）从人口学变量来看，性别方面，女教师比例为 63.8%，这与全国的女教师占比情况相符，据 2021 年教育统计数据，全国义务教育阶段女教师占比 67.59%，高中阶段女教师占比 56.64%。年龄方面，样本教师平均年龄为 42.44 岁。

（2）教龄方面，样本教师教龄较长，均值为 20.46。

（3）从教师主教科目分布来看，主科教师占比最多，语文、数学、英语科目教师分别占比 18.74%、18.06% 和 14.88%。

（4）年级分布方面，初中二年级教师最多，占总数的 42.49%，其次是小学四年级教师，占比为 38.09%，高中一年级教师占比较少，不足 20%。

在教师素质方面有以下几点。

（1）从教师学历构成来看，大部分教师（87.01%）学历为大学本科，其次是大学专科学历，教师占比 9.13%，此外，还有 3.11% 的研究生学历教师，说明 H 省教师学历基本达到要求。

（2）从教师毕业院校来看，大部分教师毕业于普通本科院校，占比 71.72%，一成左右的教师为“985 工程”“211 工程”院校毕业。

（3）所有教师中，师范院校或师范专业毕业的占比为 70.43%。

（4）教师职称来看，一级教师占比最大，为 48.85%，其次为高级教师，占比 20.91%，再次是二级教师，占比为 15.43，正高级教师占比较少，仅 0.14%；此外，还有 13.18% 的教师没有评级，需要加强对这些教师的专业培养。

表 3-4　教师基本信息（N=1479）

类　别	比例（%）	类　别	比例（%）	类　别	比例（%）
女性	63.8	**班主任**	21.24	**职称**	
教龄（均值）	20.46	**年龄（均值）**	42.44	暂未评级	13.18
科目		**最高学历**		三级教师	1.49
语文	18.74	初中及以下	0.34	二级教师	15.43
数学	18.06	职高 / 中专 / 技校	0.14	一级教师	48.85
英语	14.88	高中	0.27	高级教师	20.91
科学（小学）	3.52	大学专科	9.13	正高级教师	0.14
道法 / 政治	7.58	大学本科	87.01	**兼任职务**	
心理健康	1.42	研究生	3.11	没有兼任职务	78.82
信息技术	2.91	**最高学历毕业院校**		中层干部	17.05
音乐	3.65	“985 工程”高校	2.1	副校长（含副书记）	3.52
体育	5.01	“211 工程”高校	8.05	校长（含书记）	0.61
美术	2.98	普通本科院校	71.72	**师范院校 / 师范专业**	70.43
物理（中学）	5.21	大专院校	9.34	**周上课时长（均值）**	16.5
化学（中学）	1.56	中专 / 中师院校	6.22	**周工作时长（均值）**	45.31
生物（中学）	4.8	高中及以下	0.95	**学段**	
历史（中学）	4.26	其他	1.62	小学四年级	38.09
地理（中学）	3.72	**年收入（均值）**	66275.42	初中二年级	42.49
综合实践活动	0.14			高中一年级	19.42
其他	1.56				

教师工作方面有以下两点。

（1）从工作时长来看，教师每周工作总时长 45.31 小时，总体来看，工作时长不算很长，但其上课时长仅为 16.5 小时，表明教师除上课外其他工作如批改作业、班级管理等占用了较多时间。

（2）从收入来看，样本教师的平均年收入为 66275.42 元，低于省平均工资 84478.00 元，这可能与 H 省财政状况有关。此外，从教师在校职务兼任来看，大部分教师（78.85%）没有兼任行政职务，17.05% 的教师兼任了教务主任、政教主任等中层行政职务。

（四）学校基本情况

表 3-5 汇总了 106 所样本学校基本信息，具体来看，学校信息如下。

（1）从城乡构成来看，乡镇学校占比为 70.75%。

（2）有 78.3% 的学校加入了教育集团或教联体，比例较高，表明 H 省教联体工作推进较好。

（3）经费方面，39.62% 的学校可以收支平衡，但仍有相当部分校长反应学校的经费较短缺，表示经费“非常短缺”和“比较短缺”的学校分别占比 19.81% 和 32.08，如何提高校内资金使用效率、增加学校经费是需要解决的问题。

（4）办学质量方面，大部分校长认为学校的办学质量处于中上水平，表明大部分校长对学校的办学质量有一定信心。

表 3-5　学校基本信息（N=106）

类　　别	比　　例	类　　别	比　　例
乡镇学校	70.75	参加教育集体 / 教联体	78.3
经费情况		办学质量	
非常短缺	19.81	较差	0.94
比较短缺	32.08	中下	4.72
收支平衡	39.62	中等	28.30
比较充足	7.55	中上	53.78
非常充足	0.94	最好	12.26

第二节　计 量 模 型

本书主要采用量化方法对数据进行分析，厘清微观教育的影响因素及具体机制。在具体的量化分析方法上，本书主要采用多元线性回归（Multiple Linear Regression）、逻辑斯蒂回归（Logistic Regression），根据不同变量特征，主要估计方法包括普通最小二乘法（Ordinary Least Square，以下简称 OLS）、多层线性模型（Hierarchical linear modeling，以下简称 HLM）等。为进一步比较各预测变量对结果变量影响效应的大小，一些研究还采用了 Shapley 值分解、Blinder-Oaxaca 差异分解。此外，为解决内生性问题，也有一些部分采用了倾向值匹配（Propensity Score Matching，以下简称 PSM）的方法。

（一）多元线性回归

1. OLS 模型

在估计家庭、教师、学生个体因素对微观教育机会公平、微观教育过程公平和微观教育结果公平的影响时，采用多元线性回归模型进行估计，具体计量回归模型的方程表达式如下：

$$Y_i = \beta_0 + \beta_j \sum_{j=1}^{J} X_{ji} + \mu_i \tag{3-1}$$

式中，Y_i 表示因变量；β_0 表示各种可能影响因变量的控制变量；i 表示第 i 个个体；J 表示控制变量的个数；j 表示第 j 个自变量；β_j 为第 j 个自变量对 Y 的偏效应；μ_i 是模型无法解释的随机误差项。

2. HLM 估计

HLM 是由密歇根大学 Raudenbush 教授和芝加哥大学 Bryk 教授共同开发的统计方法。由于 HLM 强调个体所在社会系统的内在结构层次性，在心理学、社会学研究得到了广泛应用。HLM 的实质是在回归模型中假定每个层次有各自不同的斜率截距。在微观教育公平研究中，不仅要关注学生、教师个体的因素，也要考虑到每个个体都内嵌于不同组织中，包括家庭、班级和学校，因此有必要用分层技术控制不同层面变量对个体影响的差异。

以个体和学校两水平线性模型为例，HLM 的函数基本表达式为

第一层：学生个体特征

$$Y_{ij} = \beta_{0j} + \beta_{1j} X_{ij} + \gamma_{ij} \tag{3-2}$$

第二层：学生学校特征

$$\beta_{0j} = \gamma_{00} + \gamma_{01}\omega_j + \mu_{0j} \tag{3-3}$$

$$\beta_{1j} = \gamma_{10} + \gamma_{11}\omega_j + \mu_{1j} \tag{3-4}$$

两水平模型的主要形式如下。

1）零模型

零模型（the null model）是多层线性模型的基准模型，即在模型中均不纳入水平 1 和水平 2 中上的解释变量。在本书中，其主要目的是检验家庭间、班级间、学校间的差异是否显著，从而决定是否有必要建立多层次模型。零模型中关于组内相关系数测量可以说明总变异中组内差异（within-groupvariation）和组间差异（between-groupvariation）的权重。此外，零模型的主要功能是为其他拟合模型提供基准，提供总变异的平均数，检验各组平均数的可靠性。需要注意的是，在二层 Logistic 回归中，我们无法直接使用组间和组内方差来计算组内相关系数 ICC，因为因变量是二进制的。我们需要将其转换为潜在的连续变量，通常称为“潜在概率对数”（latent logits），并将问题转化为随机截距模型。这涉及到以下公式：

$$\text{ICC} = \frac{\tau^2}{\left(\tau^2 + \frac{\pi^2}{3}\right)} \tag{3-5}$$

式中，τ^2 是随机截距模型的组间方差；π^2 是伯努利分布的方差，它是一个常数。

2）均值模型

以平均数为结果的模型是将一个群组的平均水平作为因变量，即不考虑个体因素对因变量的影响，或者说只关注第二层自变量对第一层变量截距项（均值）的影响，用第二层总体水平的自变量解释第一层模型截距项的差异。

3）非随机变动斜率模型

非随机变动斜率模型是第二层回归方程斜率和第一层回归方程斜率之间的非随机变动，组间回归斜率具有差异性，即假定层 1 模型的斜率是动态常数，层 2 斜率方程设定为固定效应。

4）随机系数回归模型

在设定随机系数模型时，理论上可以把层 1 模型所有解释变量的系数（斜率）都设定为随机斜率，但从实际操作层面看，设定过多的随机斜率会导致模型循环迭代而不收敛等参数估计问题。为避免这一问题，可以将部分核心解释变量的回归系数设定为随机系数，而假设其他控制变量的系数为固定效应，由此构建混合模型。

5）以截距和斜率为回归模型

简单来说以截距与斜率为结果的回归模型，即将层 1 回归模型的自变量回归系数作为层 2 回归模型的因变量，进行二次回归。此外，如果某些层 1 变量的斜率经检验存在随机效应，可将其作为完整模型中组间水平解释变量的函数，在层 2 水平上解释其组间变异。

（二）Logistic 回归和 Probit 回归

1. Logistic 回归

虽然 OLS 回归方法可以便捷地处理分类自变量，但不适合处理分类因变量。例如，在二分类因变量的情况下，多元回归的假设，尤其是预测误差服从正态分布的假设被严重违背，这经常会产生误导性结果，且相关预测值通常会超出 0~1 这一符合逻辑的可能范围。而 Logistic 回归方法是一般线性模型回归的特例之一，其不仅可以很好地用于处理二分因变量，而且还可以很容易地拓展至处理多分类因变量。以二项 Logistic 回归模型为例，它是用一组自变量来预测个体将属于二分类因变量的某个类别的对数比例（Log odds），公式表示为

$$\ln\left(\frac{F_{1|x_{1\cdots j}}}{F_{2|x_{1\cdots j}}}\right)=\alpha+\sum_{j=1}^{J}\beta_j x_j \qquad (3\text{-}6)$$

式中，j 表示自变量的数量，β 是系数，其类似于 OLS 回归系数。因变量是在给定自变量取值的情况下属于因变量类别 1 而不是类别 2 的期望比率的自然对数，而二分因变量的期望条件频数分布的对数比率等于属于每个类别的期望概率之比的对数。

当因变量为有序多分类变量时，则可选用多元有序 Logistic 模型，多元有序 Logistic 模型实际由多个 Logistic 模型构成，表达形式与 3.6 相似，但需要满足平行线假设。平行线假设即拆分后的多个二元 Logistic 回归的自变量系数相等，仅常数项不等，自变量在多个 Logistic 中对累积概率的优势比（OR）影响相同，不同类别累积概率的差别体现在常数项上。因此，在有序多分类的 Logistic 回归模型中，必须对自变量系数相等的原假设进行检验，当结果 p 值大于某一显著性水平时，说明满足平行线假设，多元有序 Logistic 模型

是正确的，才可进行下一步分析。

2. Probit 回归

与 Logistic 回归类似的另一种方法是 Probit 回归，使用这两种方法通常会得到类似的结果，在两者之间进行选择很大程度上取决于专业习惯[①]。其公式表达如下所示，其中，Φ 为标准累积正态分布，并且有 j 个预测变量。

$$P_r(Y=1|X)=\Phi(\beta'x)=\Phi\left(\beta_0+\sum_{i=1}^{j}\beta_i x_i\right) \tag{3-7}$$

（三）内生性处理

1. 倾向得分匹配

通常来说，除了主要的预测变量，个体在其他很多方面也存在差异，尽管多元线性回归一般都会控制一些混淆变量，但随着混淆变量的增加，其很难保证在每一种混淆变量的不同取值组合上都存在可比较的处理组和对照组个体；运用传统 OLS 回归方法估计影响效应将会存在样本选择上的偏差。为了解决这一问题，本书的一些部分采用了 Rosenbaum & Rubin（1983）提出的倾向得分匹配法（Propensity Score Matching，简称 PSM）[②]方法，消除样本因样本选择性偏差而产生的内生性问题。

倾向得分匹配法以“反事实框架”理论为基础，在控制组中寻找与干预组个体相似的观测值并与其匹配，进而用控制组个体的结果来估计干预组个体的反事实，计算干预组的平均处理效用（Average treatment effect on the treated，ATT）。具体步骤如下：首先，基于 Logit 模型预测自变量不同取值的概率，即倾向值。具体来看，令 Z_m=1 表示自变量取值为 1 的情况，Z_m=0 自变量取值为 0 的情况。对于每个样本、来讲，其倾向值便是该 Logistic 回归模型下的预测概率。

$$K_m=\ln\frac{p(Z_m=1|\boldsymbol{\alpha})}{1-p(Z_m=1|\boldsymbol{\alpha})}=\left(\sum_{n=0}^{n}\beta_n\alpha_{mn}\right) \tag{3-8}$$

式中，Z_m 是第 m 个样本自变量的取值，$\boldsymbol{\alpha}$ 是一个向量，表示所有个体的特征，p（Z_m=1|$\boldsymbol{\alpha}$）表示样本自变量取值的概率。

其次对倾向值在共同取值范围内的个体进行匹配。为保证估计结果的稳健性，可以采用近邻匹配、半径匹配、核匹配等多种匹配方法方式进行匹配。最后，通过匹配后的样本计算“处理组的平均处理效应”（Average Treatment Effects for the Treated，ATT）来识别不同自变量取值下的被解释变量平均差异。

$$\text{ATT}=E\left[Y_{i1}|D_i=1,p(X)\right]-E\left[Y_{i0}|D_i=1,p(X)\right] \tag{3-9}$$

式中，Y_{i1} 和 Y_{i0} 分别为自变量不同取值对应的因变量取值，D_i 为二分变量。$p(X)$ 为控制学生个体、家庭和学校等特征后自变量不同取值的概率值，ATT 表示对于 D_i=1 的样本，

① 唐启明. 量化数据分析：通过社会研究检验想法 [M]. 任强，译. 北京：社会科学文献出版社，2012.

② Rosenbaum P R, Rubin D B. The Central Role of the Propensity Score in Observational Studies for Causal Effects[J]. Biometrika, 1983, 70(1): 41-55.

若 D_i=0，他们的因变量取值会产生何种变化。

2. 泛精确匹配

泛精确匹配（Coarsen Exact Matching，CEM），又叫广义精确匹配，其主要用于解决样本选择性偏误问题。与常见的倾向得分匹配法相比，泛精确匹配具有如下优点：首先，倾向得分匹配法仅能确保对照组和实验组之间在特征变量上保持平衡，而 CEM 方法能够进一步控制两组在方差、协方差、高阶交互项等方面的不平衡性。其次，倾向得分匹配法在处理连续变量时由于对匹配精确要求比较高，容易丢失比较多样本，而 CEM 方法则预先对连续变量进行粗化处理（coarsening），从而提高了匹配的概率。最后，倾向得分匹配法在计算出倾向得分之后直接给出匹配样本的实验处理效应值，而 CEM 方法则是根据匹配的结果对样本进行加权，并在后续计量模型估计中使用该权重，这提高了 CEM 方法的适用范围。

CEM 的实际操作可以具体分为以下几步：①粗化匹配变量，即通过自变量取值将样本分为两组；②确定匹配样本；③计算权重；④进行加权分析。其中，关于权重的计算方法如下：

$$W_i=\begin{cases}1, & i\in T^S\\ \dfrac{m_C}{m_T}\times\dfrac{m_T^S}{m_C^S}, & i\in C^S\end{cases} \tag{3-10}$$

其中，m_C 代表匹配后样本中控制组观测值的数量，m_T 代表匹配后样本中处理组观测值的数量，m_T^S 代表第 S 层中处理组观测值的数量，m_C^S 代表第 S 层中控制组观测值的数量。结合来看，如果是处理组的观测值，则赋权重为 1；如果是控制组的观测值，则赋权重为（匹配后样本中控制组观测值数量 / 匹配后样本中处理组观测值数量）×（层级中处理组观测值数量 / 层级中控制组观测值数量）；如果没有匹配上赋权重为 0。

3. 工具变量法

工具变量估计（Instrumental Variable，IV）的基本工作逻辑是通过一定的方法将核心解释变量的变异进行分解，将核心解释变量变异中与残差相关的那部分变量剔除，仅保留与残差不相关的那部分变异，并且只用与残差不相关的那部分变异对结果变量进行回归，此时得到的估计结果必然是无偏估计。

工具变量需要满足的基本条件为：第一，相关性，即工具变量与内生解释变量相关；第二，外生性，即工具变量与扰动项不相关，仅能通过影响解释变量进而影响被解释变量，而不再可能通过其他渠道对因变量产生影响。工具变量估计能得到因果效应，但经过工具变量分离核心解释变量变异的做法在保证了研究的内部有效性的同时，也造成了研究外部效度的损失。也就是说，通过工具变量估计得到的因果结论只对那些受到工具变量影响的处理组个体有效，而无法推广到更广泛的群体，这也是工具变量的估计结果被称为“局部平均处理效应”的原因。在使用工具变量估计的研究中，通常会存在“一项研究的工具变量有效性越高，其估计的内部效度就越好，而结论的外部效度就越弱”。因此，如何调和研究内部效度和外部效度之间的关系，实现其共同增长是在工具变量估计中需要突破的地方。

如果 Z 满足工具变量的条件，并且是一个二分变量，那么在加法尺度上，工具变量的

效应估计就可以表示为

$$E\left[Y^{a=1}\right]-E\left[Y^{a=0}\right]=\frac{E[Y \mid Z=1]-E[Y \mid Z=0]}{E[A \mid Z=1]-E[A \mid Z=0]} \tag{3-11}$$

式中，Y为被解释变量，A为解释变量，Z为工具变量。等式左边是A对Y的效应，等式右边的分子是Z对Y的平均因果效应，被称为意向性治疗效应（intention-to-treat effect，ITT），Z是工具变量，Y是“果”。等式右边的分母是Z对A的平均因果效应，表示被试的配合程度，Z是工具变量，A是“因”。如果被试完全配合研究人员，那么分母就等于1，A对Y的效应就等于Z对Y的效应（完美的随机实验）。如果被试配合程度不佳，那么分母就会趋近于0（小于1），从而A对Y的效应大于Z对Y的效应。不配合的被试越多，这两个效应之间的差距也就越大。这一效应估计不需要调整任何混杂，而是通过给治疗意向效应乘以一个膨胀系数得到。被试的配合程度越低，也即Z-A之间的关系越接近于0，那膨胀系数也就越大，在观察性研究中同理。

（四）方差分解

1. KHB 分解

基于Wright早期工作，中介这一概念在二十世纪六七十年代路径分析的兴起中开始流行起来。通常，中介分析涉及结果变量(y)、预测变量(x)和中介变量(m)：预测变量可以直接影响结果，通过中介间接影响结果，也可以两者结合影响结果。

然而，在具有连续结果的模型(例如，普通最小二乘)中测量中介的成熟统计技术不能轻易地推广到逻辑回归和其他非线性模型中。因为这些模型没有从误差方差单独估测系数，使不同回归模型系数间的比较存在一定问题。实际上，该系数仅在从误差标准偏差和真实回归系数得出的尺度参数范围内是不同的。中介的估测取决于不同模型间的估测系数与不同的误差标准偏差的比较，从而导致中介难以在分类反应模型中估测，即尺度问题[①]。针对尺度问题，尤其是Logistic回归模型中的尺度问题，研究人员们提出了很多解决方法。其中，近年克里斯蒂安·卡尔森等开发的KHB中介分析法被广泛运用在非线性模型中介变量的估测中[②]。该方法具有两项明显的优势，第一，其适用性更强，其不仅可以分析基于OLS线性模型的中介作用，也可以分析非线性模型的中介作用；第二，KHB方法可以直接计算出核心解释变量对被解释变量的总效应以及各个中介变量的间接效应大小。与其他方法类似，KHB法包括至少三个变量：被解释变量Y，解释变量X以及之后的中介变量M。KHB分解的具体步骤如下。

（1）“简化模型”中系数与标准误差的估计。简化模型，即Y与X间简单的二元关系式，具体公式为

$$Y_i=\beta_{1R}\cdot X_{1i}+\delta_R\mu_i \tag{3-12}$$

（2）“完整模型”中系数与标准误差的估计。完整模型，即X通过M对Y的影响，具

① Karlson K B et al. Comparing Regression Coefficients Between Same-sample Nested Models Using Logit and Probit: A New Method[J]. Sociological Methodology, 2012, 42: 286-313.

② Kohler U et al. Comparing coefficients of nested nonlinear probability models[J]. Stata Journal, 2011, 11(3): 420-438.

体见公式 3-13。

$$Y_i = \beta_{1F} \cdot X_{1i} + \beta_2 \cdot X_{2i} + \delta_F \mu_i \tag{3-13}$$

（3）“差分模型”中差分系数即系数的标准误差估计。差分模型，即计算加入 M 后 X 的回归系数相对于 Y 的变化。差分模型用于估测由于 M 导致的中介（或混杂）数量，从而解释任何与非线性反应模型相关的尺度变换。

$$b_{1F}^* - b_{1F} = \frac{\beta_{1F}^*}{\sigma_F^*} - \frac{\beta_{1F}}{\sigma_F} = \frac{\beta_{1R}}{\sigma_F} - \frac{\beta_{1F}}{\sigma_F} = \frac{(\beta_{1R} - \beta_{1F})}{\sigma_F} \tag{3-14}$$

（4）差分系数用来衡量中介变量 M 的效果：如果差分系数为正，X 的系数在中介变量的作用下减小；如果差分系数为负，X 的系数在中介变量的作用下增加，即中介变量的抑制作用。混杂百分比用来衡量相对于原始简化模型中的系数，完整模型里中介的数量。

$$\frac{b_{1F}}{b_{1F}^*} = \frac{\beta_{1F}/\sigma_F}{\beta_{1F}^*/\sigma_F^*} = \frac{\beta_{1F}}{\beta_{1R}} \tag{3-15}$$

$$\frac{b_{1F}^* - b_{1F}}{b_{1F}^*} = \frac{(\beta_{1F}^* - \beta_{1F})/\sigma_F}{\beta_{1F}^*/\sigma_F^*} = \frac{\beta_{1R} - \beta_{1F}}{\beta_{1R}} \times 100\% \tag{3-16}$$

2. Shapley 分解

基于回归的 Shapley 值分解研究源自肖若克（A.F.Shorrock）[①] 的理论，该理论认为 Gini 系数和 Theil 指数等都可表示为其影响因素的线性组合，从而使运用 Shapley 值分解成为解决一般分解问题的有效方法。Shapley 值分解法的基本过程是：首先，计算因变量值的不平等指数 I_1；其次，确定因变量决定方程，将某一自变量（如 X_1）取均值，与其他自变量一并计入该方程获得新的因变量值，并计算该值的不平等指数 I_2，此时该指数已不包含 X_1 的影响；最后，计算因变量不平等指数的前后差距（I_2-I_1），即 X_1 对因变量发展差距的贡献。X_1 取均值后如果因变量差距缩小，则说明 X_1 是扩大因变量差距的因素，反之亦然。在推断 X_1 取均值后的因变量发展差距时，其他自变量取值可以是实际值也可以是平均值，因此所计算的 X_1 对因变量不平等指数的贡献为一数学期望值。

3. Blinder-Oaxaca 分解

一般而言，组间均值差异可以归因于两部分：一部分源于两者的“禀赋”差异，一部分源于两者在“禀赋”上的“回报率”不同。我们运用 Blinder-Oaxaca 分解将造成均值差异的原因甄别出来。具体而言，组间均值差异可以由式（3-17）表达：

$$\begin{aligned} \overline{Y_1} - \overline{Y_2} &= (\alpha_1 + \beta_1 \cdot \overline{X_1}) - (\alpha_2 + \beta_2 \cdot \overline{X_2}) \\ &= (\overline{X_1} - \overline{X_2})\beta_2 + \overline{X_1}(\beta_1 - \beta_2) + (\alpha_1 - \alpha_2) \end{aligned} \tag{3-17}$$

其中，等式右边第一项是“禀赋效应”，它度量了不同群体由于“禀赋”不同对组间差距的贡献；第二项和第三项是“系数效应”，它度量了两组样本由于变量回归系数和截距项系数上的不同对组间差距的贡献。

---

① Shorrocks A F. Decomposition procedures for distributional analysis: A unified framework based on the shapley value[J]. Journal of Economic Inequality, 2013, 13(1): 99-126.

第三节 变 量 说 明

本研究涉及的变量主要包括微观教育机会、过程及结果方面的变量，具体界定与测量方式如表 3-6 所示。

一、微观教育机会的测量

（一）入学机会

本书以择校行为来衡量入学机会的公平性问题。2022 年，我国九年义务教育巩固率已经达到了 95.5%，高中阶段毛入学率也达到了 91.6%，因此，用是否进入适龄学段的学校学习来衡量入学机会的意义不大。在当前基础教育“公平而有质量”的发展需求下，本研究更加关注优质教育资源配置问题。已有研究表明，择校行为的本质是追求优质且稀缺的教育资源。择校行为的具体测量来源于“家长卷”中的问题“您或家人为了孩子读这所学校做过以下事情吗？(多选)”。本书将选择“找朋友帮忙”“送礼”“交额外费用”“在学校所在片区买房”“迁户口”“把户口挂靠到亲戚或朋友家”“让孩子参加各种学业考试 / 特长考级”及“其他”等视为择校行为，处理为 1，将没有择校的家庭处理为 0。

（二）班级内机会

本书对学生在班级内机会的讨论集中于班干部身份获得方面。在中小学校，班主任借助班级管理组织辅助自己开展日常班级活动，把学生干部培养为自己的“左右手”，而由谁来当学生干部，涉及了学校教育过程中的资源分配问题。杜明峰（2016）认为，当前学生干部制度会直接或者间接导致学校场域中的不公平或者非正义[①]。具体来看，中小学学生的班干部职务包括班长、副班长、组织委员、学习委员、宣传委员、劳动委员、生活委员、体育委员、团支部干部等。本书中的被解释变量“学生干部身份获得”是通过问卷中“是否担任学生干部”一题进行测量的。其中对于选项“是”和“否”分别编码为 1 和 0，最终获得一个二分变量。

（三）家庭内机会

家庭是子女教育的基本单位，也是造成微观教育不公平的重要场域。文献综述部分已经提出，家庭教育投入包含经济投入和时间投入两类，两类投入都是影响教育公平的重要机制，因此，探究家庭内部的教育机会具有重要意义。本书对家庭内教育机会的考察主要

① 杜明峰 . 班干部制度的当下危机及其应对 [J]. 中国教育学刊，2016（4）：96-101.

是“陪读机会”。通过学生问卷中“这个学期你大部分时间住在哪里？”这一题项来反映，选项包括了“住家走读”“在学校住宿”“在学校附近租房陪读”，以其中“家长在学校附近租房陪读”选项来测量学生的陪读机会，将选择“在学校附近租房陪读”赋值为1，其他为0。

二、微观教育过程的测量

（一）教师关注

教师关注是教师在课堂教学实践过程中用以感知课堂事件、开展课堂互动、做出课堂行为的一种专业知识的应用技能，对教师的课堂教学效果和师生关系有重要影响，主要体现为教师与学生之间的交互行为。本书主要关注教师提问行为，对于教师提问的测量来自学生问卷“老师经常提问我”的回答，其选项有“完全不同意”“不太同意”“一般”“比较同意”“完全同意”五个，将其分别赋值为1~5五个连续变量，数值越大，表明老师提问频率可能越高。

（二）学生评价

本书主要考察教师对学生的评价行为，主要聚焦教师表扬。教师表扬是教育实践中一种常见的强化手段，能对学生成绩产生不可忽视的影响[①]。本书对教师表扬的测量与教师提问相似，主要的测量问题是“老师经常表扬我”，将学生同意程度由低到高依次赋值为1~5。

（三）家校合作

家校合作包括当好家长、相互交流、志愿服务、在家学习、参与决策和与社区合作为主体的六种类型[②]，涵盖家长、教师、学校三个主体的行为。在教师层面，主要通过家长问卷“教师主动联系您的频率”，教师问卷“您开展以下活动或育人行为的频率”中“邀请家长”的选项进行测量，答案包括了“协助教学”“评价学校管理”“参与制定学校制度”等，根据选项“无”“1次”“2~4次”“5次及以上”赋值为1~4，最终加总求平均值，得到教师层面的家校合作水平。经检验，在本研究中，该量表内部一致性检验的克伦巴赫α系数为0.732，信度良好。

家长层面，主要通过家长问卷“您平时主动和教师沟通最多的内容”“您经常用以下哪种方式与班主任或老师沟通”“您主动联系教师的频率”测量家长维度的家校沟通内容、方式和频率；此外，根据已有研究，家校合作还包含了家长参与学校这一形式，主要通过

① 姚东旻，崔孟奇，许艺煊等.表扬与批评对学生学业表现的异质性影响——教师强化行为与学生自我归因[J].浙江大学学报（人文社会科学版），2022（12）：88-103.

② 乔伊丝·L.爱普斯坦.学校、家庭和社区合作伙伴：行动手册[M].吴重涵，薛惠娟，译.南昌：江西教育出版社，2013.

“您参与以下活动或育人行为的频率”来测量，答案包括了“协助教学”“评价学校管理”“参与制定学校制度”等，根据选项“无”“1次”“2~4次”“5次及以上”赋值为1~4，最终加总求平均值，得到家长层面的家校合作水平。经检验，在本研究中，该量表内部一致性检验的克伦巴赫 α 系数为0.881，信度良好。

（四）同伴和师生关系

本书中的同伴关系由学生问卷中“班里大多数同学对我很友好”“我对我现在的班级很满意”“我对我现在的学校很满意”三个题目进行测量。对每个题目的选项赋值，从1至5分别表示“完全不同意”“不太同意”“一般”“比较同意”“完全同意”，将三个题目的得分进行加总平均，得到最终的同伴关系得分。师生关系由学生问卷中“你觉得教师对你的期望程度”题目进行测量，根据答案“很低”“比较低”“中等”“比较高”“高”五个等级赋分为1~5，得到师生关系得分。

三、微观教育结果的测量

（一）认知能力

本书中学生的认知能力主要用学生成绩测量。本次调查收集了学生的各科成绩资料，为确认资料真实性，也在问卷中询问了学生上学期末的总成绩和语文、数学、英语的分科成绩。由于各年级考试科目不同，本书主要关注所有年级学生都进行了考试的语文、数学和英语三科；此外，由于地区间教育政策、考试方式、考试题目难易程度等的不同，直接采用原始分数进行对比没有意义，因此本研究对学生的原始成绩按70为均值，10为标准差进行了标准化处理，最终得到了语文、数学和英语的标准化分数，将其作为认知能力的测量变量。

（二）非认知能力

非认知能力即个体在实现目标、与他人合作以及管理情绪过程中所具备的能力，在教育领域，人们所熟知的“品格教育”“德育”“素质教育”等均属于非认知能力范畴。本书基于“大五人格”模型，借鉴OECD社会与情感能力研究的测评工具测量学生非认知能力，该工具在中国文化背景下运用的信效度良好，符合测量学标准[①]。具体采用“我做事小心谨慎避免出错”“我信任别人”“我的想象力很丰富”等题目从开放性、外向性等5个维度，责任感、抗压力、共情、包容度等15个子维度对学生非认知能力进行测评，并给出了表示学生每项情感能力的最终得分。经检验，在本研究中，该量表内部一致性检验的克伦巴赫 α 系数为0.931，信度良好。本研究对学生卷15个子维度的最终得分求平均值，得出最终的学生非认知能力分值。

① 张静，唐一鹏，郭家俊，等. 中国青少年社会与情感能力测评之技术报告[J]. 华东师范大学学报（教育科学版），2021，39（9）：109-126.

（三）心理健康

本书参照杨磊和戴优升（2019）[①] 对心理健康的测量，在问卷中设计心理健康量表，询问学生“在过去的七天里，你是否有以下感觉”，根据对选项“沮丧”“抑郁”“不快乐”“生活没意思”“悲伤、难过”的回答进行赋值，将选择“从不”“很少”“有时”“经常”“总是”依次赋值为 1~5，值越高表示心理健康状况越差。经检验，在本研究中，该量表内部一致性检验的克伦巴赫 α 系数为 0.945，信度良好。

（四）主观幸福感

参考丁雪萌和孙健的做法[②]，将心理健康量表进行反向赋值，例如过去的 7 天内总是感到悲伤 =1，过去的 7 天内从不感到悲伤 =5，以此类推。为得到学生主观幸福感的综合评价指标，本书将重新赋值后的 5 项指标进行因子分析，并提取公因子，作为最终衡量学生主观幸福感的指标。其中，因子分析的 KMO（Kaiser-Meyer-Olkin）值检验结果为 0.86，大于 0.6 的界限值，且 Bartlett 球形度检验在 1% 的显著性水平下拒绝指标与公因子不相关的原假设，说明该变量适合做因子分析。

四、主要控制变量

本研究控制变量包括了学生、教师、家长等不同方面，如学生性别、年级、户口、家庭社会经济地位等个体特征变量，教师性别、教龄等变量，家长的教育参与等变量，文中具体根据研究议题的不同来控制有关变量。

（一）家庭社会经济地位

本书主要从父母较高受教育水平、家长较高职业得分、家庭年总收入三个方面衡量家庭社会经济地位。家长较高受教育水平为家长受教育水平较高一方的受教育年限。对于家长职业得分，本书参考吴愈晓和黄超（2016）的做法[③]，根据职业类型将其赋分为 20~90 的连续变量，并最终取父母双方得分较高的一方。研究将家庭年总收入按照“3 万以下、3 万 ~8 万、8 万 ~15 万、15 万 ~30 万、30 万 ~50 万、50 万 ~100 万、100 万以上”的顺序赋值为“1~7”，数值越大表明其收入越高。根据以上三方面的指标，采用因子分析提取主成分，以特征值大于 1 的原则提取一个因子，将其命名为家庭社会经济地位（Socioeconomic Status，SES）。另外，考虑布迪厄将资本划分为经济资本、文化资本和社会资本三种形态，认为经济资本是被制度化的财产权形式，文化资本是被制度化的教育资

---

① 杨磊，戴优升 . 家庭社会资本、学校环境会影响青少年心理健康吗？——基于 CEPS 数据的实证分析 [J]. 中国青年研究，2019，275（1）：47-56.

② 丁雪萌，孙健 . 家庭受教育程度与孩子主观幸福感——基于中国教育追踪调查（CEPS）数据的经验研究 [J]. 西北人口，2019，40（4）：35-45.

③ 吴愈晓，黄超 . 基础教育中的学校阶层分割与学生教育期望 [J]. 中国社会科学，2016（4）：111-134，207-208.

格的形式，社会资本则是被制度化的某种头衔的形式[1]。已有研究也具体关注了家庭经济社会背景中家庭经济资本、家庭文化资本、家庭社会资本和家庭政治资本等资本类别[2]。借鉴上述研究，本文部分实证研究中进一步对家庭经济背景变量进行细分。

（二）父母教育参与

本文主要依据 Sui-Chu 和 Willms（1996）的研究将父母教育参与分为四个维度：

（1）家庭讨论（Home discussion），主要是指孩子与父母讨论有关学校的事情；

（2）家庭督导（Home supervision），是指父母对孩子外出时间和看电视时间，以及完成家庭作业的监控；

（3）学校沟通（School communication），包括学校主动联系家长和家长主动联系学校两方面；

（4）学校参与（School participation），是指父母参与学校家长会或是以志愿者的身份参与学校活动[3]。在以上四个维度中，前两个维度是以家庭为本的家长参与，后两个维度是以学校为本的家长参与，此处的家长教育参与主要讨论家庭讨论和督导两方面，本书将其命名为亲子沟通和亲子监督。此外，亲子陪伴也是家长参与的重要维度，本书将其也纳入讨论范围。

具体来看，亲子沟通由家长与子女讨论“学校发生的事情”“你与朋友的关系”“你与老师的关系”“你的心事或烦恼”等问题测量，采用 3 分制，1~3 依次表示从不、偶尔和经常。分析时，将该变量作为连续变量处理，并将这 5 个题目的加总均值作为亲子沟通变量的得分。亲子监督主要由父母在作业、考试、在校表现、和谁交朋友、穿着打扮、上网时间、看电视的时间这 7 个方面对子女的监管力度来衡量，同样采用 3 分制，1~3 依次表示不管、管但不严和管得很严，并将这 7 个题目的加总平均值作为亲子监督变量的得分。亲子陪伴主要由与父母一起吃晚饭、读书、运动的频率来测量，同样采用 3 分制，1~3 依次表示从不、偶尔、经常，并将这 3 个题目的加总平均值作为亲子陪伴变量的得分。

本书涉及的关键变量的界定原则如表 3-6 所示。

表 3-6　本书涉及的关键变量的界定

变　量　名	变量类型	变　量　界　定
微观教育机会		
择校	虚拟变量	是否择校，是 =1，否 =0
班干部	虚拟变量	是否担任班干部，是 =1，否 =0
家长陪读	虚拟变量	家长是否陪读，是 =1，否 =0
微观教育过程		
教师关注	连续变量	教师提问频率，取值范围为 1~5

① 布尔迪厄 . 文化资本与社会炼金术 [M]. 包亚明，译 . 上海：上海人民出版社，1997.

② 赵阳，薛海平 . 参加课外补习有助于中考升学吗——基于 CFPS2010-2018 追踪数据的实证分析 [J]. 湖南师范大学教育科学学报，2021，20（1）：87-98.

③ Sui-Chu E H, Willms J D. Effects of parental involvement on eighth-grade achievement[J]. Sociology of Education, 1996, 69(2): 124-142.

续表

变　量　名	变量类型	变　量　界　定
教师表扬	连续变量	教师表扬频率，取值范围为 1~5
家校合作	连续变量	家长联系教师频率、教师联系家长频率、家长志愿活动参与频率的均值，取值范围 1~4
同伴关系	连续变量	取值范围 1~5
师生关系	连续变量	取值范围 1-5
微观教育结果		
认知能力	连续变量	上学期末语文、数学、英语总成绩（标准化后加总），取值范围 64~294
语文成绩	连续变量	上学期末语文成绩（标准化），取值范围 19~104
数学成绩	连续变量	上学期末数学成绩（标准化），取值范围 19~107
英语成绩	连续变量	上学期末英语成绩（标准化），取值范围 25~110
非认知能力	连续变量	（开放性 + 宜人性 + 外向性 + 情绪稳定性 + 尽责性）/5，取值范围 1~5
开放性	连续变量	取值范围 1~5
宜人性	连续变量	取值范围 1~5
外向性	连续变量	取值范围 1~5
情绪稳定性	连续变量	取值范围 1~5
尽责性	连续变量	取值范围 1~5
心理健康	连续变量	取值范围 1~5
主观幸福感	连续变量	取值范围 1~5
主要控制变量		
个人特征		
性别	虚拟变量	男 =1，女 =0
年级		
小学四年级	虚拟变量	是 =1，否 =0
初中二年级	虚拟变量	是 =1，否 =0
高中一年级	虚拟变量	是 =1，否 =0
户口性质	虚拟变量	农业户口 =1；非农业户口 =0
家庭特征		
家庭社会经济地位	连续变量	取值范围 0~100
家庭经济资本	连续变量	家长问卷填答的去年家庭年总收入为测量变量：低收入（少于 3 万元）=1；较低收入（3 万 ~8 万元）=2；中等收入（8 万 ~15 万元）=3；较高收入（15 万 ~30 万元）=4；高收入（30 万元以上）=5
家庭文化资本	连续变量	父母较高受教育年限，取值范围 0~19
家庭社会资本	连续变量	父母较高职业得分，取值范围 20~90
父母教育参与	连续变量	亲子陪伴 + 亲子沟通 + 亲子监督，取值范围 1~9
亲子陪伴	连续变量	取值范围 1~3
亲子沟通	连续变量	取值范围 1~3
亲子监督	连续变量	取值范围 1~3
同胞数量	连续变量	兄弟姐妹数量，取值范围 1~8

续表

变　量　名	变量类型	变　量　界　定
教师特征		
性别	虚拟变量	男 =1，女 =0
教龄	连续变量	取值范围 1~45
班级特征		
班级类型	虚拟变量	重点班 =1，非重点班 =0
班级规模	连续变量	取值范围 8~62
学校特征		
学校类型	虚拟变量	重点校 =1，非重点校 =0
学校分布	虚拟变量	城区学校 =1，乡镇学校 =0
学校硬件设施	连续变量	由学校问卷中“学校目前配备的场馆或设施情况”多选题加总测量，选择了对应选项赋值为 1 分，未选择为 0 分

第四章 微观教育机会公平实证研究

教育机会公平是实现教育公平的前提，教育机会是指一个人接受某种类型和阶段教育的可能性[①]。从历史阶段看，教育机会分配是从一种不平等的状态不断向着平等化方向演变的过程。随着我国各类教育普及水平大幅度提高，人民基本受教育权利得到了较好的保障，社会公众对于教育公平的诉求更多地转向提高教育质量，即不仅要“有学上”，还要“上好学”。但是，优质的教育资源仍具有消费的竞争性和收益的排他性特征，家庭或个人所处的社会阶层对其获得教育机会的可能性有直接影响[②]，由此可能带来微观层面的教育机会不均等问题。因此，本研究中微观教育机会公平主要关注的是学校、课堂及家庭层面的教育机会平等，具体从学校选择、班级管理、家校合作和家长陪读等不同方面实证探究微观教育机会的公平问题。

第一节 学校选择的机会公平

学校选择关乎公共教育资源配置并牵涉千万家庭。虽然当前基础教育公平问题解决已经取得了明显成效，但择校行为并未消失。在严格“就近入学”政策下，择校的方式已发生变化，相比于传统“钱择校”“权择校”“分择校”，家庭社会经济背景较好的家庭选择购买学区房，并利用家长的信息资源优势，通过获奖加分等方式，让子女有更多的机会进入更好的学校，以更合规和隐蔽的方式实现教育的代际传递。在择校动机上，过去追求的“上好学”，更多看重的是学校口碑、学校学生成绩等指标，与传统追求考试成绩更好的学校的目的相比，当前由家庭流动和家庭婚姻变化带来的教育迁移，也逐渐成为择校决策的行为动机。

在新的政策语境下讨论择校，仍然是解释家长为什么做出“舍近求远”的教育选择，择校的核心动机是对优质教育资源的选择，同时涉及家庭层面的整体安排，更与人口流动、城乡一体化等宏观背景密不可分。基于此，本节利用实证调查中的学校问卷、学生问卷和家长问卷数据，呈现家长择校的方式，本部分关注的实证问题是：家长择校时择什么？谁在择校？择校行为对微观教育机会公平有什么影响？

一、变量与模型选择

（一）变量界定

（1）被解释变量：主要被解释变量为择校。

---

① 石中英. 教育公平的主要内涵与社会意义 [J]. 中国教育学刊，2008（3）：1-6，27.

② 李煜. 制度变迁与教育不平等的产生机制——中国城市子女的教育获得（1966—2003）[J]. 中国社会科学，2006（4）：97-109，207.

（2）解释变量：主要解释变量为学校师资水平、学生学业表现、学校口碑、学校硬件设施、学校规模和学校离中距离。其中，学校师资水平以本科及以上学历专任教师比例为操作化测量指标。学生学业表现为某所学校学生平均成绩与该学段总平均成绩之间的差异，再进行标准化处理，得到每所学校学生学业表现的相对差距得分。学校口碑为家长对学校的满意度。学校硬件设施量化为对“学校目前配备的场馆或设施情况”这一变量选项的计数。学校规模为学校在校生数。另外，学校离中距离为学校位置与该校所在区（县）政府的距离。

（3）控制变量：依据相关文献，本节控制变量包括学生个体特征变量（性别、就读学段、是否为流动儿童、是否为留守儿童、成绩水平），家庭特征变量（家庭社会经济地位、婚姻状况、子女数量）以及家庭教育特征变量（家庭教育期望、家长教育参与）。

（二）模型选择

本节数据分析由三部分组成：第一部分，采用 Logistic 回归分别估计不同特征学校因素对择校行为的影响；第二部分，采用 HLM 模型分析来自不同层次特征对择校行为的影响；第三部分，采用 Logistic 回归分别估计不同家庭特征、学校特征对不同择校行为的影响。

主要回归方程如下。

被解释变量“是否择校”是一个二分变量，以某一学校因素为解释变量，采用 Logistic 回归模型考察学校师资水平对家庭择校的影响，回归方程表达式为

$$\ln\left[P(\text{School\_Choice}=1)/P(\text{School\_Choice}=0)\right]=\beta\_0+\beta\_i\sum_{i=1}^{J}X_{ji} \tag{4-1}$$

式中，$P(\text{School\_Choice=1})/P(\text{School\_Choice=0})$ 表示假设成功的概率，即 School_Choice 为 1 与 School_Choice 为 0 的概率之比。β_i 是回归系数，表示对应自变量的影响。式中，β_0 是截距项，表示在所有自变量取值为 0 时成功概率的对数概率，X_{ji} 表示各个解释变量。

同时，由于本部分采用的是二层次嵌套数据结构，第一层是学生数据，第二层是学校数据。考虑到学生的选择可能受到学校层面的影响，可以通过使用二层次 Logistic 回归模型来评估被解释变量与解释变量的关系。模型表示如下。

第一层：

$$\ln\left[P(\text{School\_Choice}=1)/P(\text{School\_Choice}=0)\right]\_i=\beta\_0+\beta\_i\sum_{i=1}^{J}Z_{ji} \tag{4-2}$$

第二层：

$$\beta\_0=\gamma\_00+\gamma\_01\times \text{School} \tag{4-3}$$

式中，i 表示不同的个体观测。$P(\text{School\_Choice=1})/P(\text{School\_Choice=0})\_i$ 表示对个体 i 而言，School_Choice 的成功概率。β_i 是第一层回归系数，表示对应家庭数据自变量的影响。γ_00 和 γ_01 是第二层（学校层次）的回归系数，表示学校级自变量对第一层回归系数截距的影响。通过运行二层次 Logistic 回归模型，我们可以评估各个自变量对 SchoolChoice 的影响。

在第一层（家庭环境层次），我们探讨了家庭特征对学校选择（School_Choice）的成

功概率的对数的影响，这些特征包括家庭社会经济地位（SES）、婚姻状况（Marriage）、孩子数（Children）等 11 个家庭特征。在第二层（学校层次），我们探讨了学校因素对第一层（家庭环境层次）截距项（β_0）的影响。在这种情况下，我们的模型只包括一个学校因素。

通过运行二层次 Logistic 回归模型，我们可以评估各个自变量对择校的影响。对于二分变量，系数（β 或 γ）可以解释为影响概率比 (odds ratio) 的对数：对于一个单位的自变量增加，log（概率比）的估计值就是系数本身。连续变量的解释类似。最后，我们可以根据这些系数得出各变量影响择校的程度得出相关结论。

二、实证结果

（一）择什么：学校特征对家庭择校的影响

本部分就学校特征对义务教育家庭择校行为的影响进行 Logistic 分析，结果如表 4-1 所示。其中，模型 1 是以“师资水平”作为自变量对择校影响的模型，结果显示，在控制家庭特征、子女个体特征及家庭教育特征的基础上，师资水平越高的学校，家长通过择校进入本校的概率越大；模型 2 是以“学生学业水平”作为自变量对择校影响的模型，学校学生的平均成绩与其他学校的差距对择校没有显著影响；模型 3-5 分别是以“学校口碑”“学校设施”“学校规模”为自变量对择校影响的模型，学校口碑越好、设施越完善、办学规模越大对家长择校有显著正向影响。

表 4-1　学校特征与义务教育阶段家庭择校（Logistic）

变　　量	（1）	（2）	（3）	（4）	（5）	（6）
学校师资水平	0.506*					
	(2.32)					
学生学业成绩		0.0685				
		(1.72)				
学校口碑			0.316***			
			(5.99)			
学校设施				0.0722**		
				(3.15)		
学校规模					0.000432***	
					(12.51)	
离中距离						−0.00419
						(−1.45)
家庭社会经济地位	0.003	0.003	0.000	0.002	−0.010***	0.002
	(1.06)	(1.16)	(0.04)	(0.60)	(−3.47)	(0.93)
婚姻状况	−0.200*	−0.204*	−0.197*	−0.202*	−0.220*	−0.206*
	(−2.11)	(−2.15)	(−2.07)	(−2.13)	(−2.28)	(−2.17)

续表

变　量	（1）	（2）	（3）	（4）	（5）	（6）
留守	0.0777	0.0690	0.0881	0.0865	0.218^{**}	0.0693
	(1.16)	(1.03)	(1.31)	(1.29)	(3.16)	(1.04)
教育期望	-0.025^{*}	-0.025^{*}	-0.027^{*}	-0.024^{*}	-0.033^{**}	-0.025^{*}
	(−1.98)	(−2.00)	(−2.13)	(−1.97)	(−2.62)	(−2.02)
其他变量	√	√	√	√	√	√
常数项	-1.402^{***}	-0.903^{***}	-2.019^{***}	-1.390^{***}	-0.934^{***}	-0.814^{**}
	(−4.28)	(−3.61)	(−6.44)	(−4.74)	(−3.67)	(−3.14)
Pseudo R^2	0.004	0.004	0.0091	0.0044	0.0298	0.0031

注：1. * $p < 0.05$，** $p < 0.01$，*** $p < 0.001$；2. 如无特殊说明，注释本书通用。

（二）谁在择校：学校特征、家庭特征与义务教育阶段家庭择校行为

由于来自同一学校的家庭可能受到相同的学校特征变量的影响而难以保证相互独立，因此进一步进行 HLM 模型的分析。首先构建零模型。零模型是多层线性模型的起点，在零模型中，第一层和第二层中都不包含自变量，只包括学校层面的随机效应。其目的是将择校的总变异分解为学生家庭与学校两个层次，确定择校总变异中有多大程度是由组间变异（即学校差异）产生的，由此决定是否有必要引入学校层面的变量。首先，通过构建 6 个代表不同学校特征自变量的零模型，分别计算 6 个模型的 ICC，结果如表 4-2 所示。

表 4-2　组内相关系数 ICC

组内相关系数	模型 1	模型 2	模型 3	模型 4	模型 5	模型 6
ICC	0.405	0.340	0.079	0.062	0.402	0.398

由表 4-2 可知，6 个模型 ICC 均大于 0.059，即存在不可忽视的组间差异①，因此有必要在所有模型中引入学校层面的变量进一步分析。在“师资水平”“学校成绩”“学校口碑”“学校设施”“学校规模”“学校离中距离”对择校的影响中，择校行为差异分别有 40.54%、34.01%、7.89%、6.2%、40.22% 和 39.77% 来源于学校差异。因此，有必要构建二层次回归模型。

模型结果如表 4-3 所示，通过将二层次模型结果与前文分析结果相比发现，学校特征对择校的影响存在一定差异，二层次模型更准确地反映出来自学校层面和家庭层面对择校的影响。学校口碑、学校规模和学校离中距离均显示出对家长择校行为的显著正向影响。同时，二层次模型帮助我们识别什么样的家庭倾向做出择校决策。数据表明，从家庭特征来看，家长 SES 越低的家庭、婚姻状况越不稳定的家庭（即非完整家庭），家庭子女数越多的家庭，择校的概率越大，这些结论与已有大部分研究的结论相反。从子女特征的变量

① 根据科恩（Cohen）（1988）的界定，当 0.01≤ICC<0.059 时，为低度相关；当 0.059≤ICC<0.138 时，为中度相关；当 ICC≥0.138 时，为高度相关。也就是说，当跨级相关系数大于等于 0.059 时，组间差异是不可忽略的，需要在模型中考虑如何处理组间效应。详见 Cohen, J. (1988). Statistical power analysis for the behavioral sciences (2th ed.). Hillsdale, NJ. Eribaum，44.

来看，流动儿童与留守儿童的家庭更倾向于择校，子女考试成绩越差的家庭，择校概率越大。在家庭教育特征中，家庭教育期望越低的家庭，越不倾向于择校。

表 4-3　二层次 Logistic 回归结果

变　量	模型 1（师资）	模型 2（成绩）	模型 3（口碑）	模型 4（设施）	模型 5（规模）	模型 6（距离）
固定效应						
学校变量	0.674	0.0701	0.273^{**}	0.0597	0.000499^{***}	-0.000488^{***}
	(1.28)	(1.63)	(3.17)	(1.16)	(7.64)	(7.81)
SES	-0.00760^{**}	0.00159	−0.0000750	−0.00170	-0.0126^{***}	-0.0125^{***}
	(−2.59)	(0.60)	(−0.03)	(−0.63)	(−4.16)	(−4.14)
婚姻状况	-0.198^{*}	-0.205^{*}	-0.199^{*}	-0.211^{*}	-0.201^{*}	-0.200^{*}
	(−2.02)	(−2.15)	(−2.09)	(−2.21)	(−2.04)	(−2.02)
子女数量	0.0353^{*}	0.0187	0.0208	0.0221	0.0328^{*}	0.0326^{*}
	(2.54)	(1.34)	(1.54)	(1.63)	(2.35)	(2.34)
流动	0.191	0.172	0.192^{*}	0.173	0.197^{*}	0.194
	(1.93)	(1.78)	(1.98)	(1.78)	(1.98)	(1.94)
留守	0.231^{**}	0.0928	0.0964	0.157^{*}	0.291^{***}	0.289^{***}
	(3.23)	(1.37)	(1.43)	(2.29)	(4.03)	(4.01)
学业成绩	-0.114^{*}	0.0341	0.00861	−0.00383	-0.110^{*}	-0.105^{*}
	(−2.44)	(0.79)	(0.20)	(−0.09)	(−2.35)	(−2.25)
教育期望	-0.0254^{*}	-0.0254^{*}	-0.0267^{*}	-0.0275^{*}	-0.0303^{*}	-0.0308^{*}
	(−1.98)	(−2.04)	(-2.15)	(−2.21)	(-2.34)	(−2.39)
其他变量	√	√	√	√	√	√
常数项	-1.490^{**}	-0.984^{**}	-1.915^{***}	-1.062^{*}	-1.143^{***}	-1.163^{***}
	(−2.78)	(−3.15)	(−4.67)	(−2.55)	(−4.06)	(−4.07)
随机效应	方差	方差	方差	方差	方差	方差
截距	0.64	0.16	0.13	0.24	0.44	0.42

（三）如何择校：学校特征、家庭特征与不同形式的择校

根据择校的具体形式，以家庭是否购买学区房衡量“房择校”；以送礼、交额外费用等衡量“经济资本择校”，以找朋友帮忙衡量“社会资本择校”，以迁户口、挂靠户口、让孩子参加各种学业考试和特长考级衡量“信息资本择校”，并以以上四种择校方法作为因变量进一步研究完善实证分析结果。上述变量均为二分类变量，仍采用 Logistic 回归模型进行分析。

结果如表 4-4 所示，在以“房择校”为因变量的模型中，学校规模大、离中距离近、学段（小学）、子女是留守儿童对以房择校有显著正向影响，而家长期望子女受教育年限长，则对以房择校有显著负向影响。在以“经济资本择校”为因变量的模型中，学校规模、子女数量、学段（初中）、家长教育参与对以钱择校有显著正向影响。在以“社会资本择校”为因变量的模型中，学校的学生成绩、学校规模、离中距离远、学段（初中）对以社会资

本择校有显著正向影响，而家长期望子女受教育年限长，则对通过社会资本择校有显著负向影响。在以“信息资本择校”为因变量的模型中，学校的师资水平、学校规模、离中距离远、非完整家庭、子女是留守儿童、家长教育参与多，对以信息资本择校有显著正向影响。

表 4-4 Logistic 回归结果

变 量	以房择校	经济资本择校	社会资本择校	信息资本择校
学校师资	0.154	−0.499	−0.0454	1.246*
	(0.46)	(−0.77)	(−0.13)	(2.07)
学业成绩	0.0158	−0.00412	0.0995*	0.00677
	(0.49)	(−0.09)	(2.06)	(0.17)
学校规模	0.000559***	0.000282*	0.000363***	0.000302***
	(9.15)	(2.42)	(5.81)	(3.35)
离中距离	0.0121**	0.000509	−0.0112*	0.0146*
	(2.72)	(0.06)	(−2.23)	(2.29)
其他变量	√	√	√	√

注：为行文简洁，表中只报告了主要自变量的数据。

三、小结与讨论

本部分利用学校—学生家庭两层数据，围绕义务教育阶段家长择校行为进行实证分析。主要结论及启示如下。

1. 家庭择校动机多元化

本部分在控制家庭特征、子女特征、家庭参与等维度变量的基础上，通过测量多维度学校特征指标对家长择校行为的影响，发现影响家长择校最重要的学校特征是学校师资水平、学校口碑、学校硬件设施条件及学校规模。进一步利用二层 Logistic 模型分析发现，在固定家庭层面的影响后，家长最关心的学校特征是学校口碑、学校规模和学校距离中心区域的距离，这些特征对家长择校在 1% 统计水平下有显著正向影响。因此我们看到，在小城镇家庭择校动机中，除对优质教育资源的追求，还有对学校所处位置和学校规模的考量。在城镇化进程中，伴随学校布局调整持续推进及“超级中学”的蓬勃发展，部分乡镇学校出现优质生源和教师持续流失等局部塌陷现象。

2. 较弱势学生家庭更倾向于择校

已有择校研究更多反映的是较大城市、省会城市状况，本研究调查地区属于中部地区 H 省的中小城市，不同场域下择校家长群体也存在差异。通过二层次 Logistic 回归分析发现，家庭 SES 越低、非完整家庭、子女是流动儿童或留守儿童的家庭更倾向于择校，这一发现与已有结论相悖。可能的解释是，我国社会结构呈现典型的金字塔形态，下层群体数量众多且多处于弱势地位，渴望通过向上的社会流动提高其社会经济地位。自恢复高考以来，大量下层家庭的子女通过教育获得了社会升迁，实现了从下层到中层甚至上层的个体流动。

特别是在农村地区，一个普通家庭孩子通过教育获得的“鲤鱼跳龙门”效应对其家族具有强烈的示范作用，这些群体已经意识到，子女的教育是改变家庭状况的唯一途径。与此同时，择校行为在城乡间、区域间存在较大异质性。在县域和农村地区，择校行为体现了公共政策与家庭选择之间的胶着与博弈，更是城镇化进程中教育变迁的微观表现。在“后撤点并校”时代，农村和乡镇家长的教育选择呈现多样化特征，越来越多的家长放弃“村小”，而选择把孩子送到乡镇中心学校，甚至县城学校就读。

3. 择校行为的新特征

已有对义务教育阶段的择校集中在公立学校中高水平高质量的重点学校，家长动用人力资本、经济资本、社会资本等各方面资源为子女择校，如以能力或分数择校、以钱或权择校等。2014 年《教育部关于进一步做好小学升入初中免试就近入学工作的实施意见》出台以后，择校行为也发生了变化。本部分实证研究发现，择校行为从过去以钱择校、权择校为主要形式，逐步转变为以房择校，家长利用社会资本和信息资本择校。有学者认为，以房择校或已成为家庭背景优势转化为就学优势的主要方式，即在就近入学政策日趋收紧，“条子”和“票子”已难以发挥作用的情况下，“住房”或成为新的家庭背景与优质教育机会之间的“中介”。

教育是累积性的优势叠加，早期阶段获得优质教育机会具有累积性优势效应，对个体后续发展有决定性影响①。拥有更多人力资本、经济资本、社会资本、文化资本等各方面资源的中上阶层家庭往往会通过择校、购买优质教育资源等手段，保持其子女在教育竞争中的比较优势，从而实现优势地位的向下传递，诱发教育、社会的不公平②。择校——为子女选择优质学校是优势阶层保持自身阶层优势的重要手段，而以房择校的新形势进一步提高了普通家庭子女就读优质学校的门槛，并通过“优生—优校—高升学率”路径进一步加深了教育资源的不均衡性③。学生和家长对优质学校的追捧，无非是对“鱼跃龙门”这一跨越阶级式教育结果的追求，只有全面提高教育质量，扩大优质教育资源供给，降低优质资源获取门槛，才能有效改善择校问题，促进微观教育机会公平。

第二节　班级管理的机会公平

班级管理是微观教育公平的重要组成部分，本部分以班干部身份测量班级管理的机会公平问题。在现代学校里，班主任借助班级管理组织辅助自己开展日常班级活动，把学生干部培养为自己的“左右手”，由于学生干部本身所具有的工具性、关系性和象征性特征④，在教育实践中，其身份获得与否所带来的教育微观公平问题也成了各界关注的重要议题。已有研究证实，学生干部比普通学生获得更多的发展机会，一是表现在学生干部职位所带来的班级管理能力、语言表达能力和人际关系处理能力等方面，二是表现在学生干部

① 吴愈晓 . 教育分流体制与中国的教育分层（1978—2008）[J]. 社会学研究，2013，28（4）：179-202，245-246.

② 吴愈晓 . 社会分层视野下的中国教育公平：宏观趋势与微观机制 [J]. 南京师大学报（社会科学版），2020（4）：18-35.

③ 陈杰，茆三芹 . 义务教育空间均衡与居住融合的互动关系研究 [J]. 社会科学辑刊，2022（6）：170-180.

④ 程亮 . 何种正义？谁之责任？——现代学校过程的正当性探寻 [J]. 教育发展研究，2015，33（2）：6-13.

获得提问机会、讨论机会等学习机会优势上[①]。杜明峰（2016）认为，当前学生干部制度总是直接或者间接导致学校场域中的不公平或者非正义，其中家庭背景正是关键因素[②]。当前量化研究主要关注的是在高校场域中家庭背景对学生干部身份获得的效用，但对中小学学生干部担任情况缺乏关注。基于此，本部分围绕家庭背景对学生干部身份获得的影响展开实证研究，以期丰富学生干部选拔与任用的研究领域，为学校具体教育实践提供有意义的借鉴与参考，本部分关注的实证问题是：谁能成为班干部？家庭背景对班干部身份获得的影响机制如何？

一、变量与模型选择

（一）变量界定

（1）被解释变量：班干部身份获得。主要通过学生问卷“是否担任班干部”，根据回答是赋值为 1，否赋值为 0。

（2）解释变量：家庭背景。测量参照变量说明部分的家庭社会经济地位。需要注意的是，此处的“社会资本”测量方式与前文说明不同，采用人情支出即“去年家庭赠送出去的实物、现金折合金额”进行测量。

（3）控制变量：由于家庭背景和学生干部身份获得可能会同时受到个人、家庭和学校特征等相关因素的影响，因此本部分纳入一系列变量予以控制。参照以往肖如恩（2016）[③]和柯政（2020）[④]等人的研究，本部分选取的控制变量包括：性别、户籍、学生年龄、身高、学生自律水平、父母教育期望、父母年龄、家庭子女数量、认知能力、班级人数、学段（小学、初中或高中）等。其中学生成绩由家长了解所知学生上学期平时的成绩水平进行测量。本部分把优、良、中、差依次编码为 4~1，把语文和数学水平的平均值作为学生认知能力变量。

（二）模型选择

由于被解释变量“学生干部身份获得”属于二分变量，本部分采用 Probit 模型：

$$\text{Probit}(\text{cadre}_i = 1) = \Phi[a_0 + a_1 \ln(\text{income})_i + a_2 \text{paedu}_i + a_3 \ln(\text{iexpend})_i + X_i'\gamma + \varepsilon_i] \quad (4\text{-}4)$$

式中，cadre_i 表示第 i 个学生的班干部身份获得情况，ln(income) 表示取对数之后的家庭人均总收入，paedu 表示父母受教育程度，ln(iexpend) 表示取对数之后的人情支出。X_i 表示学生性别、父母教育期望、学校类型等个人、家庭和学校特征的一系列控制变量的向量。ε_i 表示随机扰动项。其中我们重点关注 a_1、a_2 和 a_3，探究家庭背景以及其各个方面对学生干部身份获得的影响。

---

① 李昶洁．家庭背景对初中班干部身份获得影响的作用机制与实证结果 [J]. 基础教育，2021，18（4）：82-93.

② 杜明峰．班干部制度的当下危机及其应对 [J]. 中国教育学刊，2016（4）：96-101.

③ 肖如恩，程样国．谁进入了学生会——家庭背景、个人特征与担任学生干部机会的关系研究 [J]. 教育学术月刊，2016（6）：78-83.

④ 柯政，李昶洁．班干部身份对学习机会获得的影响——基于 4026 位初中生的倾向值匹配法研究 [J]. 教育研究，2020，41（5）：112-125.

二、实证结果

（一）家庭背景对学生干部身份获得的影响

表 4-5 是运用 Probit 模型考察家庭背景对学生干部身份获得影响的估计结果。结果显示，家庭经济资本、文化资本和社会资本对学生干部身份获得均存在显著性影响。首先，家庭收入在 10% 显著性水平上为正，即家庭收入能够显著提高学生担任干部的发生概率，表明家庭经济资本对学生干部身份获得具有积极的影响效应，同时求得边际效应为 0.035，担任学生干部的概率提高了 3.5%。其次，父母受教育程度在 5% 的显著性水平上正向影响学生干部身份获得，从具体边际效应可以看出，父母受教育程度每提高 1 年，学生获得干部身份的概率增加 0.8%。最后，人情支出对学生干部身份获得的影响在 5% 的统计水平上显著为正，并且计算边际效应为 1.4%，即人情支出增加 1 个单位使得学生担任干部的概率提高 1.4%。由此可见，家庭背景显著提高学生干部身份获得概率。

在核心变量之外，其他控制变量对学生干部身份获得也具有一定的影响。就认知能力而言，认知能力每增加 1 个单位，学生干部身份获得概率增加 12.6%。这与高杰[①]的研究结果一致，学生的认知能力是选拔学生干部的重要指标。就性别而言，与女性相比，男性担任学生干部的概率低 4.1%，即在中小学学生干部选拔中存在女生优势，同时印证了已有研究结论[②]。原因既可能是女生更积极参加学生干部竞选，也可能是教师更倾向于让女生承担班级事务。此外，父母教育期望每增加 1 个单位，学生干部身份获得的概率增加 1.2%。

表 4-5 Probit 回归结果

变　量	回归系数	边际效应
家庭年总收入	0.106^{+}	0.035^{+}
	(0.062)	(0.021)
父母较高受教育年限	0.025*	0.008*
	(0.012)	(0.004)
人情支出	0.042*	0.014*
	(0.021)	(0.007)
认知能力	0.382***	0.126***
	(0.047)	(0.014)
男	−0.123^{+}	−0.041^{+}
	(0.073)	(0.024)
父母教育期望	0.038**	0.012**
	(0.012)	(0.004)
其他变量	√	√
pseudo R^2	0.097	

① 高杰. 浅谈高中班干部的选拔与培养 [J]. 教学与管理，2014（25）：32-34.

② 姚计海. 中小学生“新性别差距”的实证研究 [J]. 教育科学研究，2012（3）：51-55.

（二）异质性分析

上文分析得出的家庭背景变量对学生干部身份获得影响为平均意义上的估计结果，并未考虑影响的异质性。这部分尝试探讨家庭背景变量对学生干部身份获得影响在不同户籍、不同性别学生之间是否存在异质性影响。表 4-6 中模型 1~3 和模型 4~6 分别呈现的是户口、性别和家庭背景三个变量交互项的分析结果。

表 4-6　异质性分析结果

变　量	模型 1	模型 2	模型 3	模型 4	模型 5	模型 6
人情支出	0.043*	0.041+	0.052	0.042*	0.042*	0.090**
	(0.021)	(0.021)	(0.036)	(0.021)	(0.021)	(0.034)
家庭收入	−0.103	0.110+	0.107+	0.146+	0.106+	0.100
	(0.138)	(0.062)	(0.062)	(0.083)	(0.062)	(0.062)
父母较高受教育年限	0.026*	−0.010	0.025*	0.025*	0.030+	0.025*
	(0.012)	(0.026)	(0.012)	(0.012)	(0.017)	(0.012)
男	−0.120	−0.119	−0.123+	0.550	−0.037	0.419
农业户口	−2.272	−0.394	0.198	0.094	0.094	0.099
农业户口 * 家庭收入	0.247+					
	(0.148)					
农业户口 * 父母受教育年限		0.043				
		(0.028)				
农业户口 * 人情支出			−0.014			
			(0.044)			
男 * 家庭收入				−0.073		
				(0.104)		
男 * 父母受教育年限					−0.009	
					(0.020)	
男 * 人情支出						−0.072+
						(0.043)
其他变量	√	√	√	√	√	√
pseudo R^2	0.099	0.098	0.097	0.097	0.097	0.099

就不同户口而言，与城市学生相比，农村学生的家庭收入对学生干部身份获得存在显著正向影响，即经济资本在农村学生群体中效用更大。正如已有研究指出，家庭经济水平主要通过塑造非认知能力影响子女学生干部身份获得[①]。不同收入家庭对其子女思维方式、综合素养塑造的差异在农村地区表现更为明显。具体而言，农村中，低收入家庭的父母往往为生计奔波，对孩子的在校表现关注较少，对孩子是否担任学生干部也不在意，甚至认为担任学生干部是耽误学习或者不务正业的表现，因此，低收入家庭的孩子往往不热衷于担任学生干部。而高收入农村家庭对孩子的要求往往向城市家庭看齐，他们逐渐认识到，担任学生干部不仅可以从小培养学生的管理能力、人际交往能力等，而且可以谋取更多“评

① 李昶洁．家庭背景对初中班干部身份获得影响的作用机制与实证结果 [J]. 基础教育，2021，18（4）：82-93.

奖评优”、升学加分等福利。此外，城市家长由于受到周围环境影响，无论收入差异，在教养方式上往往存在较大一致性。

就不同性别而言，与男生相比，女生家庭社会资本对其干部身份获得影响更加显著。对学生来说，优势阶层家庭出身的女生比男生可能有更强的交往愿望和乐群倾向，更积极地参加或组织社团活动，更倾向于担任学生干部。同时，女生竞选学生干部的积极性较高，她们可能委托家长劝说教师，采取给老师送礼、打电话、拉关系等手段来增加学生干部身份获得的机会。对教师来说，目前中小学校女教师人数不断攀升，班主任和任课教师大多为女教师的情况下，她们更倾向于选择人缘关系较好、听话的女生担任学生干部，导致男生被忽视和冷落[①]。

（三）家庭背景和认知能力哪个影响更大

基于上述研究发现，家庭背景是中小学学生干部身份获得的重要因素，然而部分学者指出学校在学生干部资源分配方面尚未成为社会不平等机制作用与再生产的前线，学生成绩依旧是学生干部身份获得的主导因素。接下来，为了探究家庭背景与认知能力哪一个对学生干部身份获得的影响更大，本部分在 Probit 模型的基础上采用系数集束化方法估价两个因素影响的相对大小。系数集束化方法（sheaf coefficients）是由海斯（Heise）（1972）[②]提出的，用于比较一系列变量的相对影响程度，该方法在国内研究中已被广泛地使用。

表 4-7 中模型 1、模型 2~3 和模型 3~4 分别呈现的是总体样本、分户口样本和分性别样本的系数集束化分析结果。由模型 1 可知，在总体样本中，家庭背景的集束化系数为 0.168，认知能力的集束化系数为 0.337，后者的作用强度是前者的 2 倍左右，并且这种差异在统计上是显著的。因此与已有研究结论一致[③]，即相较于家庭背景，学生成绩是学生干部身份获得的主要因素。模型 2~5 的结果显示，无论是在不同户口间，还是在不同性别间，学生认知能力效应均明显大于家庭背景效应，前者约是后者的 1.4~3.6 倍。其中，农村样本和女生样本中，家庭背景的影响效应相对更大。由此可见，尽管当前学生干部身份获得过程中存在家庭背景的影响，但根本上仍是以认知能力为主导性标准。

表 4-7 效应值比较

变量	模型 1 总体样本	模型 2 农村样本	模型 3 非农村样本	模型 4 男样本	模型 5 女样本
家庭背景效应	0.168**	0.178***	0.130	0.135*	0.230***
认知能力效应	0.337*	0.313***	0.470***	0.353***	0.323***
认知能力效应 / 家庭背景效应	2.01	1.758	3.615	2.615	1.404
差异显著性检验	χ^2= 7.19 p=0.0073	χ^2= 4.04 p=0.0444	χ^2=6.23 p=0.0126	χ^2= 6.11 p= 0.0135	χ^2= 1.00 p= 0.3164

① 徐梦杰，张民选．中小学教师性别失衡问题及对策研究 [J]. 教育发展研究，2021，41（Z2）：107-115，124.

② Heise D R. Employing nominal variables, induced variables, and block variables in path analysis[J]. Sociological Methods & Research, 1972 (2): 147-173.

③ 唐承祚．强势普遍主义与弱势再生产——高校学生干部身份获得的机制检验 [J]. 青年研究，2017（2）：1-10，94.

三、小结与讨论

虽然设立学生干部已经成为中小学学校管理中的常态化行为，但由于学生干部身份具有的关系型等特征，使得该身份分配过程中隐含的教育公平问题一直是社会关注的重点。实证结果表明：第一，家庭收入和人情支出每提高 1%，学生获得干部身份的概率将会提高 3.5%、1.4%，父母受教育程度每提高 1 年，此概率增加 0.8%。第二，与城市学生相比，农村学生的家庭收入对学生干部身份获得影响更加显著；与男生相比，女生家庭社会资本对学生干部身份获得影响更加显著。第三，基于系数集束化方法估计认知能力效应是家庭背景效应的两倍左右，与认知能力相较，家庭背景并不是影响学生干部身份获得的主要因素。

进一步对家庭背景效应的机制进行探讨。一方面，不同背景的家庭从小对其子女性格和思维方式的培养存在明显差异，这使得子女的在校行为也存在显著不同。就性格而言，较好家庭背景的学生具有更强的交往能力与意愿，更倾向于积极参加集体活动，团体合作和环境适应能力更强，这与学生干部的任职要求相一致。就思维方式而言，较好背景的家长的眼界往往更开阔，他们认识到现代社会竞争需要复合型优秀人才，会鼓励并引导学生通过担任学生干部提升综合素质能力。

另一方面，相较于高等教育阶段，家长参与在中小学阶段作用更明显。家庭与学校的联合生产模型支持了家庭背景作用于学校和教师的路径，即学生在校行为和学业成就会受到父母参与程度的影响[①]。较好背景的家长通过频繁的家长参与为子女谋取更多的资源分配福利。例如，在校方或教师制定与其学生有关的决策时，较好背景的家长会站在其子女一边对学校或老师施加影响，从而提高子女担任学生干部的可能性。然而较差背景家长的参与程度较低，强烈的焦虑情绪尚未蔓延至此，但也就此与主流社会拉大了差距[②]。较好背景的家长通过社会关系网络为子女创造成功机会，而其他家庭则往往欠缺社会资本[③]。因此，当前中小学学生干部制度已经成为背景较好的家庭追逐的名利场，这加剧了学生发展机会获得与教育过程的不公平。

中小学学生干部在教育机会与过程上存在优势地位，如果家庭背景较好的学生更容易担任学生干部，那么学生干部制度将成为当前教育不平等的再生产机制，中小学教育不公平问题将进一步凸显。因此，本部分通过量化分析家庭背景对学生干部身份获得的影响，有利于深化我们当前对班级管理过程中学生干部制度公平性问题的认识，从而帮助我们寻找可行性策略，提升家庭背景较差学生担任干部的机会，保障学校教育领域的微观公平。

---

① 李锋亮，等．父母教育背景对子女在高校中学习与社会活动的影响 [J]. 社会，2006（1）：112-129，208.

② 钱佳，等．学生家庭背景与家校合作育人中的教师行为 [J]. 教育研究与实验，2021（4）：54-61.

③ 谢爱磊．农村学校家长参与的低迷现象研究——专业主义、不平等关系与家校区隔 [J]. 全球教育展望，2020，49（3）：42-56.

第三节　家长陪读的机会公平

本部分参照已有研究[①]，以陪读机会作为基础教育阶段的微观教育机会公平的衡量指标之一，探究不同群体的陪读机会差异及其受益程度。陪读通常指家长以孩子教育为目标，来到孩子学校所在地居住，以陪伴和照顾孩子学习和生活的一种社会现象[②]。随着我国城镇化进程的加速以及学校布局调整政策的实施，家长陪读现象日益普遍。从积极的角度而言，在当前优质教育资源配置不均衡的情况下，家长陪读不仅寄托了父母对子女的一种美好期待，而且是代际间资源传递的重要渠道，为子代提供了相对更多的优质教育资源，增加了子代获得高等教育的机会，能为其后续的发展积攒一定优势[③]。但陪读作为一种家庭教育决策和一项额外的教育投入，受到家庭背景、学校特征、学生个体等多重因素影响，不同学生的家长陪读机会及其作用会存在一定差异。例如，为了让子女获得相同水平的教育，低经济水平的家庭租房陪读需要付出相对更高的成本且减少了其家庭经济收入，这也成了微观教育不公平的新特征[④]。基于此，本部分关注的实证问题是：谁会获得陪读机会？陪读对学生发展有什么影响？

一、变量与模型选择

（一）变量界定

（1）被解释变量：家长陪读。受升学考试影响，家长租房陪读常见于中学阶段，因此本节研究主要聚焦初中二年级和高中一年级样本。如图 4-1 所示，两者的上学居住方式存在较大差异，初中二年级学生家长租房陪读比例占 8.43%，上学时居住方式以住家走读为主，占 51.45%；高中一年级学生家长租房陪读比例占 7.39%，上学时居住方式以学校住宿为主，高达 74.56%。另外，为了进一步探究家长租房陪读对学生发展的影响，本部分将学生语文、数学和英语成绩作为教育结果变量。

（2）解释变量：在影响学生陪读机会研究部分，主要解释变量包括家庭经济资本、家庭文化资本、家庭社会资本、家庭政治资本、学校办学条件。

（3）控制变量：基于文献分析，本部分还对有关学生人口统计学变量和家庭特征变量及学校特征变量进行了控制。学生个体特征变量包括性别、学段、户口、是否独生子女等。家庭特征变量包括家庭结构、家校沟通等。学校特征变量包括生师比、学校硬件设施等。

① 庞晓鹏，等．农村小学生家长租房陪读与家庭经济条件——学校布局调整后农村小学教育不公平的新特征 [J]. 中国农村观察，2017（1）：97-112，143.

② 齐薇薇．县域教育“供给—需求”匹配视角下母亲陪读研究 [J]. 中国青年研究，2022（1）：76-83.

③ 王欣，卢春天．农村陪读家庭资源传递及其影响——基于“陪读”的个案研究 [J]. 中国青年研究，2019（8）：69-75，41.

④ 庞晓鹏，等．农村小学生家长租房陪读与家庭经济条件——学校布局调整后农村小学教育不公平的新特征 [J]. 中国农村观察，2017（1）：97-112，143.

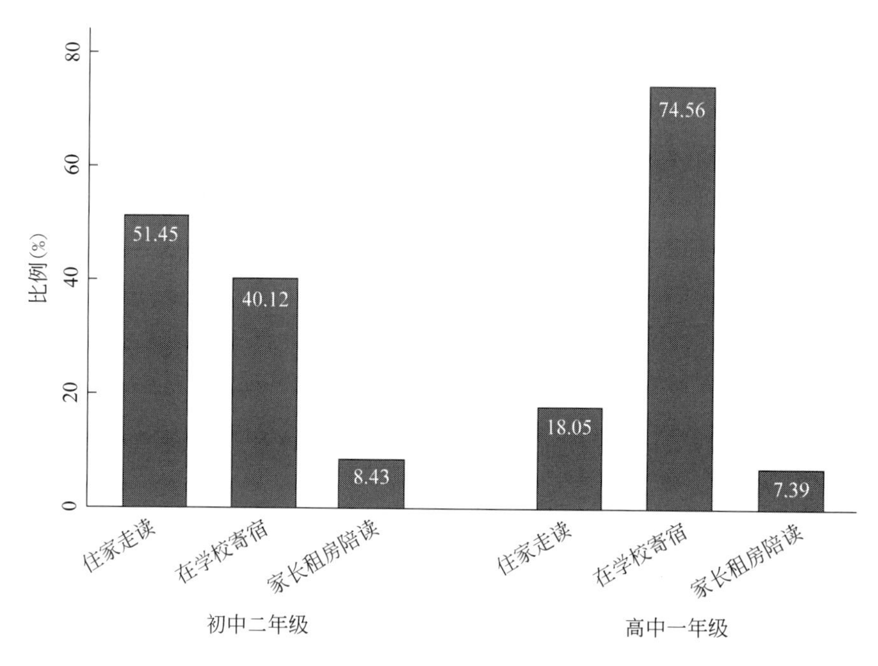

图 4-1　学生上学时居住方式分布

（二）模型选择

本节数据分析由四部分组成：首先，利用卡方检验等描述性统计方法，对不同学生的家长租房陪读机会差异进行分析；其次，采用 Logit 回归估计影响学生陪读机会获得的因素；再次，分别采用 OLS 回归模型和倾向得分匹配法，分析陪读对学生认知能力的影响效应及其异质性；最后，通过逐步回归方法，探究自我教育期望在陪读与学生认知能力影响中的中介效应。

主要模型设定如下。

1. Logit 模型

鉴于家长租房陪读是二分虚拟变量，本部分首先采用 Logit 模型，建立如下基准回归方程分析影响家长租房陪读的因素。

$$\text{logit}(P)=\ln\left(\frac{P}{1-P}\right)=\alpha+\sum\beta_j X_j+\sum\lambda_j H_j+\sum\theta_j S_j+\varepsilon \tag{4-5}$$

式中，P 表示学生有家长租房陪读的概率，$\frac{P}{1-P}$是陪读与非陪读的概率之比，定义为学生有家长租房陪读的机会比率。X_j 表示代表学生性别、独生子女等个体因素的解释变量；H 表示代表家庭资本、家长教育期望等家庭层面的解释变量；S_j 表示代表生师比、学校办学质量等学校层面的解释变量，α 为截距。

2. 倾向得分匹配法

由于学生是否有家长陪读涉及其个体特征、家庭背景、学校条件等方面的影响，如果忽略“陪读”的自选择性，运用传统 OLS 回归方法估计学生陪读的影响效应将会存在样本选择上的偏差。因此，本部分运用倾向得分匹配法消除因陪读决策的选择性偏差而产生的内生性问题。

$$\mathrm{ATT}=E\left[Y_{i1}\middle|D_i=1,P(X)\right]-E\left[Y_{i0}\middle|D_i=1,P(X)\right] \tag{4-6}$$

式中，Y_{i1} 和 Y_{i0} 分别为陪读生和非陪读生的认知能力，D_i 为二分变量，若学生有家长租房陪读，则标记 $D_i=1$，没有则标记为 $D_i=0$。$P(X)$ 为控制学生个体、家庭和学校等特征后陪读的概率值，ATT 表示对于陪读生来说，若其未陪读，他们的学习成绩和陪读时的成绩相比会产生何种变化。为了保证估计结果的稳健性，本书将同时采用近邻匹配、半径匹配、核匹配以及局部线性匹配估计陪读对认知能力的影响效应。

二、实证结果

（一）陪读机会现状及差异分析

调查结果显示，初中二年级和高中一年级学生样本中共有 8% 的学生有家长租房陪读。可能的原因有两方面：一是家长租房陪读具有一定阶段性和选择性，家长主要选择在子女初三、高三这两个面临升学考试的关键阶段回来陪读[①]，而本部分样本为初高中非毕业年级学生。二是家长陪读有多种类别，本部分关注的是家长在学校附近租房陪读，样本范围相对更小。进一步分析发现，受学生个体、家庭和学校等因素的影响，不同特征学生的家长租房陪读机会存在一定差异。

1. 学生个体特征与陪读机会

如表 4-8 所示，学生的家长陪读机会与其个体特征有一定关系。具体来说，独生子女的家长陪读率显著高于非独生子女。在户口类型方面，非农业户口学生的家长陪读率高出农业户口学生 5.44%。从学生性别和年级来看，相对于男生和高一学生，虽然女生和初二学生的家长陪读率分别高 1.28% 和 1.04%，但差异并不显著。

表 4-8　不同个体特征的学生陪读机会比较

学生个体特征		家长租房陪读率（%）	比例差（%）	卡 方 检 验
性别	男生	7.36	−1.28	χ^2=2.23 p>0.01
	女生	8.64		
年级	初二	8.43	1.04	χ^2=1.39 p>0.01
	高一	7.39		
独生子女	是	9.74	2.95	χ^2=11.37 p<0.001
	否	6.79		
农业户口	是	6.68	−5.44	χ^2=29.39 p<0.001
	否	12.12		

① 齐薇薇．县域教育“供给—需求”匹配视角下母亲陪读研究 [J]. 中国青年研究，2022（1）：76-83.

2. 学生家庭背景与陪读机会

家长陪读关系到家庭劳动力重组和更多的家庭消费支出，本质上是一种受家庭资本等多种因素驱动下的家庭教育决策。本部分进一步探究了学生家庭背景与陪读机会的关系，研究结果显示，不同家庭经济资本、家庭文化资本、家庭社会资本和家庭政治资本的学生陪读机会存在一定差异。如表 4-9 所示，在家庭经济资本中，随着家庭收入的增长，家长租房陪读率呈现上升趋势，高收入家庭的家长陪读率高出低收入家庭 10.87%。在家庭文化资本方面，随着家长受教育程度的增加，家长租房陪读率也呈现了增加趋势，父母本科及以上文化水平家庭的陪读率高出父母小学及以下文化水平家庭 11.34%。在家庭社会资本方面，精英家庭更倾向于选择陪读，其陪读率高出非精英家庭 9.63%。整体而言，家庭资本低的家长陪读率显著低于家庭资本高的家庭。这与相关研究结果一致，即陪读本质是精英阶层进行合法化的阶层再复制的渠道[①]，父母受教育程度、职业社会地位较高的家庭更有可能加入陪读的队伍中[②]。在家庭结构方面，非单亲家庭学生的家长陪读率高出单亲家庭学生 4.07%。

表 4-9　不同家庭背景的学生陪读机会比较

家庭背景特征		家长租房陪读率（%）	比例差（%）	卡方检验
家庭经济资本	低收入	5.56	−10.87	χ^2=44.66 p<0.001
	较低收入	6.47		
	中等收入	8.96		
	较高收入	13.92		
	高收入	16.43		
家庭文化资本	小学及以下	3.85	−11.34	χ^2=65.64 p<0.001
	初中	5.40		
	高中	7.66		
	大专	15.05		
	本科及以上	15.19		
家庭社会资本	精英家庭	16.55	9.63	χ^2=50.01 p<0.001
	非精英家庭	6.92		
单亲家庭	是	4.34	−4.07	χ^2=7.94 p<0.01
	否	8.41		

另外，如表 4-10 所示，从父母教育期望来看，家长是否陪读与其对子女的教育期望有显著关系，租房陪读的家长对子女的教育期望显著高于非陪读的家长。这表明，父母教育期望作为对子女未来获得教育水平的希望，可以通过时间和经济等方面的投入、父母教育期望和观念传递的“双重路径”来影响学生学业[③]。而陪读本身是家庭实现教育抱负，参与

① 王欣，卢春天. 农村陪读家庭资源传递及其影响——基于“陪读”的个案研究 [J]. 中国青年研究，2019（8）：69-75，41.

② 宋健. 陪读现象背后的当代中国家庭 [J]. 人民论坛，2017（30）：74-76.

③ 李佳丽，胡咏梅. “望子成龙”何以实现？——基于父母与子女教育期望异同的分析 [J]. 社会学研究，2021，36（3）：204-224，230.

教育场域竞争的一种体现，因此，更重视子女教育的高期望家长可能相对会更偏好于选择陪读。

表 4-10　陪读与父母教育期望独立样本 t 检验

变　量	陪　读		非　陪　读		t 值	p 值
	均值	标准差	均值	标准差		
父母教育期望	18.64	0.148	17.02	0.047	−9.82	<0.001

3. 学校办学质量与陪读机会

陪读现象产生于我国城乡、区域和校际间师资队伍水平、软硬件设施、教学质量等优质教育资源配置失衡的现实背景下，学生就读学校的质量因素可能会影响学生的陪读机会。如表 4-11 所示，随着学校办学质量等级的提升，家长租房陪读率呈现上升趋势，在办学质量"最好"层次学校就读学生的家长陪读率高出"中等及以下"层次学校就读学生 6.75%，高出"中上"层次学校就读学生 0.38%。另外，陪读生与非陪读生相比，所就读学校的骨干教师比例、学校硬件设施上的差异并不显著，但在生师比上，陪读生所在学校相对高于非陪读生所在学校。

表 4-11　不同办学质量学校的学生陪读机会比较

学 校 特 征		家长租房陪读率（%）	比例差（%）	卡 方 检 验
学校办学质量	中等及以下	2.30	−6.75	χ^2=24.24　p<0.01
	中上	8.67		
	最好	9.05		

（二）什么影响学生陪读机会获得

基于文献与前文描述性分析，本部分采用 Logit 模型，从学生个体、家庭、学校三个层面来分析影响学生陪读机会获得的因素。由于该数据采用的是整群抽样，不同学校、不同班级之间可能存在异方差，影响估计结果的准确性。因此，为控制聚类效应，本部分在 Logit 模型估计中按照班级对标准误进行聚类调整。最终模型的解释力为 9%，表明选择的变量对模型具有较好解释力。

如表 4-12 所示，学生性别、是否独生子女、家庭经济资本、家庭社会资本、家庭政治资本、是否单亲家庭、家长教育期望、生师比、学校办学质量能显著预测学生是否有家长租房陪读，这一定程度反映出陪读机会分配的不均衡。具体而言，在学生个体层面，男生有家长陪读的机会低于女生。独生子女的家长陪读机会比高出非独生子女 25.3%，这可用布雷克（Blake）"资源稀释论"（resource dilution theory）来解释，即家中子女数量增多时，就会相应稀释每个子女的可分配教育资源[①]，与独生子女家庭相比，非独生子女家庭也就可能相对更少地将资源投入于陪读。但农业户口、年级对学生陪读机会获得影响不显著，这也体现了我国陪读现象在城乡与各学段中的普遍性。

① Blake J. Family Size and Achievement[M]. Berkeley: University of California Press, 1989.

在家庭背景层面，相对于低收入家庭，高收入家庭学生的陪读机会显著更大。这一发现印证了相关质性研究结果，即对于经济分化最底层家庭而言，其首要目标是获取经济收入，很少发生陪读，其子女教育基本只能依靠学校与子女自身的努力[①]。家长教育期望每增加 1 个单位，学生的陪读机会比就会增加 17.6%。单亲家庭学生的陪读机会显著更低。在学校层面，学校办学质量中上和最好的回归系数均为正值且机会比均大于 1，说明相对于在办学质量中等及以下学校就读的学生，在办学质量中上和最好学校就读的学生陪读机会更大。

表 4-12　学生陪读机会获得的影响因素（Logit 回归）

变　量	家长租房陪读		
	系数	稳健标准误	机会比
男生	−0.310+	0.159	0.734+
高中一年级	−0.560	0.412	0.571
独生子女	0.253+	0.136	1.288+
农业户口	−0.072	0.179	0.931
家庭经济资本（参照组：低收入）			
较低收入	−0.030	0.179	0.970
中等收入	0.115	0.216	1.122
较高收入	0.368	0.244	1.445
高收入	0.539+	0.286	1.714+
家庭文化资本（参照组：小学及以下）			
初中	−0.069	0.550	0.933
高中	0.051	0.536	1.053
大专	0.474	0.568	1.606
本科及以上	−0.019	0.579	0.981
家庭社会资本（精英家庭）	0.352*	0.165	1.422*
单亲家庭	−0.462+	0.266	0.630+
家长教育期望	0.162***	0.025	1.176***
学校硬件设施	−0.203	0.171	0.816
骨干教师比例	1.665	1.559	5.284
生师比	0.096+	0.053	1.101+
学校办学质量（参照组：中等及以下）			
中上	0.922*	0.453	2.515*
最好	0.861+	0.443	2.365+
常数项	−6.367***		
样本量	3973		
伪 R^2	0.090		

① 苏运勋．家庭策略视角下的农村陪读：以豫南 S 村为例 [J]. 中国青年研究，2020（5）：69-75.

为进一步直观地呈现家庭背景对学生陪读机会的影响，本部分将对家庭社会资本（父母最高职业得分）、家庭文化资本（父母最高受教育程度）、家庭经济资本（家庭收入）进行主成分分析，生成个体层面的家庭社会经济地位指数（0~100 取值），并将得分按四分位划分为“低 SES”“中下 SES”“中上 SES”和“高 SES”四个家庭类别。在其他变量保持不变的情况下，家庭社会经济地位分类变量对陪读的边际效应显示，中下 SES、中上 SES 和高 SES 家庭组的租房陪读概率分别比低 SES 家庭组高 0.034、0.068 和 0.103。如图 4-2 所示，不同 SES 的家庭选择租房陪读的概率差异非常明显，高 SES 家庭选择租房陪读的概率最高，为 0.135；其次是中上 SES 家庭组和中下 SES 家庭组，分别为 0.100 和 0.066；低 SES 家庭选择租房陪读的概率最低，只有 0.032。整体而言，随着家庭社会经济地位水平的提升，家长租房陪读的概率快速上升，这也就意味着家庭社会经济地位水平越高，学生的陪读机会越大。

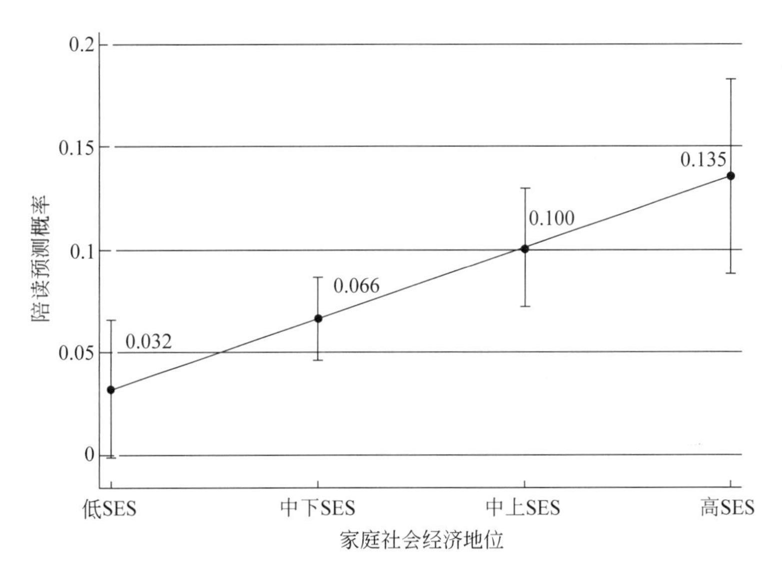

图 4-2　不同家庭社会经济地位陪读概率预测

（三）学生是否能从陪读中获益

陪读是家长以提高孩子认知能力为核心目标的非生产性的照料劳动[①],需要家庭投入相应的时间、精力与财力等资源。如果陪读对学生发展的影响效应为正向，则家长陪读可能造成学生认知能力进一步分化，导致教育结果的不公平。那么学生能否从陪读中获益呢？本部分进一步利用 OLS 模型和 PSM 模型，估计陪读对学生认知能力的影响效应。

1. 陪读对学生认知能力的影响：基于 OLS 估计

在进行正式的多元线性回归之前，本部分首先检验了模型中变量之间的共线性问题。结果表明下列 OLS 估计模型不存在严重的多重共线性问题。如表 4-13 所示，在控制了其他因素之后，估计结果为家长租房陪读对学生的语文、数学和英语成绩均有显著正向影响。

① 范云霞．“陪孩子考大学”：社会再生产视野下高考陪读母亲的照料劳动 [J]. 苏州大学学报（教育科学版），2023，11（2）：109-118.

具体而言，在学生个体层面，数据显示，男生的语文和英语成绩显著低于女生，但性别对数学成绩影响不显著。与非农业户口的学生相比，农业户口学生的语数外各科成绩显著更低。是否独生子女对学生各科认知能力的影响并不显著。在学生家庭背景层面，家庭社会经济地位对学生语文、英语成绩有显著正向影响，对数学成绩的影响系数虽然为正，但不显著；父母教育期望对学生的语文、数学和英语成绩均有显著正向影响。这与相关研究结果一致，即我国父母对孩子普遍持有高教育期望，父母对孩子的教育期望越高，孩子的认知能力越强[①]。单亲家庭对学生成绩有负向影响。模型中还考虑了亲子关系、家校沟通对学生成绩的影响，结果发现亲子关系越好，学生的语文、数学、英语成绩越高。家校沟通也能正向预测学生的各科成绩，家长主动联系教师的频率越高，学生的数学和语文成绩则显著越好。

表 4-13　陪读对学生认知能力的影响（OLS 估计）

变　量	模型 1 总成绩	模型 2 语文	模型 3 数学	模型 4 英语
家长租房陪读	5.640***	5.317***	4.258***	4.612***
	(0.780)	(0.673)	(0.695)	(0.923)
男生	−2.733***	−3.833***	−0.384	−3.126***
	(0.404)	(0.374)	(0.430)	(0.465)
高中一年级	1.451	3.842***	−0.360	0.553
	(1.366)	(0.955)	(1.531)	(1.784)
独生子女	0.103	0.262	−0.155	0.117
	(0.322)	(0.315)	(0.315)	(0.359)
农业户口	−1.527***	−1.078**	−1.197*	−1.381**
	(0.425)	(0.404)	(0.477)	(0.454)
家庭社会经济地位	0.044**	0.061***	0.023	0.028+
	(0.016)	(0.014)	(0.018)	(0.016)
单亲家庭	−0.547	−1.220*	−0.364	0.068
	(0.470)	(0.511)	(0.478)	(0.512)
父母教育期望	1.269***	1.052***	1.151***	1.019***
	(0.075)	(0.071)	(0.072)	(0.085)
亲子关系	0.495***	0.406***	0.393***	0.462***
	(0.102)	(0.100)	(0.098)	(0.106)
家校沟通	0.394*	0.208	0.321+	0.465*
	(0.169)	(0.150)	(0.174)	(0.190)
学校层面控制变量	√	√	√	√
常数项	53.782***	60.795***	45.370***	61.618***
	(3.022)	(3.050)	(2.938)	(3.219)
R^2	0.308	0.321	0.180	0.241

注：学校层面控制变量纳入了学校硬件设施、骨干教师比例、生师比、学校办学质量。

① 庞维国，徐晓波，林立甲，等. 家庭社会经济地位与中学生学业成绩的关系研究 [J]. 全球教育展望，2013，42（2）：12-21.

2. 陪读对学生认知能力的影响：基于 PSM 估计

现实中，不同个体之间存在异质性，学生是否有家长陪读在一定程度上是学生及家庭选择的结果，并受到个人、家庭及其所在学校特征等因素的影响。如果忽略“陪读”的自选择性，直接比较陪读生与非陪读生的认知能力，可能会导致估计结果有偏。为了尽可能减少自选择导致的偏差问题，需要在处理组（陪读生）与对照组（非陪读生）中找出个体、家庭、学校等可观测特征上相似的样本，经匹配后分析结果变量上的差异。因此，本部分进一步基于准试验的研究设计，采用条件独立假设下的倾向得分匹配法估计陪读对学生认知能力影响的平均处理效应。

（1）平衡性检验与共同支撑假设检验

在运用倾向值匹配模型估计陪读对学生认知能力的影响之前，需要对匹配是否满足条件独立假设与共同支撑假设进行验证。对于数据匹配后的平衡性检验，本部分通过伪 R^2、均值偏差、中位数偏差、B 值等诊断性指标，从整体上检验匹配样本的平衡性。如表 4-14 所示，数据匹配后的伪 R^2、均值偏差、中位数偏差、B 值表现出明显下降，表明数据匹配后满足整体平衡性的要求。

表 4-14 平衡性联合检验结果

样　本	伪 R^2	均值偏差	中位数偏差	B 值	R 值
匹配前	0.084	20.6	14.9	81.9	0.87
最近邻匹配	0.004	3.3	2.5	15.1	0.52
半径匹配	0.001	2.0	1.7	8.0	0.41
核匹配	0.003	3.3	2.6	12.5	0.88
局部线性匹配	0.014	7.4	8.0	28.5	0.55

共同支撑假设是指控制组与处理组在倾向值的分布上具有较大的重叠性。为直观考察陪读生和非陪读生的共同支撑域，图 4-3 给出了匹配前后陪读生和非陪读生倾向得分概率密度，可以看出，匹配之后，处理组和控制组的倾向值得分密度分布差异得到明显的削减，满足了共同支撑假设。

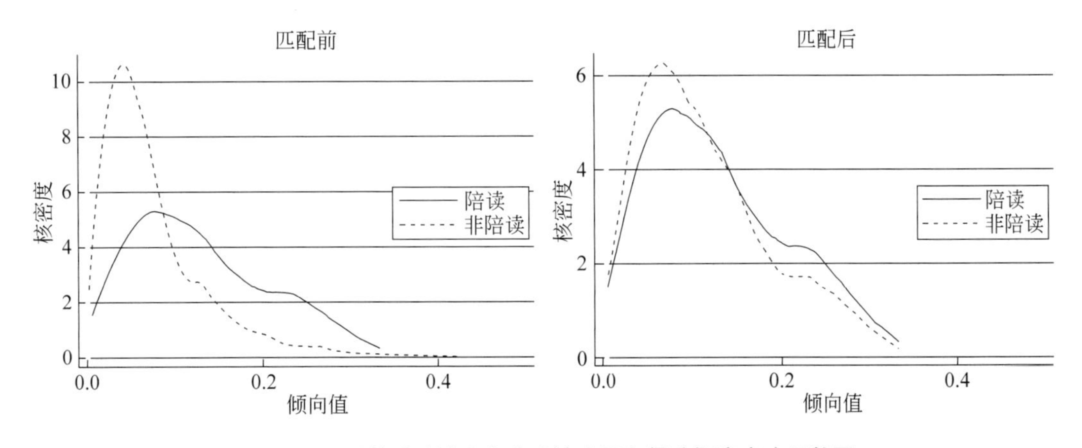

图 4-3 匹配前后陪读生和非陪读生倾向得分概率密度函数图

（2）陪读对学生认知能力的处理效应

如表 4-15 所示，采用最近邻匹配、半径匹配、核匹配以及局部线性匹配方法都能得出陪读对学生语文、数学和英语成绩产生显著的正向影响。这与上文采用 OLS 模型估计的结果具有一致性，但基于 PSM 的估计结果是解决了可观测变量引起的自选择问题后的结果。在控制学生个体、家庭与学校层面的因素后，总成绩系数均值为 5.5，这表明陪读生较非陪读生总成绩高出 5.5 分。在具体学科中，陪读对学生语文成绩的影响效应更大。在语文成绩方面，有家长租房陪读的学生要比没有家长租房陪读的学生高出 4.0~5.6 分；在数学成绩方面，有家长租房陪读的学生要比没有家长租房陪读的学生高出 3.5~4.3 分；在英语成绩方面，有家长租房陪读的学生要比没有家长租房陪读的学生高出 4.4~5.2 分。几乎所有变量的标准化均值差在匹配后大幅度缩小，并小于 10%。从表 4-14 可以看出，用各种匹配方法所计算出的结果基本一致，这说明研究结果较为稳健。

表 4-15　陪读对学生认知能力的处理效应（ATT）

匹配方法	认知能力			
	总成绩	语文	数学	英语
最近邻匹配	5.340***	4.907***	3.894***	4.662***
	(0.627)	(0.580)	(0.702)	(0.613)
半径匹配	5.990***	5.570***	4.287***	5.222***
	(0.484)	(0.476)	(0.534)	(0.495)
核匹配	5.927***	5.550***	4.214***	5.130***
	(0.464)	(0.452)	(0.509)	(0.483)
局部线性匹配	4.747***	4.024***	3.460**	4.371***
	(0.932)	(0.836)	(1.050)	(0.851)

注：①括号内为基于 300 次自助抽样所获得的标准误；②在最近邻匹配中使用 1∶3 匹配，半径匹配中半径设定为 0.01，核匹配和局部线性匹配的宽带分别为默认宽带。

（四）谁能从陪读中获益

前文研究已证实陪读对学生学习成绩有显著正向影响，那这一微观教育机会又会对哪些学生学业产生影响呢？为进一步识别陪读对学生学习成绩影响的异质性，本部分将样本按照不同性别、年级、是否独生子女、是否农业户口分组进行匹配分析。

1. 陪读对不同性别学生认知能力的影响

如表 4-16 所示，最近邻匹配、半径匹配、核匹配以及局部线性匹配均反映出相比男生，陪读对女生认知能力的影响明显更大。以总成绩为例，陪读对男生群体影响的系数均值为 4.1，女生为 6.7。这意味着有家长陪读的男生比没有家长陪读的男生认知能力高出 4.1 分，而有家长陪读的女生比没有家长陪读的女生认知能力高出 6.7 分。可能的原因是：一方面，父母在养育子女过程中存在同性别优势，在我国传统“男主外、女主内”的性别角色家庭责任分工下，父亲在子女养育过程中非照料者的角色，这可能造成男生在家庭养育投入的获得上处于劣势，比女孩获得更少的家庭养育投入①；另一方面，认知能力发展有累积性，而父母对子女的教育投入行为在某种程度上又取决于子女在上一阶段获得的能力。有研究证实，女生在学前阶段的认知能力发展就已明显领先于男生②，在前期优势下，女孩可能获得更多的父母关注和互动，进而有助于提升其认知能力。

表 4-16　性别异质性分析

匹配方法	总成绩		语文		数学		英语	
	男生	女生	男生	女生	男生	女生	男生	女生
最近邻匹配	4.119***	6.167***	4.415***	5.062***	3.012**	4.749***	2.957***	5.640***
	(0.972)	(0.735)	(0.984)	(0.637)	(1.072)	(0.865)	(0.871)	(0.795)
半径匹配	4.503***	7.197***	4.340***	6.536***	3.311***	5.347***	3.554***	6.296***
	(0.754)	(0.596)	(0.796)	(0.540)	(0.810)	(0.670)	(0.719)	(0.668)
核匹配	4.527***	7.162***	4.409***	6.495***	3.339***	5.250***	3.501***	6.326***
	(0.692)	(0.598)	(0.732)	(0.551)	(0.742)	(0.672)	(0.684)	(0.669)
局部线性匹配	3.337*	6.322***	2.888*	5.023***	3.061*	4.487***	2.352+	6.277***
	(1.376)	(1.046)	(1.331)	(0.943)	(1.473)	(1.195)	(1.206)	(1.111)

2. 陪读对不同年级学生认知能力的影响

如表 4-17 所示，陪读对高中学生认知能力的积极影响明显更大，有家长陪读的高中生比没有家长陪读的高中生学业总成绩高出 4.3~5.6 分，而有家长陪读的初中生比没有家长陪读的初中生学业总成绩高出 1.7~2.4 分。可能的原因是：高中生心智更为成熟，学业也更为紧张繁重，家长陪读可以照料孩子生活起居，让孩子有更多的时间和精力投入于学习；而对于正处于青春期的初中生，面对家长陪读和学业监督，可能更容易产生逆反心理，从而导致陪读对他们认知能力的影响偏低。另外，在数学成绩方面，陪读对初中生和高中生的正向影响变得不再显著，这可能是由于不同学科领域之间学习方式的差异，学生数学成绩的提升更大程度上依赖于教师精细化教学指导和实践。

表 4-17　年级异质性分析

匹配方法	总成绩		语文		数学		英语	
	初中	高中	初中	高中	初中	高中	初中	高中
最近邻匹配	2.378*	4.778***	2.734*	4.966***	1.563	1.327	2.192*	5.193***
	(1.140)	(1.012)	(1.179)	(1.036)	(1.236)	(1.131)	(0.880)	(1.098)
半径匹配	2.285*	5.529***	2.814**	5.877***	1.432	1.109	2.046**	6.227***
	(1.043)	(0.864)	(1.058)	(0.905)	(1.191)	(1.054)	(0.746)	(0.996)
核匹配	2.300*	5.625***	2.479*	5.984***	1.588	1.197	2.154**	6.280***
	(1.012)	(0.860)	(0.994)	(0.915)	(1.153)	(1.109)	(0.749)	(0.999)
局部线性匹配	1.676	4.254***	1.669	3.891**	0.698	1.175	2.231+	5.069***
	(1.422)	(1.202)	(1.409)	(1.176)	(1.528)	(1.365)	(1.172)	(1.334)

① 梁文艳，刘书冰，李敏谊，等．男孩为何落后——家庭养育投入与学前儿童认知能力的性别差距 [J]. 教育学报，2022，18（6）：134-150.

② Eriksson M, et al. Differences between Girls and Boys in Emerging Language Skills: Evidence from 10 Language Communities[J]. The British Journal of Developmental Psychology, 2012, 30(2): 326-343.

3. 陪读对是否独生子女学生认知能力的影响

由于每个家庭教育资源投入、父母养育子女时间与精力的有限性，当家中子女数量越多时，每个子女可分配的资源就会相应越少，而独生子女可以得到家庭全部的资源。但独生子女也可能会将家长租房陪读视为一种“理所当然”，或者对其形成过大的压力和过高期望，而非独生子女则相对更希望得到父母的关注，可能会将家长租房陪读视为一种特别的重视，进而对其认知能力产生积极影响。因此，陪读可能对是否是独生子女的学生认知能力影响存在异质性。如表4-18所示，陪读对非独生子女认知能力的积极影响更大，有家长陪读的非独生子女比没有家长陪读的非独生子女学业总成绩高出5.5~6.1分，而有家长陪读的独生子女比没有家长陪读的独生子女学业总成绩只高出3.5~5.8分，并且在局部线性匹配后，陪读对独生子女数学成绩的影响变得不显著。

表4-18　是否独生子女异质性分析

匹配方法	总成绩		语文		数学		英语	
	独生	非独生	独生	非独生	独生	非独生	独生	非独生
最近邻匹配	4.767***	5.458***	3.937***	5.781***	3.728**	3.255***	4.060***	4.949***
	(1.066)	(0.801)	(0.956)	(0.766)	(1.206)	(0.884)	(0.953)	(0.843)
半径匹配	5.763***	6.126***	5.053***	6.228***	4.344***	3.829***	4.952***	5.422***
	(0.785)	(0.626)	(0.776)	(0.592)	(0.857)	(0.705)	(0.736)	(0.703)
核匹配	5.768***	5.931***	5.257***	5.997***	4.348***	3.633***	4.772***	5.313***
	(0.760)	(0.615)	(0.737)	(0.552)	(0.822)	(0.692)	(0.714)	(0.701)
局部线性匹配	3.488*	5.838***	2.919*	5.183***	2.568	3.785**	2.923*	5.904***
	(1.463)	(1.197)	(1.335)	(1.180)	(1.605)	(1.292)	(1.279)	(1.188)

4. 陪读对不同户口类型学生认知能力的影响

在我国城乡二元结构下，学生陪读机会还可能受到城乡户籍类别的影响。因此，在控制其他变量的基础上，本部分检验了陪读对不同户口学生认知能力影响的异质性。如表4-19所示，相对于非农业户口学生，陪读对农业户口学生的认知能力具有更加显著的正向影响，有家长陪读的农业户口学生比没有家长陪读的农业户口学生学业总成绩高出5.1~6.5分，而有家长陪读的非农业户口学生比没有家长陪读的非农业户口学生学业总成绩只高出2.7~4.3分。这可能是家长陪读给农业户口学生提供了更多的亲子沟通和交流的机会，增加了家庭教育投入，进而对其学业发展产生了一定的“补偿效应”。

表4-19　不同户口异质性分析

匹配方法	总成绩		语文		数学		英语	
	农业	非农业	农业	非农业	农业	非农业	农业	非农业
最近邻匹配	6.190***	3.238***	5.401***	3.515***	4.803***	2.219*	5.470***	2.358*
	(0.796)	(0.920)	(0.776)	(0.731)	(0.886)	(0.962)	(0.749)	(1.031)
半径匹配	6.480***	4.252***	5.916***	4.311***	4.819***	2.725***	5.598***	3.620***
	(0.627)	(0.725)	(0.635)	(0.594)	(0.694)	(0.794)	(0.624)	(0.837)
核匹配	6.436***	4.274***	5.808***	4.397***	4.871***	2.589***	5.488***	3.710***
	(0.589)	(0.716)	(0.592)	(0.566)	(0.655)	(0.776)	(0.596)	(0.882)

续表

匹配方法	总成绩		语文		数学		英语	
	农业	非农业	农业	非农业	农业	非农业	农业	非农业
局部线性匹配	5.055^{***}	2.719^{*}	4.538^{***}	2.339^{*}	3.851^{**}	1.754	4.447^{***}	2.300^{+}
	(1.175)	(1.257)	(1.082)	(1.090)	(1.304)	(1.338)	(1.049)	(1.361)

（五）陪读对学生认知能力影响机制分析

家长租房陪读可能直接促进学生认知能力，也可能通过其他路径提升学生认知能力，有必要进一步探讨其具体的作用机制。自我教育期望是学生自己设想的所要达到的最高教育程度的目标，通常被视为家庭背景影响子女教育获得的中间机制。一方面，已有的研究普遍认为，家庭背景与子女教育期望之间存在着较强的相关性，家庭社会经济地位越高，父母对子女上大学的期望越高，能够为子女创造更多的支持条件，并通过家庭内代际传递，激发子女形成、维持和实现自身的教育期望[①]；另一方面，子女自我教育期望通常被视为其教育获得的有效预测变量，拥有较高教育期望的学生往往学业动机更强，不良行为更少，对其学业成功有重要作用[②]。因此，依据前文文献梳理与分析框架，本部分采用逐步回归法和 Sgmediation 命令检验，进一步探讨学生自我教育期望在家长租房陪读与学生认知能力中的中介效应。

如表 4-20 所示，陪读、自我教育期望和学生认知能力之间存在显著的间接效应，即家长租房陪读通过正向影响学生自我的教育期望，进而对学生总成绩产生正向影响。Sgmediation 命令检验得出的 Sobel、Goodman1、Goodman2 检验结果均显著，表明学生自我教育期望在陪读与学生认知能力间存在部分中介效应，占总效应的 11.7%。这与相关研究结果一致，即学生自我教育期望在家庭背景对子女发展的影响中扮演着重要的中介作用[③]。研究表明，家长陪读对子女发展除了直接影响外，还会间接地通过提升子女的自我教育期望水平产生作用，而这种间接对子女的发展的影响可能更隐蔽和持久。

表 4-20　中介效应检验

变量	模型 1 学生总成绩	模型 2 自我教育期望	模型 3 学生总成绩
家长租房陪读	5.640^{***}	0.724^{***}	4.983^{***}
	(0.481)	(0.150)	(0.453)
自我教育期望			0.908^{***}
			(0.051)
其他变量	√	√	√
R^2	0.308	0.263	0.374

① 王甫勤，时怡雯．家庭背景、教育期望与大学教育获得基于上海市调查数据的实证研究 [J]. 社会，2014，34（1）：175-195.

② 杨中超．家庭背景与学生发展：父母参与和自我教育期望的中介作用 [J]. 教育经济评论，2018，3（3）：61-82.

③ 李佳丽，胡咏梅．“望子成龙”何以实现？——基于父母与子女教育期望异同的分析 [J]. 社会学研究，2021，36（3）：204-224，230.

续表

变　量	模型 1 学生总成绩	模型 2 自我教育期望	模型 3 学生总成绩
Sobel 检验	0.658*** （z=4.201）		
Goodman 检验 1	0.658*** （z=4.196）		
Goodman 检验 2	0.658*** （z=4.206）		
中介效应系数	0.658*** （z=4.200）		
直接效应系数	4.982*** （z=10.468）		
总效应系数	5.640*** （z=11.305）		
中介效应比例	11.7%		

三、小结与讨论

实现阶层流动是普通家庭最为朴素的愿望，陪读因此也成为越来越多的家庭传递家庭资源、进行阶层流动竞争的策略选择。本节以陪读机会作为微观教育机会公平的衡量指标，通过方差分析、logit 模型、倾向性得分匹配法等探讨了不同学生群体的陪读机会现状及获得差异，分析了陪读对学生认知能力的影响、异质性及其作用机制，得出了“陪读—子女教育期望—认知能力”这一具体影响路径，主要结论如下。

第一，不同特征学生的家长租房陪读机会存在差异，家庭背景是影响学生陪读机会的主要因素。具体而言，与男生、非独生子女、农业户口、低收入家庭、单亲家庭的学生相比，女生、独生子女、非农业户口、高收入家庭、非单亲家庭学生的陪读机会相对更大。从影响学生陪读机会获得的因素来看，除了学生个体和学校因素外，家长教育期望、家庭资本对学生陪读机会获得具有显著的正向影响。这反映出在现代社会，教育仍旧是实现社会继承的潜在手段[①]。当前，家长租房陪读作为一种为子代提供更优质的教育资源，实现阶层向上流动所做出的教育投资，在我国逐渐呈现从“精英陪读”向“大众陪读”转变的趋势[②]，越来越多的农村家庭选择陪读。但本部分发现，这一机会获得呈现阶层差异，家庭背景越好的学生有家长陪读的概率越大，产生了陪读的“马太效应”，而弱势阶层家庭学生受制于资源限制和传递渠道选择，在陪读机会获得上处于不利地位，从而一定程度上会加剧教育的代际再生产。

第二，陪读对学生认知能力有显著的正向效应。在控制其他因素的情况下，陪读对学生语文、数学和英语成绩均产生了显著的正向影响。从教育资源获取的角度来看，家庭和个体所占有的各类资本的多寡预示着子女在教育场域中获得良好学业成就的概率[③]。陪读作为家庭投资子女教育的一种方式，可以让子女获得城市优质的教育资源和学习环境，提供建立在家庭资本之上的各种教育活动，以此将家庭资本转换为学业成就。从家长教育参与的视角来看，家长参与会促进儿童成长，而陪读本身就是一种寄托了家长美好期望的教育参与形式，客观上增

① 李煜．制度变迁与教育不平等的产生机制——中国城市子女的教育获得（1966—2003）[J]. 中国社会科学，2006（4）：97-109，207.

② 齐薇薇．县域教育“供给—需求”匹配视角下母亲陪读研究 [J]. 中国青年研究，2022（1）：76-83.

③ 布迪厄·皮埃尔，华康德．实践与反思：反思社会学导引 [M]. 李猛，李康，译．北京：中央编译出版社，1998.

加了家长与子女日常沟通、陪伴的时间，加强了对子女的监管，进而有利于提高孩子认知能力。需要注意的是，在陪读机会不平等但对学生的影响效应为正的情况下，陪读可能一定程度上会加剧学生教育资源获得的不均衡，拉大阶层间与阶层内的差距，制约教育公平的实现。

第三，异质性检验结果表明，陪读对学生认知能力的积极影响在女生、高中学生、非独生子女、农业户口学生群体中更为突出。在性别方面，根据社会化过程的匹配模型，父母养育子女具有同性别优势，即能更加准确地识别并解决同性别子女在成长过程中所遇到的问题①。当前，母亲是陪读劳动的主体，因此女孩在获取家长日常生活照料、学业辅导、情感慰藉等方面有明显的比较优势，从而较好地保障女孩的教育获得。对高中生而言，陪读对认知能力的影响较初中生明显，可能的原因是高中生心智更为成熟，同时学习任务也较重，家长陪读减轻了其生活负担，让其有更多的时间和精力投入于学习。相对于独生子女家长陪读的“理所当然”，非独生子女家庭在进行人力资本投资时会面临更大的资源约束，而陪读意味着家庭给予了非独生子女相对更多的资源投入与关心，有效传递了教育期望，进而有助于提升其认知能力。另外，对农业户口学生而言，陪读具有较强的“补偿效应”，这可能是因为农村家庭并非被动顺应不平等社会结构再生产，而是以“家长陪读—学生苦读”的双重补偿性劳动全面投入“应试教育”，在微观层面抵抗社会阶层再生产②。

第四，中介效应分析发现，陪读对学生认知能力影响中，11.7% 是通过学生自我教育期望中介作用间接产生。可能的原因是，家庭是影响孩子发展的重要环境，家长是孩子成长的重要他人，一方面，家长租房陪读增加了家长对子女养育的时间和精力投入，加强了亲子间、家校间的沟通，家长的期望、价值观和观念也会通过家庭这个重要的“微观系统”传递给子女，从而影响子女教育期望的形成③；另一方面，根据教育期望理论，自我教育期望本质是个体用来决定是否继续接受教育的一种心理资源④，积极的教育期望会激励学生自发地采取努力学习等行为，从而会对其学业表现产生正向作用。这也体现出，家长陪读不仅仅通过提供饮食起居等生活照料来实现对子女发展的正向作用，更为隐性和持久的影响还来自家长情感上的支持与陪伴。

需要指出的是，家长陪读有其内在的教育价值，陪读机会是一种重要的教育资源。通过合理的家庭教育决策与良好的代际互动，学生可以从家长陪读中获益。但也需认识到，我国家庭在经济社会资本和子女教育投入上仍存在较大差距，在陪读机会不均的现实情形下，陪读也有可能进一步加剧社会阶层的固化和不平等。本部分认为，陪读“热”现象不能简单地归咎于家庭的非理性教育决策，更不能本末倒置地认为陪读导致了教育机会的不均等和社会阶层的分化，而应从制度层面予以反思。因此，要进一步关注城乡、区域、校际间优质教育资源的均衡配置问题，并通过制度措施弥补弱势群体家庭教育资源投入的不足，切实保障其子女享有优质的教育资源和公平的教育机会。

---

① Bertrand M, Pan J. The Trouble with Boys: Social Influences and the Gender Gap in Disruptive Behavior[J]. American Economic Journal: Applied Economics, 2013, 5(1): 32-64.

② 范云霞．“陪孩子考大学”：社会再生产视野下高考陪读母亲的照料劳动 [J]. 苏州大学学报（教育科学版），2023，11（2）：109-118.

③ 靳振忠，严斌剑，王亮．家庭背景、学校质量与子女教育期望——基于中国教育追踪调查的分析 [J]. 教育研究，2019，40（12）：107-121.

④ 侯玉娜．农民工子女的“城市教育梦”何以可能？——流入地教育政策对随迁子女教育期望的影响研究 [J]. 华中师范大学学报（人文社会科学版），2022，61（3）：177-188.

第五章　微观教育过程公平实证研究

随着时代的发展，人们对于受教育权利平等和教育机会平等的追求逐渐发展到对教育过程公平的追求上来。教育过程公平是教育公平理念的核心，它是教育机会公平的延续，也是实现教育结果公平的必要条件。教育过程公平主要关注的是个体获得平等入学机会之后，是否能够在学校教育教学过程中接受与其知识水平和能力相适应的教育影响，是否能够平等地参与各种教育教学活动，即在受教育过程中是否受到了公正的对待。微观层面的教育过程主要由师生之间、学生之间、家校之间的互动活动构成，本章结合微观教育过程实践，以课堂教学、学生评价、家校合作、师生关系以及同伴关系为切入点来具体分析微观教育过程公平问题。

第一节　课堂教学中的过程公平

一、教师关注的获得

课堂是学校教育的重要场所，也是实现微观教育过程公平的关键。课堂教学公平是指在课堂这一特定场所进行的教学活动中，在保证学生在基本权利和发展机会上平等的基础上，依据学生的个性特点因材施教，进而促进每个学生最大程度地发展。对学生来说，尽管大家共处于同一课堂之中，学习的课程内容、授课教师等是相同的，但他们从课堂教学中获得的教师关注、学习资源和发展程度却是有区别的。在课堂教学中，教师对待学生的方式，表现出复杂的公平问题[①]。其中，提问机会可被视为衡量课堂教学过程公平的首要表征，因为教师的课堂提问是师生课堂互动的最主要方式，学生是否有公平的与教师交流互动的机会对于其发展有重要影响。但是，提问机会的获得并不取决于学生本身，更多的是教师所给予的课堂学习机会，本质上体现了教师对学生的关注。鉴于此，本节聚焦教育过程中的教师关注，以教师提问作为测量教师关注获得机会的指标，探讨课堂教学公平的现状及影响。本部分关注的实证问题是：影响教师提问的因素有哪些？教师提问过程中是否存在不公平现象？

（一）变量与模型选择

1. 变量界定

（1）被解释变量：提问机会获得。根据学生问卷中“你对‘老师经常提问我’说法的同意程度是？”来测量。

---

① 郭元祥．对教育公平问题的理论思考 [J]. 教育研究，2000（3）：21-24，47.

（2）解释变量：班干部身份。在问卷中有“这个学期 / 上个学期，你是否担任过班级或学校的学生干部（例如学生会、班长、学习委员等）？”这一问题。

（3）控制变量：为确保研究的科学性和完整性，本部分还对人口统计学变量、家庭特征变量及学校特征变量进行了控制。学生个体特征变量包括性别、学段、成绩水平、性格（外向性）、独生子女、户口、学习动机、座位安排、寄宿。家庭特征变量包括 SES、父母教育期望。学校特征变量为学校质量。

2. 模型选择

（1）模型设定

为了研究学生班干部身份对提问机会获得的影响，本部分建立了如下计量模型：

$$\text{Ask}_i = \alpha + \beta_1 \cdot \text{Leader}_i + \gamma \cdot X_i + \mu_i \tag{5-1}$$

式中，下标 i 表示学生个体，Ask_i 是第 i 个学生的提问机会获得情况。Leader_i 表示学生班干部身份情况。β_1 的参数估计值表示学生班干部身份对提问机会获得的影响效应，X_i 为影响提问机会获得的其他控制变量，μ 为方程的随机误差项。

（2）技术处理：倾向得分匹配（PSM）

在讨论学生班干部身份对提问机会获得的影响时，会由于样本选择性偏差而导致内生性问题，即学生班干部身份和学生提问机会获得可能同时受性别、学段、成绩水平、性格、独生子女、户口、学习动机、座位安排、寄宿、SES、父母教育期望以及学校质量等一系列因素的影响，常用的添加控制变量等方法难以有效解决此问题。为尽可能控制由于样本选择偏差带来的偏误，本部分在技术处理上采用倾向得分匹配（PSM）模型估计学生班干部身份对提问机会获得影响的净效应。

在倾向得分匹配中，可观测的协变量 X 理论上应满足两个条件：第一，影响学生班干部身份决策并且影响其提问机会获得；第二，不会受到班干部身份的反向干预。班干部身份干预学生提问机会获得的倾向得分匹配模型设定如下：

$$\text{ATT} = E\left\{E\left[\text{Leader}_{1i} \middle| D_i = 1,\ P(X)\right] - E\left[\text{Leader}_{0i} \middle| D_i = 0,\ P(X)\right]\right\} \tag{5-2}$$

该模型将样本分为处理组和控制组，处理组即拥有班干部身份的学生，用 Leader_{1i} 表示，控制组即未拥有班干部身份的学生，用 Leader_{0i} 表示。D_i 为二元哑变量，当取值为 1 时表示个体在处理组，当取值为 0 时表示个体在控制组。$P(X)$ 为控制相应协变量后学生担任班干部的概率值。

（二）实证结果

1. 基准回归

表 5-1 报告了学生提问机会获得的估计结果，第（1）列至第（4）列逐步加入了性别、学段、成绩水平、外向性、独生子女、农业户口、学习动机、座位安排、寄宿等学生个体特征变量以及家庭社会经济地位、父母教育期望等反映家庭社会经济地位背景的变量和学校质量这一反映学校特征的变量，逐步考察各变量对学生提问机会获得的影响。

表 5-1　班干部身份对学生提问机会获得的影响

变　量	(1)	(2)	(3)	(4)
班干部	0.480***	0.109***	0.099***	0.099***
	(0.026)	(0.030)	(0.030)	(0.030)
性别		0.033	0.032	0.032
		(0.027)	(0.027)	(0.027)
学段		0.014	0.016	0.011
		(0.022)	(0.022)	(0.024)
成绩水平		0.094**	0.079*	0.079*
		(0.031)	(0.031)	(0.031)
外向性		0.299***	0.296***	0.296***
		(0.026)	(0.026)	(0.026)
独生子女		0.016	0.008	0.008
		(0.029)	(0.029)	(0.029)
农业户口		−0.052	−0.024	−0.022
		(0.034)	(0.036)	(0.036)
学习动机		0.491***	0.488***	0.489***
		(0.011)	(0.011)	(0.011)
座位安排		−0.012**	−0.012**	−0.013**
		(0.005)	(0.005)	(0.005)
寄宿		0.018	0.032	0.035
		(0.034)	(0.035)	(0.035)
家庭社会经济地位			0.002	0.002
			(0.001)	(0.001)
父母教育期望			0.020**	0.020**
			(0.008)	(0.008)
学校质量				0.014
				(0.022)
R^2	0.0173	0.2874	0.2880	0.2880

第（1）列显示，在不加入其他控制变量时，学生的班干部身份每增加 1 个单位，其提问机会获得将提高 0.480 个单位（$p<0.001$)，说明学生的班干部身份有利于其提问机会获得。当第（2）列控制了性别、学段、成绩水平、外向性、独生子女、农业户口、学习动机、座位安排、寄宿等学生个体特征变量之后，学生班干部身份仍对提问机会获得有明显的积极影响（$p<0.001$）。具体来看，当学生是班干部身份，其提问机会获得将提高 0.109 个单位（$p<0.001$)。从控制变量的估计结果来看，学生性别、学段、独生子女、寄宿等均对学生提问机会获得有正向影响，农业户口对学生提问机会获得有负向影响，但均不显著；成绩水平显著正向预测学生的提问机会获得，成绩水平每提升 1 个单位，学生的提问机会获得将增加 0.094 个单位（$p<0.01$）；性格的外向性对学生的提问机会获得也具有显著正向影响，学生的外向性每提升 1 个单位，学生提问机会获得将提升 0.299 个单位（$p<0.001$），

这表明学生在课堂上的外向表现一定程度上会提升其提问机会获得的可能性；学习动机对学生提问机会获得有显著的促进作用，学生的学习动机每提升 1 个单位，学生提问机会获得将提高 0.491 个单位（$p<0.001$），这表明学生的学习动机越强，其在课堂上提问机会获得也越多；从座位安排来看，座位靠后程度显著负向影响学生提问机会获得，即座位安排越靠后，其提问机会获得的可能性越小，具体来看，座位安排每后移 1 个单位，学生提问机会获得将下降 0.012 个单位（$p<0.01$）。

第（3）列加入了家庭特征变量后，学生班干部身份对学生提问机会获得影响的显著性及符号未发生明显变化。从控制变量的估计结果来看，性别、学段、独生子女、农业户口、寄宿等变量对学生提问机会获得的影响仍不显著；成绩水平、外向性、学习动机仍然显著正向影响学生提问机会获得；座位安排仍对学生提问机会获得有显著的负向影响；父母教育期望对学生的提问机会获得也具有显著正向影响，父母教育期望每提升 1 个单位，学生提问机会获得将提升 0.020 个单位（$p<0.01$），这表明父母教育期望一定程度上会提升其学生提问机会获得的可能性；家庭社会经济地位对学生提问机会获得具有正向影响，但并不显著。第（4）列加入了对学校质量这一学校特征变量的控制，各变量的显著性及符号均未发生明显变化。新加入的学校质量与学生提问机会获得有正向关系，但并不显著。

2. 异质性检验

不同性别、不同户口、不同学段的学生样本在个人特质和学习方式等方面存在一定差距，因而班干部身份对其提问机会获得的影响也会存在异质性。考虑到不同学生样本之间的差异性，本部分将从不同性别、不同户口、不同学段三个方面对学生班干部身份与提问机会获得之间的关系进行分析。

（1）性别差异

从表 5-2 第（1）列和第（3）列我们可以看出：在不加入控制变量时，班干部身份对男生和女生提问机会获得均有显著的正向影响，具体来看，班干部身份每提升 1 个单位，男生提问机会获得将上升 0.476 个单位（$p<0.001$），女生提问机会获得将提升 0.486 个单位（$p<0.001$）。第（2）列和第（4）列显示，在加入个体特征、家庭特征及学校特征等控制变量之后，班干部身份对学生提问机会获得呈现出差异性。班干部身份对男生提问机会获得的影响不显著，但在女生样本中，班干部身份每增加 1 个单位，女生提问机会获得将上升 0.143 个单位（$p<0.001$）。这说明班干部身份对女生提问机会获得的积极影响要强于男生。因此，受到性别、行为习惯及性格特质等方面的影响，班干部身份对学生提问机会获得的正向作用在女生样本中更为明显。

从控制变量的估计结果来看，成绩水平对男生提问机会获得有显著正向影响（$p<0.05$），而对女生提问机会获得的影响不显著；座位安排对男生提问机会获得有负向影响，但并不显著，但能显著负向影响女生提问机会获得，座位安排每后移 1 个单位，女生提问机会获得将下降 0.021 个单位（$p<0.01$）；父母教育期望越高，越有利于女生提问机会获得；性格的外向性和学习动机均能显著正向影响男生和女生提问机会获得（$p<0.001$）；学段、独生子女、农业户口、寄宿、家庭社会经济地位、学校质量等对男生和女生提问机会获得影响均不显著。

表 5-2　性别异质性分析

变　　量	男　　生		女　　生	
	（1）	（2）	（3）	（4）
班干部	0.476***	0.051	0.486***	0.143***
	(0.037)	(0.043)	(0.036)	(0.041)
成绩水平		0.098*		0.065
		(0.045)		(0.045)
外向性		0.293***		0.312***
		(0.037)		(0.038)
学习动机		0.526***		0.448***
		(0.016)		(0.016)
座位安排		−0.006		−0.021**
		(0.006)		(0.008)
父母教育期望		0.012		0.028**
		(0.011)		(0.011)
其他变量		√		√
R^2	0.017	0.307	0.018	0.271

注：为行文简洁，表中只报告了结果显著的变量。

（2）城乡差异

表 5-3 第（1）列和第（3）列显示，在不加入控制变量时，班干部身份对农村学生和城市学生提问机会获得均有显著的正向影响，具体来看，班干部身份每提升 1 个单位，农村学生提问机会获得将上升 0.436 个单位（$p<0.001$），城市学生提问机会获得将上升 0.579 个单位（$p<0.001$）。第（2）列和第（4）列显示，在加入个体特征、家庭特征及学校特征等控制变量之后，班干部身份对学生提问机会获得呈现出差异性。

表 5-3　户口异质性分析

变　　量	农　　村		城　　市	
	（1）	（2）	（3）	（4）
班干部	0.436***	0.068*	0.579***	0.192**
	(0.030)	(0.034)	(0.054)	(0.062)
成绩水平		0.099**		0.014
		(0.036)		(0.065)
外向性		0.302***		0.269***
		(0.030)		(0.056)
学习动机		0.476***		0.535***
		(0.013)		(0.025)
其他变量		√		√
R^2	0.014	0.278	0.026	0.318

注：为行文简洁，表中只报告了结果显著的变量。

在农村样本中，班干部身份的参数估计值为 0.068（$p<0.05$），说明班干部身份每增加

1个单位，农村学生提问机会获得会提高0.068个单位。同样地，在城市样本中，班干部身份的参数估计值为0.192（$p<0.01$），说明班干部身份每增加1个单位，城市学生提问机会获得会提高0.192个单位。这一估计结果揭示了农村和城市学生班干部身份与提问机会获得均具有正相关性，即农村和城市学生如果担任班干部，均将有利于其获得提问机会。

从控制变量的估计结果来看，性别对农村学生和城市学生提问机会获得的影响并不显著；学段正向影响农村学生提问机会获得，负向影响城市学生提问机会获得，但均不显著；独生子女、座位安排、寄宿、家庭社会经济地位对农村学生和城市学生提问机会获得的影响均不显著；成绩水平显著正向影响农村学生提问机会获得，成绩水平每提升1个单位，农村学生提问机会获得将上升0.099个单位（$p<0.01$），即对农村学生来说，其成绩越好，越能获得更多的提问机会，但这种正向影响在城市学生中并不显著；外向性对农村学生和城市学生提问机会获得均有显著的正向影响；学习动机均能显著正向预测农村学生和城市学生的提问机会获得；父母教育期望越高，反而会使得城市学生提问机会获得下降，但影响并不显著，而对农村学生来说，父母教育期望越高，学生提问机会获得越多，具体来说，父母教育期望每提升1个单位，农村学生提问机会获得将上升0.028个单位。

（3）学段差异

表5-4第（1）列、第（3）列和第（5）列显示，在不加入控制变量时，班干部身份对小学、初中、高中学段的学生提问机会获得均有显著的正向影响，具体来看，班干部身份每提升1个单位，小学学生提问机会获得将上升0.512个单位（$p<0.001$），初中学生提问机会获得将提升0.481个单位（$p<0.001$），高中学生提问机会获得将提升0.436个单位（$p<0.001$）。第（2）列、第（4）列和第（6）列显示，在加入个体特征、家庭特征及学校特征等控制变量之后，班干部身份对学生提问机会获得呈现出差异性。

表5-4 学段异质性分析

变量	小学		初中		高中	
	（1）	（2）	（3）	（4）	（5）	（6）
班干部	0.512***	0.016	0.481***	0.048	0.436***	0.300***
	(0.040)	(0.048)	(0.045)	(0.051)	(0.056)	(0.061)
性别		0.120**		−0.035		0.043
		(0.043)		(0.047)		(0.059)
成绩水平		−0.059		0.290***		0.054
		(0.048)		(0.055)		(0.070)
外向性		0.453***		0.267***		0.171**
		(0.046)		(0.042)		(0.053)
学习动机		0.499***		0.440***		0.568***
		(0.018)		(0.018)		(0.025)
座位安排		0.001		−0.020*		−0.016
		(0.008)		(0.008)		(0.009)
其他变量		√		√		√
R^2	0.020	0.269	0.017	0.255	0.015	0.264

注：为行文简洁，表中只报告了结果显著的变量。

在小学样本和初中样本中，班干部身份对学生提问机会获得的影响均不显著；在高中样本中，班干部身份的参数估计值为 0.300（$p<0.001$），说明班干部身份每增加 1 个单位，高中学生提问机会获得会提高 0.300 个单位。这一估计结果揭示了高中学生班干部身份与提问机会获得之间具有正相关性，即高中学生如果担任班干部，将有利于其提问机会获得。

从控制变量的估计结果来看，独生子女、农业户口、寄宿、家庭社会经济地位及父母教育期望对各学段学生提问机会获得的影响均不显著；从性别方面来看，性别对小学学生提问机会获得有显著影响，即相对于女生来说，男生获得更多提问机会，但这种关系在初中样本和高中样本中均不显著；成绩水平对小学学生提问机会获得有负向影响，对高中学生提问机会获得有正向影响，但均不显著，而初中学生成绩水平每提高 1 个单位，其提问机会获得能显著提高 0.290 个单位（$p<0.001$），即对初中学生来说，其成绩越好，能获得越多提问机会；外向性对各学段学生的提问机会获得均有显著正向影响，具体来看，外向性每提高 1 个单位，小学学生提问机会获得将上升 0.453 个单位（$p<0.001$），初中学生提问机会获得将上升 0.267 个单位（$p<0.001$），高中学生提问机会获得将上升 0.171 个单位（$p<0.01$）；学习动机显著正向影响各学段学生的提问机会获得，具体来看，学习动机每提高 1 个单位，小学学生提问机会获得将上升 0.499 个单位（$p<0.001$），初中学生提问机会获得将上升 0.440 个单位（$p<0.001$），高中学生提问机会获得将上升 0.568 个单位（$p<0.001$）；座位安排对学生提问机会获得的影响也体现出学段差异，座位安排对初中学生提问机会获得有显著负向影响，即座位安排每后移 1 个单位，初中学生提问机会获得将下降 0.020 个单位（$p<0.05$）。但座位安排对小学和高中学生的提问机会获得影响均不显著。

3. 稳健性检验

为了检验模型估计结果的稳健性，替换使用有序 Logit 模型对回归进行重新估计。

检验结果如表 5-5 所示，班干部身份对学生提问机会获得具有显著的正向作用，这与基准回归结果保持一致。从性别来看，班干部身份对男生和女生提问机会获得均有积极影响，但在男生样本中不显著，而在女生样本中显著；从户口来看，班干部身份对农村学生和城市学生提问机会获得均有显著的正向影响；从学段来看，班干部身份对小学学生、初中学生、高中学生的提问机会获得均有正向影响，但在小学样本和初中样本中不显著，而在高中样本中显著。从上述结果可以看出，本部分的研究结果具有良好的稳健性。

表 5-5　稳健性检验

变量	全样本	男生	女生	农村	城市	小学	初中	高中
	（1）	（2）	（3）	（4）	（5）	（6）	（7）	（8）
班干部	0.195^{***}	0.112	0.276^{***}	0.148^{*}	0.344^{**}	0.066	0.107	0.528^{***}
	(0.052)	(0.076)	(0.073)	(0.060)	(0.111)	(0.084)	(0.090)	(0.110)
其他变量	√	√	√	√	√	√	√	√
R^2	0.3037	0.3254	0.2842	0.2933	0.3350	0.2809	0.2680	0.2799

4. 影响的净效应

（1）协变量的平衡性检验

本部分进一步采用 PSM 模型估计班干部身份对学生提问机会获得的“净影响”，但在利用不同匹配策略前，需要对处理组和控制组中协变量的平衡性进行检验，即担任班干部和未担任班干部的学生个体应该具备相同的个体特征。如图 5-1 所示，匹配后的处理组和控制组曲线重合程度更高，走势更趋于一致，也就是说，数据匹配能够消除处理组和控制组的个体特征差异，从而为平均处理效应的估计提供便利条件。

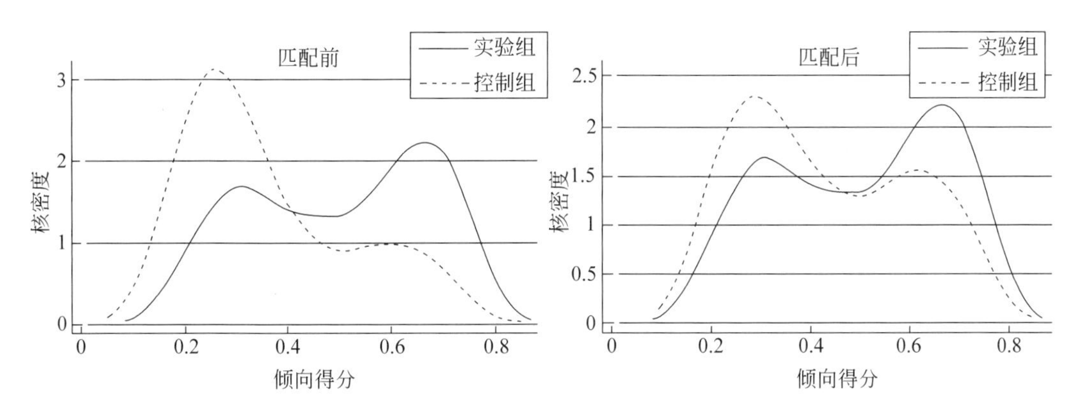

图 5-1　核密度函数图

平衡性检验结果显示[①]，担任班干部和未担任班干部的学生在性别、学段、成绩水平、外向性、独生子女、农村户口、学习动机、座位安排、寄宿、家庭社会经济地位、父母期望及学校质量方面在匹配前均存在较为明显的差异。性别、学段、成绩水平、外向性、独生子女、农村户口、学习动机、座位安排、寄宿、家庭社会经济地位、父母期望及学校质量变量均在 95% 的水平下显著，表明匹配前处理组和控制组在上述协变量上存在显著性差异（$p<0.05$）。具体来看，与男生相比，女生担任班干部的比例较高，所谓“女生优势”体现得很明显[②]，此外，也有研究表明，女生担任班干部的概率要显著高于男生[③]。从学段来看，低学段学生担任班干部的比例更高；成绩水平方面，跟以往很多研究结果一样，担任班干部的学生成绩水平要显著高于未担任班干部的学生；性格方面，担任班干部的学生更加外向一些，班级人际关系明显更好；从学习动机来看，担任班干部的学生学习动机往往强于未担任班干部的学生；从座位安排来看，担任班干部的学生座位一般靠前；家庭社会经济地位方面，担任班干部的学生家庭社会经济地位明显高于未担任班干部的学生，这与很多人的印象也相符合；父母教育期望方面，担任班干部的学生父母教育期望要高于未担任班干部的学生，但具体的影响机制需要进一步研究；从学校质量来看，学校质量越好，担任班干部的学生比例更高，这可能在一个侧面也反映出学校管理理念之差异；担任班干部的学生大多是非寄宿、非农业户口，且多为独生子女。在城乡二元结构中，非农户口少，这背后可能体现的还是非农户口的社会经济地位优势。班干部独生子女比例高，可能跟资源稀释理论有关[④]。上述结果告诉我们，匹配前的处理组和控制组在个体特征、家庭特征、

① 为行文简洁，未报告平衡性检验表。

② 柯政，李昶洁．班干部身份对学习机会获得的影响——基于 4026 位初中生的倾向值匹配法研究 [J]. 教育研究，2020，41（5）：112-125.

③ 王占军，田志敏．高中课堂教学资源配置的实证分析——以石家庄某中学为例 [J]. 当代教育科学，2007（2）：46-48.

④ 郑磊，侯玉娜，刘叶．家庭规模与儿童教育发展的关系研究 [J]. 教育研究，2014，35（4）：59-69.

学校特征上确实存在明显的差异。

从匹配后的结果来看，除学段以外，其余所有变量匹配后标准化偏差的绝对值均小于5%，且所有协变量的偏误在数据平衡后均实现了不同幅度的削减。其中，成绩水平变量的偏误实现了最大幅度的削减，降幅达到了99.9%，而偏误削减幅度最小的变量为学段，削减幅度为28.1%。从均值 t 检验结果来看，除学段以外，其余处理组和控制组的变量在匹配前 t 值显著，在匹配后 t 值不显著，因而无法拒绝处理组与控制组在个体特征的分布上不存在显著差异的原假设，也就是说通过数据匹配消除了不同班干部身份情况的学生在个体特征、家庭特征及学校特征等方面的诸多差异。

（2）平均处理效应估计

在协变量平衡性检验的基础上，我们利用 k 最近邻匹配、k 近邻匹配、卡尺匹配、马氏匹配以及核匹配估计班干部身份对学生提问机会获得的影响。其中，k 最近邻匹配采用“一对一”匹配；k 近邻匹配采用“一对四”匹配；卡尺匹配的半径为0.01，也就是选择了在“不太远”的半径范围内进行配对识别。

根据表5-6给出的估计结果可知，担任班干部的处理组在以上五种匹配策略下的提问机会获得，均高于未担任班干部的控制组。从平均处理效应的参数估计值来看，匹配前学生提问机会获得的ATT值为0.472，利用 k 最近邻匹配方法后的ATT值为0.080，利用 k 近邻匹配方法后的ATT值为0.072，利用卡尺匹配方法后的ATT值为0.071，利用马氏匹配方法后的ATT值为0.077，利用核匹配方法后的ATT值为0.075。将不同配对策略下的平均处理效应进行整理，我们发现，在对样本选择性偏差进行控制后，班干部身份对学生提问机会获得的净效应分别为8.0%、7.2%、7.1%、7.7%、7.5%，估计结果基本一致，通过倾向得分匹配得到的结果具有稳健性，相对于未担任班干部的学生而言，担任班干部对学生提问机会获得的促进效应落入了［7.1%，8.0%］的取值区间内。

表5-6　班干部身份影响学生提问机会获得的平均处理效应估计

匹配情况	提问机会				
	处理组	控制组	ATT值	标准误	t 值
匹配前	3.930	3.459	0.472^{***}	0.025	18.75
匹配后					
k 最近邻匹配	3.930	3.850	0.080^{***}	0.038	2.13
k 近邻匹配	3.930	3.858	0.072^{***}	0.031	2.29
卡尺匹配	3.929	3.858	0.071^{***}	0.031	2.28
马氏匹配	3.930	3.853	0.077^{***}	0.022	3.47
核匹配	3.930	3.855	0.075^{***}	0.029	2.62

（三）小结与讨论

本部分利用Ordered Probit回归及倾向得分匹配的研究方法对班干部身份与学生提问机会获得之间的关系进行分析，得到以下几点研究发现。

第一，基准回归结果表明，班干部身份对学生提问机会获得有积极影响。第二，异质性分析结果表明，班干部身份对学生提问机会获得的影响在不同性别、户口、学段方面存在差异。相比于男生、农村户口、小学和初中学生，班干部身份对女生、城市户口、高中学生提问机会获得的积极影响更为明显。第三，倾向得分匹配结果表明，担任班干部的处理组与未担任班干部的控制组之间，在个体特征、家庭特征及学校特征上存在着较大差异。处理组的成绩水平、外向性、学习动机、家庭社会经济地位、父母教育期望、学校质量等特征变量均高于控制组，且多为独生子女、城市户口、非寄宿学生，这进一步印证了前文的研究结论。第四，在控制了学生个体特征、家庭特征及学校特征等条件后发现，班干部得到了更多的提问机会至少一部分原因来自班干部身份本身，即这两者之间存在一定的因果关系。班干部身份这个因素可以独立地增加学生的提问机会获得。且在进行偏差调整以及 k 近邻匹配、卡尺匹配、马氏匹配和核匹配后，上述结论依然成立。

国外研究大多将学习机会视为学生在课堂学习中获得的各种学习资源与条件[①]，强调教育过程中的机会公平。而学习机会能够真实地反映教育过程的本质[②]。以上结果表明，现有的班干部制度成为优势学生群体获得更大教育优势的杠杆，加剧了教育过程中的机会不公平。一方面，在现有的教育制度下，成绩好、家庭背景条件好以及女生、独生子女、城市学生、非寄宿学生等在学校教育过程中拥有获得更好教育机会的优势。另一方面，优势学生恰好又可以有更多机会成为班干部。这意味着优势学生群体不仅能凭借其良好的学业成就和家庭条件直接获得学习机会，还能通过班干部身份这一中介进一步获得更多的机会。班干部制度成为他们扩展自身教育优势的手段，进而加剧了教育过程中的不公平现象。

面对上述情况，我们或许可以从以下两方面做一些探索。一方面，从班干部身份来看，既然班干部身份可以使得学生在教育过程中获得更多的机会，那么可尝试将担任班干部的机会分配给那些更加需要学习机会的学生，比如成绩稍差的学生、农村学生等，以此提升教师对这部分学生的关注。另一方面，从提问机会获得来看，学生能否获得提问机会主要取决于教师，若想实现教育过程中的公平，教师必须树立公平的理念，对所有的学生分情况合理实现平等对待、差异对待和补偿性对待。

二、教师关注的影响

上文实证研究发现，不同学生的提问机会获得存在较大差异，班干部等优秀学生群体更有机会获得教师关注，这种微观课堂教学层面的不公平现象可能会对学生发展带来影响。为此，本书将进一步探讨教师关注对学生教育期望的影响及作用机制。

（一）变量与模型选择

1. 变量界定

（1）被解释变量：学生教育期望。通过学生问卷中“你希望自己读到哪个阶段”这一问题来测量。

① 王婷 . 学习机会国际测评的回顾与启示 [J]. 外国教育研究，2017，44（11）：43-54.

② 辛涛，等 . 从教育机会到学习机会：教育公平的微观视域 [J]. 清华大学教育研究，2018，39（2）：18-24.

（2）解释变量：本部分的核心自变量为教师关注，以教师提问频次来进行衡量。

（3）中介变量：本部分的中介变量为认知能力和“进入上进圈子”。其中，前者是将语文、数学、英语成绩加总后求均分。后者是以学生身边的学习成绩优良、学习努力刻苦、想上大学的同伴数来衡量该生所在圈子，将优秀同伴数占总体比例大于30%定义为“进入上进圈子”。

（4）控制变量：本部分控制了学生层面、家庭层面的特征变量。第一，学生特征包括性别、学习成绩、同伴关系、担任班干部、非认知能力、健康状况、户口、年级。第二，在家庭特征方面包括亲子关系、家庭社会经济地位、父母教育期望、家长参与四个变量。

2. 模型选择

（1）OLS回归模型

为了分析教师关注对学生教育期望的影响，本部分参考教育生产函数构建如下基于最小二乘法估计的基准回归方程：

$$Y_{jst} = \beta_0 + \beta_1 \text{Praise} + \sum_{i=2}^{n} \beta_i X_{st} + \Phi_s + \varepsilon_{st} \tag{5-3}$$

式中，下标 s、t 分别表示第 s 所学校的第 t 名学生，X_{st} 表示个体、家庭等控制变量，Φ_s 表示学校固定效应，用以控制学校规模、学校质量、地理位置等学校因素所产生的影响，ε 为误差项。

（2）倾向匹配得分方法

尽管前文中加入了学生、家庭等控制变量来解决模型中可能存在的内生性问题，但仍然可能存在样本选择偏误问题。这是因为教师关注将样本分为两类不同的学生群体，高教师关注组和低教师关注组；而高教师关注组学生的教育期望更高的原因可能是其拥有更高的学习成绩，或者选择更加自信。对于此问题，本部分使用基于研究设计的倾向得分匹配法进行处理，实际处理中，使用PSM方法估计教师关注与教育期望影响的分析过程可以分为以下三个步骤：第一，给定特征变量 X 和是否经常受到教师关注变量Concern，利用Probit模型计算出倾向值，进行倾向性得分匹配，并将其作为受到关注的条件概率；第二，根据倾向匹配得分进行倾向性平衡检验；第三，估计出受到关注的平均处理效应，具体的表达式如下：

$$\begin{aligned} \text{ATT} &= E(\ln Edu_{1i} - \ln Edu_{0i} \mid \text{Concern}_i = 1) \\ &= E\{E[\ln Edu_{1i} \mid \text{Concern}_i = 1, P(X_i)] - E[\ln Edu_{0i} \mid \text{Concern}_i = 0, P(X_i)] \mid \text{Concern}_i = 1\} \end{aligned} \tag{5-4}$$

（3）中介效应分析

为分析教师关注影响学生教育期望的作用机制，本部分运用偏差校正的百分位Bootstrap法进行中介效应检验。该方法相对于传统的逐步回归方法，其统计功效更大[①]，而且Bootstrap方法是从样本中重复抽样，且不像Sobel检验法要求检验统计量服从正态分布[②]。基于此，本部分利用Stata软件对“认知能力”和“学生圈子”在教师关注和教育期望之间的中介效应进行分析，抽样次数设置为5000次，置信区间设定为95%。

---

① 方杰，张敏强．中介效应的点估计和区间估计：乘积分布法、非参数Bootstrap和MCMC法[J].心理学报，2012，44（10）：1408-1420.

② 温忠麟，叶宝娟．中介效应分析：方法和模型发展[J].心理科学进展，2014，22（5）：731-745.

（二）实证结果

1. 描述性分析

图 5-2 是关于不同教师关注的学生教育期望的箱线图。箱形的上沿和下沿分别是该组样本的上四分位数和下四分位数，箱形中间的黑线表示其样本的中位数。如图 5-2 所示，不同教师关注的学生教育期望存在差异，即高教师关注组学生的教育期望中位数、上四分位数和下四分位数均高于低教师关注组。因此，教师关注与学生教育期望之间可能存在正相关关系。

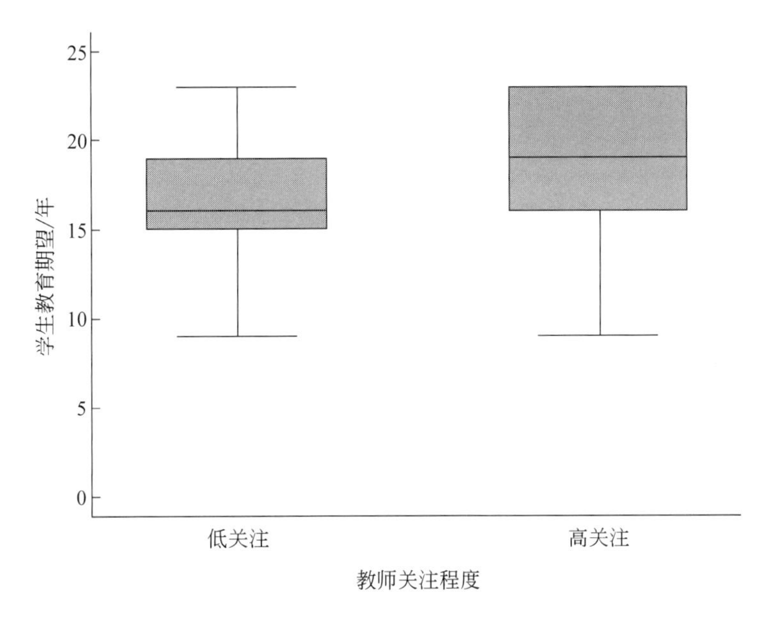

图 5-2　不同教师关注的学生教育期望的箱线图

同时，我们对不同家庭社会经济地位学生的教师关注和教育期望进行描述性分析。如图 5-3 所示，高家庭社会经济地位学生获得的教师关注与教育期望均高于低家庭社会经济地位学生。具体而言，56.82% 的高家庭社会经济地位学生和 49.41% 的低家庭社会经济地位学生可以获得高教师关注，前者的平均教育期望为 18.45 年，而后者的平均教育期望为 16.95 年。由此，我们可以发现在教师关注与学生教育期望获得中存在一定的微观教育不公平现象。

2. 回归结果

（1）基准 OLS 回归

表 5-7 报告了基准模型的估计结果。其中，模型 1 仅包括学生是否经常受到教师关注；模型 2 控制了学生特征；模型 3 是在模型 2 的基础上加入了家庭层面的变量。本部分主要关注的是教师关注对学生教育期望的影响。在不考虑学生、家庭特征的情况下，模型 1 的结果显示，高教师关注组学生的教育期望显著高于低教师关注组，即教师关注对学生教育期望存在显著的积极影响。模型 2 和模型 3 表明，在以此控制了学生和家庭层面的因素后，虽然教师关注的系数有所下降，但是仍然显著为正，这说明结果具有一定稳健性。

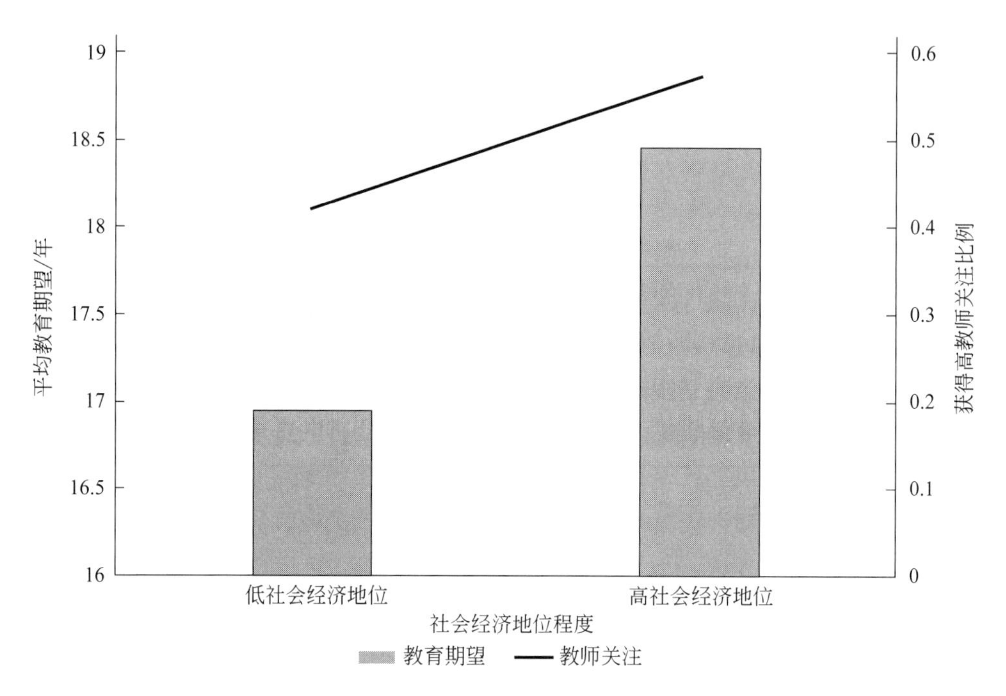

图 5-3　不同家庭社会经济地位学生的教师关注与教育期望分布图

从表 5-7 中还可以观察到其他变量对学生教育期望的影响。模型 3 的结果显示，在学生特征变量中，认知能力、非认知能力、担任班干部变量的系数显著为正，这说明同等情况下，学习成绩越高、非认知能力越高、具有班干部经历的学生教育期望越高。在家长特征变量中，亲子关系、家庭社会经济地位、父母教育期望对学生教育期望影响的系数显著为正，这说明亲子关系、家庭社会经济地位、父母教育期望均会显著正向影响学生教育期望。

表 5-7　基准 OLS 回归结果

变　量	模型 1	模型 2	模型 3
高教师关注	1.435***	0.326***	0.272***
	(0.0899)	(0.0814)	(0.0792)
女生		0.0564	0.144*
		(0.0878)	(0.0816)
认知能力		0.0569***	0.0454***
		(0.00392)	(0.00338)
非认知能力		1.143***	0.982***
		(0.131)	(0.128)
同伴关系		−0.0288	−0.0439
		(0.0535)	(0.0529)
担任班干部		1.143***	0.982***
		(0.131)	(0.128)
健康状况		0.109*	0.0734
		(0.0605)	(0.0622)

续表

变　量	模型 1	模型 2	模型 3
非农户口		0.0419	−0.0649
		(0.0750)	(0.0836)
年级（参照组：小学）			
初中		−1.731	−1.689
		(1.527)	(1.408)
高中		−1.290	−1.030
		(0.902)	(0.753)
亲子关系			0.126**
			(0.0533)
家庭社会经济地位			0.00883***
			(0.00307)
父母教育期望			0.242***
			(0.0205)
父母参与			0.116
			(0.0760)
学校固定效应	√	√	√
常数项	18.61***	9.695***	5.802***
	(0.0494)	(0.591)	(0.631)

（2）异质性分析

基于上述描述性分析结果，我们发现不同家庭社会经济地位学生的教师关注和教育期望存在差异。接下来，我们根据社会经济地位得分中位数将样本分为“低家庭社会经济地位”和“高家庭社会经济地位”两组，分析在不同家庭社会经济地位学生群体中教师关注对其教育期望影响的差异。如表 5-8 所示，根据模型 4 和模型 5 的分析结果，教师关注变量对两组学生教育期望影响系数均为正，即高教师关注对不同社会经济地位学生教育期望均存在积极影响。此外，通过比较发现教师关注对高社会经济地位学生教育期望的影响更大。具体而言，受高教师关注的影响，低社会经济地位学生可以提升 0.219 个标准差的教育期望，而高社会经济地位学生可以提升 0.346 个标准差的教育期望。因此，教师关注可以提升不同社会经济地位学生的教育期望，特别是高家庭社会经济地位学生的教育期望。

表 5-8　异质性分析结果

变　量	模型 4 低家庭社会经济地位	模型 5 高家庭社会经济地位
高教师关注	0.219*	0.346***
	(0.113)	(0.107)
学生特征	√	√
家庭特征	√	√
学校固定效应	√	√

续表

变　量	模型 4 低家庭社会经济地位	模型 5 高家庭社会经济地位
常数项	5.233***	6.078***
	(0.846)	(0.873)

（3）作用机制分析

① 成绩增值效应。一个学生对自己未来学历水平的预期，往往是对自身能力的长期评估，受到现有成绩的影响。通常而言，教师关注可以激发学生的学习自信，对学生成绩提升存在积极效应。但是成绩越高的学生越容易受到教师关注，因此学习成绩与教师表扬之间可能存在双向因果关系。由于本部分调查了高一学生现有认知能力，且让他们回忆了中考成绩。基于此，我们在控制住中考成绩的基础上，研究高中阶段教师关注对学生教育期望的影响，检验教师关注是否通过提升学习成绩机制影响学生教育期望。这在一定程度上控制了“成绩好的学生更容易得到老师的表扬，成绩差的学生更容易受到老师的批评”的反向因果问题。

表 5-9 呈现了认知能力的机制分析。模型 6 是在控制了中考成绩基础上分析教师关注对学生教育期望的影响，结果显示高教师关注与教育期望存在显著正相关，与前文研究结果一致。模型 7 是在模型 6 基础上加入了当前认知能力，结果显示当前成绩进入模型后，高教师关注对学生教育期望的效应值由 0.436 下降到 0.386，但仍为显著正向影响。这说明现有成绩会影响教师关注对学生教育期望的影响，并可能存在“高教师关注—成绩提升—教育期望提升”路径。

表 5-9　成绩增值效应检验

变　量	模型 6 学生教育期望	模型 7 学生教育期望
高教师关注	0.436***	0.386***
	(0.093)	(0.093)
当前认知能力		0.017***
		(0.006)
中考成绩	0.006***	0.005***
	(0.001)	(0.002)
学生特征	√	√
家庭特征	√	√
学校固定效应	√	√
常数项	5.809***	4.990***
	(0.937)	(0.929)

进一步地利用 Stata 软件，采用偏差校正的百分位 Bootstrap 方法对学生成绩的中介效应进行估计，在分析过程中对中考成绩和学生、家庭等层面的其他变量进行控制。如表 5-10 所示，通过偏差校正法和百分位数法得到 95% 置信区间分别为［0.043，0.168］和［0.042，0.167］，均不包含 0，表明“教师关注→当前认知能力→学生教育期望”的中介效应显著。检验结果表明，教师关注对学生教育期望的直接效应值为 0.327，学生认知能力的中介效应值为 0.105，占比 24.31%（0.105/0.432）。

表 5-10 成绩的 Bootstrap 中介作用检验

路径	效应值	标准误	偏差校正法			百分位数法		
			下限	上限	p	下限	上限	p
中介效应	0.105	0.032	0.042	0.167	<0.001	0.043	0.168	<0.001
直接效应	0.327	0.145	0.072	0.622	<0.001	0.069	0.618	<0.001

② 信号传递效应。同伴圈子往往被看作微观系统中同伴互动子系统的组成部分[①]。许多研究发现，学生教育期望的获得往往受到同伴圈子的影响，例如有学者指出同伴的教育期望在互动过程中会因受到彼此的影响而变得越来越像[②]，而在上进圈子中学生教育期望表现为较高水平。教师关注作为一种稀缺资源，可能是同伴圈子选择成员的重要信号，高教师关注可以推动普通学生向上进圈子流动，进而提升教育期望。我们以学生身边的学习成绩优良、学习努力刻苦、想上大学的同伴数来衡量该生所在圈子，将优秀同伴数占总体比例大于 30% 定义为“进入上进圈子”。

表 5-11 呈现了教师关注的信号传递效应分析结果。模型 8 是控制了学生、家庭特征的基准模型分析结果，模型 9 是在模型 8 基础上加入“进入上进圈子”变量，结果显示“进入上进圈子”变量进入模型后，高教师关注对学生教育期望的效应值由 0.272 下降到 0.243，说明教师关注对学生教育期望的影响会受到“进入上进圈子”的影响，可能存在“高教师关注—进入上进圈子—教育期望提升”路径。

表 5-11 信号传递效应检验

变　量	模型 8 学生教育期望	模型 9 学生教育期望
高教师关注	0.272^{***}	0.243^{***}
	(0.079)	(0.080)
进入上进圈子		0.474^{***}
		(0.080)
学生特征	√	√
家庭特征	√	√
学校固定效应	√	√
常数项	5.802^{***}	6.222^{***}
	(0.631)	(0.632)

进一步采用偏差校正的百分位 Bootstrap 方法对“进入上进圈子”的中介效应进行估计，在分析过程中对学生、家庭等层面的其他变量进行控制。如表 5-12 所示，通过偏差校正法和百分位数法得到的 95% 置信区间均为［0.020，0.054］，不包含 0，表明“教师关注→进入上进圈子→学生教育期望”的中介效应显著。检验结果表明，教师关注对学生“进入上进圈子”的直接效应值为 0.035，学生认知能力的中介效应值为 0.237，占比 12.87%（0.035/0.272）。

① 周钰，等. 初中生同伴圈子的发展及其对合作倾向、预期和行为的影响 [J]. 心理发展与教育，2020，36（5）：555-562.

② Shin H, Ryan A M. Friendship networks and achievement goals: An examination of selection and influence processes and variations by gender[J]. Journal of Youth and Adolescence, 2014, 43: 1453-1464.

表 5-12 “进入上进圈子”的 Bootstrap 中介作用检验

路径	效应值	标准误	偏差校正法			百分位数法		
			下限	上限	p	下限	上限	p
中介效应	0.035	0.008	0.020	0.054	<0.001	0.020	0.054	<0.001
直接效应	0.237	0.089	0.071	0.408	<0.001	0.063	0.404	<0.001

（4）稳健性检验

为了控制模型估计存在的样本自选择偏差问题，本部分使用倾向匹配得分法重新估计教师关注与学生教育期望之间的关系。

如表 5-13 所示，尽管匹配前“高教师关注”和“低教师关注”的两个样本组在一系列特征变量上差异显著，但匹配后，偏误有较大比例的下降，最高的达到了 99.9%，大部分特征变量的偏误比例都下降至 6%以下；倾向得分匹配法大大降低了“高教师关注”和“低教师关注”两个样本组之间的差异。同时，t 检验统计值表明，除父母教育期望等个别变量外，匹配后，两样本组差异的 t 检验统计值的绝对值都明显变小，两组之间的差异在统计上并不显著。如表 5-13 所示的结果表明，使用倾向得分匹配法匹配后的样本能够通过平衡性检验，即在两个样本组之间进行匹配所使用的解释变量不存在系统的差异或差异很小，基本可以达到类似于随机试验的效用，可以消除或大大削弱自选择性所导致的估计偏误。

表 5-13 平衡性检验

变　量	匹配类型	处理组	控制组	偏误比例	偏误降低比例	两组差异 t 统计值
认知能力	匹配前	79.221	63.221	72		0.64^{*}
	匹配后	78.642	79.846	−5.4	92.5	0.97
非认知能力	匹配前	4.123	3.377	137.7		0.96
	匹配后	4.102	4.100	0.4	99.7	1.01
健康状况	匹配前	4.517	3.954	64.8		0.59^{*}
	匹配后	4.503	4.504	−0.1	99.9	1.06
亲子关系	匹配前	4.622	4.085	69.1		0.52^{*}
	匹配后	4.610	4.599	1.4	97.9	1
家庭社会经济地位	匹配前	49.811	45.655	31.7		1.10^{*}
	匹配后	49.658	48.881	5.9	81.3	0.97
父母教育期望	匹配前	18.648	17.381	39.8		1.04
	匹配后	18.633	18.662	−0.9	97.7	0.94^{*}
父母参与	匹配前	2.455	1.962	81.1		0.97
	匹配后	2.439	2.435	0.6	99.2	1.06

接下来，本部分分别采取最近邻匹配（caliper=0.01，k=3）、半径匹配（caliper=0.01）、核匹配三种匹配方法进行后续分析。结果如表 5-14 所示，在控制学生个体特征、家庭特征之后，三种匹配方法的估计结果在符号、大小、显著性水平上非常相近。整体而言，高教师关注组学生的平均教育期望水平显著高于低教师关注组学生。总体而言，这三种不同的匹配方法并没有使匹配的结果形成太大的差异。因此，倾向性得分匹配法在修正了选择性偏差问题后，仍能得到教师关注对学生教育期望有显著正向影响的研究结论。

表 5-14　PSM 分析结果

变　量	模型 10 最近邻匹配	模型 11 半径匹配	模型 12 核匹配
高教师关注	0.298**	0.351***	0.329***
	(0.121)	(0.102)	(0.0982)
学生特征	√	√	√
家庭特征	√	√	√
学校固定效应	√	√	√
常数项	3.807**	3.900**	3.948***
	(1.821)	(1.680)	(1.530)

（三）小结与讨论

本部分基于调查数据探析了教师关注对学生教育期望的影响及作用机制。研究结果不仅有助于理解教师关注如何影响学生教育期望和该影响的作用过程，而且有助于读者关注到教师关注所带来的微观不公平现象。本部分的研究结论如下。

第一，教师关注能够显著提升学生的教育期望。教师关注向学生传达了“你能被教师看得见”的信息，本质上是教师期望传递的过程。作为“重要他人的激励”，教师关注行为中存在罗森塔尔效应，即他人的期待会对个体产生一种“期待效应”。当教师的关注行为被学生知觉和解释时，学生会改变他们的自我期望而转向教师期望的方向。已有相关研究同样印证了这一结论[①]，表明教师关注是提升学生教育期望的有效手段。

第二，教师关注通过成绩增值效应提升学生教育期望。以往研究注意到了教师关注对学生教育期望的影响，但通常将其视为直接路径，本部分进一步证实了认知能力在其中的中介效应。从“教师关注—成绩提升”路径来看，一方面，高教师关注意味着教师对学生投入更多工作精力和时间[②]，为其提供更多的学习机会，将直接影响学生学习成绩；另一方面，被教师关注的学生往往希望通过努力学习对教师的肯定予以回应，因此愿意在学习上投入更多的时间，进而影响学生成绩。从“成绩提升—学生教育期望”路径来看，已有研究重点关注了教育期望对学习成绩的影响，而相对忽视了两者相互影响的关系。高教育期望的学生具备较强的学习动机，其主体能动性较高，有利于提升自身的认知能力；同时，学生的高认知能力能够带来较强的自信心和较高的自我效能感，有利于强化高教育期望。

第三，教师关注通过信号传递效应提升学生教育期望。班级中的学生往往会组成非正式的同伴圈子，而同一圈子内学生在学业水平、攻击行为、亲社会行为等方面均存在相似性[③]。已有研究重点关注了同伴圈子对学生发展的影响，并提出“近朱者赤，近墨者黑”的

① 丁蕙，屠国元．教师期望对学生自我概念形成的实证研究[J]. 湖南师范大学教育科学学报，2014，13（5）：80-84.

② Kolo A G，et al. Influence of psychosocial factors on student’s academic performance in one of Nigerian colleges of education[J]. Malaysian Journal of Social Sciences and Humanities, 2017, 2(1): 1-10.

③ 张云运，等．学生学业和行为特征如何影响教师支持？来自个体和圈子层面的证据[J]. 心理发展与教育，2020，36（3）：318-328.

研究结论[①]，然而对于同伴圈子的自我选择与形成过程缺乏关注。本部分认为，教师关注是同伴圈子选择成员的一种依据。教师关注是指教师将自己的“有限注意力”分配给部分学生的过程，其释放出来的“特殊对待”信号被认为是“具有发展潜力”的标识，这不仅会强化优秀学生的地位，而且会给予普通学生进入上进圈子的“通行证”。因此，高教师关注的学生更容易被上进圈子注意并吸纳入伙，而在上进圈子内，高教育期望往往是其基本的内在化规范，这就使得学生的教育期望逐渐向上进圈子靠拢。

第四，教师关注对不同家庭社会经济地位学生的分配与对学生教育期望的效用均存在差异。教师关注是教师教育期望传递的方式，由于期望不同必然带来微观教育不公平现象。研究发现，教师在课堂教学中更加关注高家庭社会经济地位学生，且这些学生在教师关注中也获益更大。那么，为什么教师更加倾向于关注高家庭社会经济地位学生？可能的原因是，教师需肩负日常繁重的教学任务以及评价机制对分数要求的双重压力，他们不仅要保持教学进度，而且要照顾到班级成绩较差学生的知识习得程度，以提高班级平均分，这种不同社会经济地位上的差异关注可能并非教师的主观意愿，而是被动地因体制对分数的要求转换成的对教师工作认可度要求的产物。这种无形的压力潜在地影响教师日常教学行为的选择，包括对学生课堂行为的关注。受父母参与及学生个人素质等方面影响，高家庭社会经济地位学生成绩提升的概率相对于低家庭社会经济地位学生更高，因此教师往往对他们寄予更多期望。那又为什么教师关注对高家庭社会经济地位学生的效用更大？可能的解释是，一方面，高家庭社会经济地位学生更容易感知到教师的期望和要求，会做出敏感而积极快速的反馈，从而促使自身教育期望提高。另一方面，当教师关注所传达出来的期待被家长感知后，高社会经济地位家长更容易通过家校合作的途径与教师达成共识，合力助推学生发展。

第二节　学生评价中的过程公平

一、教师表扬的获得

在学校教育教学活动中，教师作为学生成长的“重要他人”和家校沟通的“主导者”，其对于学生的评价对教育公平具有重要影响。基于此，本节参照已有研究[②]，将教师表扬作为测量学生评价的主要变量，探究教师课堂评价行为特征及影响因素。家庭背景对子女教育获得的作用机制一直以来都是教育社会学研究的核心议题。自20世纪60年代以来，沿着科尔曼的研究路径，学界确立了家庭微观视角的解释逻辑来揭开教育获得的“黑箱”，研究表明家庭资本存在显著的代际传递，可以通过经济、社会、文化资本等机制解释子女的教育获得。但由于上述解释过于强调家庭背景的“微观再生产过程”，在一定程度上忽视了对教育系统本身机制的讨论，对家庭和学校的交互作用的关注也存在不足，受到了部

---

① 张蓉，高跃光．为何近朱者赤近墨者黑——学习同伴对个体学习成绩的影响机制研究[J]．教育学报，2022，18（5）：141-155.

② 高爽，张向葵．表扬对儿童内在动机影响的元分析[J]．心理科学进展，2016，24（9）：1358-1367.

分研究的质疑，进而转向学校微观层面考察教育不平等的生产机制。从现实角度来看，教育系统的微观运作机制仍然对优势阶层家庭更为有利，弱势阶层家庭子女教育不仅需要摆脱家庭资源等限制因素，还要面对教育系统内部结构和制度的约束。鉴于此，本部分以教师表扬这一积极性的教师课堂评价方式为切入点，重点关注的实证问题是：教师课堂评价行为是否受到学生家庭社会经济背景、认知能力等因素的影响？如果教师课堂教学存在差别的评价行为，将会如何影响微观教育过程公平？

（一）变量与模型选择

1. 变量界定

（1）被解释变量：教师表扬。根据问卷中学生对“老师经常表扬我”说法的同意程度来测量这一问题。

（2）解释变量：家庭社会经济背景和认知能力。家庭社会经济背景测量参照研究设计的变量说明部分。学生成绩根据问卷中“你认为你的成绩在班里处于什么水平？”来测量。

（3）控制变量：为确保研究的科学性和完整性，本部分还对人口统计学变量和家庭特征变量及学校特征变量进行了控制。学生个体特征变量包括性别、学段、班干部、性格（外向性）、独生子女、户口、座位安排、寄宿。家庭特征变量包括父母教育期望、家长主动沟通。学校特征变量包括教师期望。

2. 模型选择

（1）模型设定

为了考察教师表扬的影响因素，本部分建立了如下计量模型：

$$\text{Praise}_i = \alpha + \beta_1 \text{ses}_i + \beta_2 \cdot \text{Grade}_i + \gamma \cdot X_i + \mu_i \tag{5-5}$$

式中，下标 i 表示学生个体，Praise_i 是第 i 个学生的受教师表扬情况，ses_i 代表学生家庭社会经济地位。Grade_i 表示第 i 个学生成绩。β_1 的参数估计值表示学生家庭背景对教师表扬的影响效应，β_2 的参数估计值表示学生成绩对教师表扬的影响效应，X_i 为影响教师表扬的其他控制变量，μ_i 为方程的随机误差项。

（2）技术处理：倾向得分匹配

在讨论学生成绩对教师表扬的影响时，会由于样本选择性偏差而导致内生性问题，即学生成绩和教师表扬可能同时受性别、学段、学生成绩、性格、独生子女、户口、座位安排、寄宿以及家庭和学校的一系列因素的影响，常用的添加控制变量等方法难以有效解决此问题。为尽可能控制由于样本选择偏差带来的偏误，本部分在技术处理上采用倾向得分匹配（PSM）模型估计学生成绩对教师表扬影响的净效应。

在倾向得分匹配中，可观测的协变量 X 理论上应满足两个条件：第一，影响学生成绩决策并且影响教师表扬；第二，不会受到学生成绩的反向干预。学生成绩干预教师表扬的倾向得分匹配模型设定如下：

$$\text{ATT} = E\left\{E\left[\text{Grade}_{1i} \middle| D_i = 1,\ P(X)\right] - E\left[\text{Grade}_{0i} \middle| D_i = 0,\ P(X)\right]\right\} \tag{5-6}$$

该模型将样本分为处理组和控制组，处理组即成绩较好的学生，用 Grade_{1i} 表示，控制组即成绩较差的学生，用 Grade_{0i} 表示。D_i 为二元哑变量，当取值为 1 时表示个体在处理组，当取值为 0 时表示个体在控制组。$P(X)$ 为控制相应协变量后学生成绩较好的概率值。

（二）实证结果

1. 基准回归

表 5-15 报告了教师表扬影响因素的估计结果，第（1）列至第（4）列逐步加入了性别、学段、学段、班干部、外向性、独生子女、农业户口、座位安排、寄宿等学生个体特征变量以及家庭社会经济地位、父母教育期望、父母主动沟通等反映家庭环境的变量和学校质量等反映学校特征的变量，逐步考察各变量对教师表扬的影响。

表 5-15　学生教师表扬的影响因素

变　量	（1）	（2）	（3）	（4）
学生成绩	0.675***	0.311***	0.293***	0.146***
	(0.027)	(0.030)	(0.030)	(0.032)
性别		−0.132***	−0.135***	−0.130***
		(0.027)	(0.027)	(0.027)
学段		−0.132***	−0.129***	−0.063**
		(0.021)	(0.021)	(0.023)
班干部		0.241***	0.224***	0.168***
		(0.029)	(0.029)	(0.029)
外向性		0.975***	0.965***	0.864***
		(0.021)	(0.021)	(0.022)
独生子女		−0.047	−0.058*	−0.056*
		(0.028)	(0.028)	(0.028)
农业户口		−0.016	0.027	0.037
		(0.033)	(0.035)	(0.036)
座位安排		−0.005	−0.005	0.003
		(0.005)	(0.005)	(0.005)
寄宿		0.092**	0.108**	0.100**
		(0.033)	(0.034)	(0.034)
家庭社会经济地位			0.003*	0.003*
			(0.001)	(0.001)
父母教育期望			0.019**	0.007
			(0.007)	(0.007)
父母主动沟通			0.086**	0.061
			(0.032)	(0.032)
教师期望				0.304***
				(0.018)
学校质量				
R^2	0.032	0.189	0.190	0.205

第（1）列显示，在不加入其他控制变量时，学生成绩每增加 1 个单位，其受到的教师表扬将提高 0.675 个单位（$p<0.001$），说明学生成绩较好有利于其得到更多的教师表扬。当第（2）列控制了性别、学段、学段、班干部、外向性、独生子女、农业户口、座位安排、寄宿等学生个体特征变量之后，学生成绩仍对教师表扬有明显的积极影响（$p<0.001$）。具体来看，学生成绩每增加 1 个单位，教师表扬将提高 0.311 个单位（$p<0.001$）。从控制变量的估计结果来看，独生子女、农业户口、座位安排等均对教师表扬有负向影响，但均不显著；性别与教师表扬之间有显著的相关关系，男生和女生相比，其获得的教师表扬更少；从学段来看，学段越高，获得的教师表扬越少，具体来看，学段每提升 1 个单位，教师表扬将下降 0.132 个单位（$p<0.001$）；班干部显著正向预测教师表扬，班干部每提升 1 个单位，教师表扬将增加 0.241 个单位（$p<0.001$）；性格的外向性对教师表扬也具有显著正向影响，学生的外向性每提升 1 个单位，教师表扬将提升 0.975 个单位（$p<0.001$），这表明学生在课堂上的外向表现一定程度上会提升其获得教师表扬的可能性；从寄宿来看，寄宿显著正向影响教师表扬，即寄宿的学生能获得更多教师表扬，具体来看，寄宿每提升 1 个单位，教师表扬将上升 0.092 个单位（$p<0.01$）。

第（3）列加入了家庭社会经济地位、父母教育期望、父母主动沟通等家庭特征变量后发现，学生家庭社会经济地位每提高 1 个单位，教师表扬会提高 0.003 个单位（$p<0.05$），学生成绩对教师表扬影响的显著性及符号未发生明显变化，学生成绩每上升 1 个单位，教师表扬将提高 0.293 个单位（$p<0.001$）。从控制变量的估计结果来看，农业户口、座位安排等变量对教师表扬的影响仍不显著；班干部、外向性、寄宿、家庭社会经济地位、父母教育期望、父母主动沟通均能显著正向影响教师表扬。具体来看，班干部每提升 1 个单位，教师表扬将提升 0.224 个单位（$p<0.001$）；性格的外向性每提升 1 个单位，教师表扬将增加 0.965 个单位（$p<0.001$）；寄宿每提升 1 个单位，教师表扬将提高 0.108 个单位（$p<0.01$）；父母教育期望每上升 1 个单位，教师表扬将上升 0.019 个单位（$p<0.01$）；父母主动沟通每提升 1 个单位，教师表扬会上升 0.086 个单位（$p<0.01$）。此外，从性别来看，女生仍然拥有比男生更多受到教师表扬的可能性；学段显著负向预测教师表扬。

第（4）列加入了对教师期望、学校质量等学校特征变量的控制，除了父母教育期望和父母主动沟通对教师表扬的正向影响不显著以外，其他各变量的显著性及符号均未发生明显变化。新加入的教师期望与教师表扬有正向关系，教师期望每上升 1 个单位，教师表扬将提高 0.304 个单位，即教师对学生的期望越高，学生便会获得越多的教师表扬。

2. 异质性检验

不同性别、不同户口、不同学段的学生样本在个人特质和学习方式等方面存在一定差距，因而学生成绩、家庭社会经济地位对教师表扬的影响也会存在异质性。考虑到不同学生样本之间的差异性，本部分将从不同性别、不同户口、不同学段三个方面对学生成绩、家庭社会经济地位与教师表扬之间的关系进行分析。

（1）性别差异

从表 5-16 第（1）列和第（3）列我们可以看到：在不加入控制变量时，学生成绩对男生和女生获得教师表扬均有显著的正向影响，具体来看，学生成绩每提升 1 个单位，男生获得教师表扬将上升 0.589 个单位（$p<0.001$），女生获得教师表扬将提升 0.771 个单位（$p<0.001$）。第（2）列和第（4）列显示，在加入个体特征、家庭特征及学校特征等控制变量之后，学生成绩对教师表扬呈现出差异性。学生成绩对男生获得教师表扬的影响不显著，但在女生样本中，学生成绩每增加 1 个单位，女生获得教师表扬将上升 0.223 个单位（$p<0.001$）。这说明学生成绩对女生获得教师表扬的积极影响要强于男生。因此，受到性别、行为习惯及性格特质等方面的影响，学生成绩对教师表扬的正向作用在女生样本中更为明显。在家庭背景方面，结果显示，家庭社会经济地位越高，越有利于男生获得教师表扬，家庭社会经济地位每提升 1 个单位，男生获得教师表扬将上升 0.004 个单位（$p<0.05$）。

表 5-16　性别的异质性分析

变　量	男　生		女　生	
	（1）	（2）	（3）	（4）
学生成绩	0.589***	0.077	0.771***	0.223***
	(0.038)	(0.044)	(0.038)	(0.045)
家庭社会经济地位		0.004*		0.002
		(0.002)		(0.002)
学段		−0.086**		−0.040
		(0.032)		(0.034)
班干部		0.159***		0.171***
		(0.042)		(0.041)
外向性		0.905***		0.828***
		(0.031)		(0.032)
父母主动沟通		0.096*		0.025
		(0.046)		(0.045)
教师期望		0.276***		0.343***
		(0.024)		(0.027)
R^2	0.024	0.203	0.041	0.211

注：为行文简洁，表中只报告了结果显著的变量。

从控制变量的估计结果来看，学段对男生获得教师表扬有显著负向影响（$p<0.01$），而对女生获得教师表扬的影响不显著；班干部对男生和女生获得教师表扬均有显著正向影响（$p<0.001$）；性格的外向性每提高 1 个单位，男生获得教师表扬将提高 0.905 个单位（$p<0.001$），女生获得教师表扬将提高 0.828 个单位（$p<0.001$）；寄宿对男生获得教师表扬有显著正向影响，但并不能显著正向影响女生获得教师表扬；父母主动沟通能显著正向影响男生获得教师表扬，但对女生获得教师表扬的正向影响不显著；教师期望均能显著正向影响男生和女生获得教师表扬（$p<0.001$）；独生子女、农业户口、座位安排、父母教育期等对男生和女生获得教师表扬影响均不显著。

（2）城乡差异

表 5-17 第（1）列和第（3）列显示，在不加入控制变量时，学生成绩对农村学生和城市学生获得教师表扬均有显著的正向影响，具体来看，学生成绩每提升 1 个单位，农村学生获得教师表扬将上升 0.678 个单位（$p<0.001$），城市学生获得教师表扬将提升 0.646 个单位（$p<0.001$）。第（2）列和第（4）列显示，在加入个体特征、家庭特征及学校特征等控制变量之后，学生成绩对学生获得教师表扬呈现出差异性。在农村样本中，学生成绩的参数估计值为 0.158（$p<0.001$），说明学生成绩每增加 1 个单位，农村学生获得教师表扬会提高 0.158 个单位。然而，在城市样本中，学生成绩的参数估计值为 0.107（$p<0.05$），说明学生成绩对城市学生获得教师表扬的正向影响并不显著。这一估计结果揭示了农村和城市学生成绩与获得教师表扬具有正相关性，但这种关系只在农村样本中显著，即农村学生成绩越好，将有利于其获得更多的教师表扬。在家庭背景方面，结果显示，家庭社会经济地位显著正向影响农村学生获得教师表扬，家庭社会经济地位每提升 1 个单位，农村学生获得教师表扬将上升 0.004 个单位（$p<0.01$）。

表 5-17　户口异质性分析

变　量	农　村		城　市	
	（1）	（2）	（3）	（4）
学生成绩	0.678***	0.158***	0.646***	0.107
	(0.031)	(0.036)	(0.055)	(0.064)
家庭社会经济地位		0.004**		−0.001
		(0.001)		(0.002)
性别		−0.147***		−0.067
		(0.031)		(0.057)
学段		−0.047		−0.109*
		(0.027)		(0.047)
班干部		0.124***		0.318***
		(0.033)		(0.060)
外向性		0.859***		0.883***
		(0.025)		(0.048)
寄宿		0.104**		0.047
		(0.038)		(0.080)
教师期望		0.297***		0.330***
		(0.020)		(0.038)
R^2	0.031	0.196	0.031	0.236

注：为行文简洁，表中只报告了结果显著的变量。

从控制变量的估计结果来看，性别对学生获得教师表扬的影响在农村样本中显著，但在城市样本中不显著；学段显著负向影响城市学生获得教师表扬，而对农村学生获得教师表扬的负向影响不显著；班干部对农村和城市学生获得教师表扬均有显著正向影响，具体来看，班干部每提升 1 个单位，农村学生获得教师表扬将上升 0.124 个单位（$p<0.001$），城市学生获得教师表扬将上升 0.318 个单位（$p<0.001$）；外向性对农村学生和城市学生获得教师表扬均有显著的正向影响；寄宿显著正向影响农村学生获得教师表扬，寄宿每提升 1 个单位，农村学生获得教师表扬将上升 0.104 个单位（$p<0.01$），即对农村学生来说，寄宿的学生与不寄宿的学生相比能获得更多的教师表扬，但这种正向影响在城市学生中并不显著；教师期望均能显著正向预测农村学生和城市学生获得教师表扬，即教师期望越高，农村学生和城市学生获得教师表扬越多，具体来说，教师期望每提升 1 个单位，农村学生获得教师表扬将上升 0.297 个单位（$p<0.001$），城市学生获得教师表扬将上升 0.330 个单位（$p<0.001$）。此外，独生子女、座位安排、父母教育期望、父母主动沟通对农村学生和城市学生获得教师表扬的影响均不显著。

（3）学段差异

表 5-18 第（1）列、第（3）列和第（5）列显示，在不加入控制变量时，学生成绩对小学、初中、高中学段的学生获得教师表扬均有显著的正向影响，具体来看，学生成绩每提升 1 个单位，小学学生获得教师表扬将上升 0.637 个单位（$p<0.001$），初中学生获得教师表扬将提升 0.520 个单位（$p<0.001$），高中学生获得教师表扬将提升 0.549 个单位（$p<0.001$）。第（2）列、第（4）列和第（6）列显示，在加入个体特征、家庭特征及学校特征等控制变量之后，学生成绩对学生获得教师表扬呈现出差异性。在家庭背景方面，结果显示，家庭社会经济地位对学生获得教师表扬的影响也体现出学段差异，家庭社会经济地位对初中生获得教师表扬有显著正向影响，即家庭社会经济地位每提升 1 个单位，初中学生获得教师表扬将上升 0.006 个单位（$p<0.01$），但家庭社会经济地位对小学和高中学生的获得教师表扬影响均不显著。

表 5-18　学段异质性分析

变　量	小　学		初　中		高　中	
	（1）	（2）	（3）	（4）	（5）	（6）
学生成绩	0.637***	0.209***	0.520***	0.088	0.549***	0.137*
	(0.041)	(0.048)	(0.046)	(0.056)	(0.062)	(0.069)
家庭社会经济地位		0.002		0.006**		0.000
		(0.002)		(0.002)		(0.003)
性别		−0.052		−0.146**		−0.150**
		(0.042)		(0.046)		(0.056)
班干部		0.130**		0.152**		0.209***
		(0.048)		(0.050)		(0.057)
外向性		1.014***		0.852***		0.683***
		(0.039)		(0.035)		(0.046)

续表

变　量	小　学		初　中		高　中	
	（1）	（2）	（3）	（4）	（5）	（6）
农业户口		−0.058		0.160*		0.035
		(0.057)		(0.063)		(0.070)
寄宿		0.155*		0.080		−0.011
		(0.071)		(0.052)		(0.067)
教师期望		0.324***		0.262***		0.348***
		(0.028)		(0.030)		(0.038)
R^2	0.032	0.195	0.019	0.168	0.018	0.130

注：为行文简洁，表中只报告了结果显著的变量。

在初中样本中，学生成绩对学生获得教师表扬的影响不显著；在小学样本中，学生成绩的参数估计值为 0.209（$p<0.001$），说明学生成绩每增加 1 个单位，小学学生获得教师表扬会提高 0.209 个单位。在高中样本中，学生成绩的参数估计值为 0.137（$p<0.05$），说明学生成绩每增加 1 个单位，高中学生获得教师表扬会提高 0.137 个单位。这一估计结果揭示了小学学生和高中学生成绩与获得教师表扬具有正相关性，即小学学生和高中学生如果成绩较好，将有利于其获得更多的教师表扬。

从控制变量的估计结果来看，独生子女、座位安排、父母教育期望及父母主动沟通对各学段学生获得教师表扬的影响均不显著；从性别方面来看，性别对初中和高中学生获得教师表扬有显著影响，女生相对于男生来说，能获得更多的教师表扬，但这种关系在小学样本中不显著；班干部显著正向影响各学段学生获得教师表扬，具体来看，班干部每提高 1 个单位，小学学生获得教师表扬将上升 0.130 个单位（$p<0.01$），初中学生获得教师表扬将上升 0.152 个单位（$p<0.01$），高中学生获得教师表扬将上升 0.209 个单位（$p<0.01$）；外向性对各学段学生的获得教师表扬均有显著正向影响，具体来看，外向性每提高 1 个单位，小学学生获得教师表扬将上升 1.014 个单位（$p<0.001$），初中学生获得教师表扬将上升 0.852 个单位（$p<0.001$），高中学生获得教师表扬将上升 0.683 个单位（$p<0.001$）；农业户口对初中学生获得教师表扬有显著正向影响，但对小学学生和高中学生获得教师表扬的影响不显著；寄宿对小学学生获得教师表扬有显著正向影响，但对初中学生和高中学生获得教师表扬的影响均不显著。教师期望对各学段学生的获得教师表扬均有显著正向影响，具体来看，教师期望每提高 1 个单位，小学学生获得教师表扬将上升 0.324 个单位（$p<0.001$），初中学生获得教师表扬将上升 0.262 个单位（$p<0.001$），高中学生获得教师表扬将上升 0.348 个单位（$p<0.001$）。

3. 稳健性检验

为了检验模型估计结果的稳健性，替换使用有序 Logit 模型对回归进行重新估计，结果如表 5-19 所示。

表 5-19　稳健性检验

变　量	全样本	男生	女生	农村	城市	小学	初中	高中
	(1)	(2)	(3)	(4)	(5)	(6)	(7)	(8)
学生成绩	0.233***	0.117	0.354***	0.250***	0.173	0.320***	0.159	0.223
	(0.054)	(0.077)	(0.078)	(0.062)	(0.112)	(0.082)	(0.097)	(0.120)
家庭社会经济地位	0.005*	0.006*	0.003	0.008**	−0.002	0.005	0.009*	−0.001
	(0.002)	(0.003)	(0.003)	(0.002)	(0.004)	(0.003)	(0.003)	(0.005)
控制变量	√	√	√	√	√	√	√	√
R^2	0.209	0.207	0.213	0.200	0.243	0.197	0.172	0.133

从表 5-19 中可以看出，学生成绩对学生获得教师表扬具有显著的正向作用，这与基准回归结果保持一致。从性别来看，学生成绩对男生和女生获得教师表扬均有积极影响，但在男生样本中不显著，而在女生样本中显著；从户口来看，学生成绩对农村学生获得教师表扬有显著的正向影响；从学段来看，学生成绩对小学、初中、高中学生获得教师表扬均有正向影响，但在初中样本和高中样本中不显著，而在小学样本中显著。从上述结果可以看出，本部分的研究结果具有良好的稳健性。

同时，家庭社会经济地位对学生获得教师表扬具有显著的正向作用，这与基准回归结果保持一致，进一步表明本部分的研究结果具有良好的稳健性。从性别来看，家庭社会经济地位对男生和女生获得教师表扬均有积极影响，但在女生样本中不显著，而在男生样本中显著；从户口来看，家庭社会经济地位对农村学生获得教师表扬有显著的正向影响；从学段来看，家庭社会经济地位对小学学生、初中学生获得教师表扬有正向影响，对高中学生获得教师表扬有负向影响，但在小学样本和高中样本中不显著，而在初中样本中显著。

4. 影响的净效应

（1）协变量的平衡性检验

本部分进一步采用 PSM 模型估计学生成绩对学生获得教师表扬的“净影响”，但在利用不同匹配策略前，需要对处理组和控制组中协变量的平衡性进行检验，即成绩较好和成绩较差的学生个体应该具备相同的个体特征。如图 5-4 所示，匹配后的处理组和控制组曲

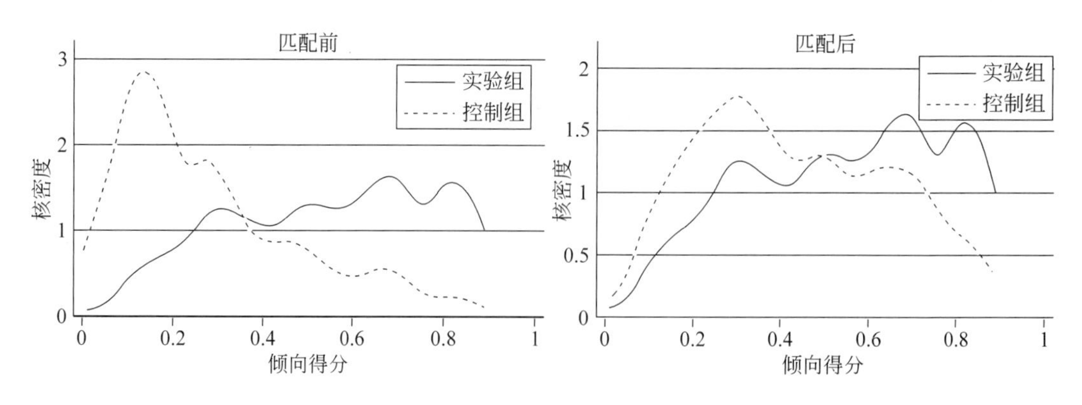

图 5-4　样本核密度函数图

线重合程度更高，走势更趋于一致，相对于数据匹配前更为拟合、聚拢，并且有着更为宽泛的重叠区间，这表明数据匹配能够消除处理组和控制组的个体特征差异，从而为平均处理效应的估计提供便利条件。

表 5-20 报告了各变量的平衡性检验结果。其中，第 3、4 列分别为处理组（Treated）和控制组（Control）在不同匹配状态下的样本均值，第 5、6 列分别为用百分比表示的偏差率和偏差降低率，第 7、8 列为平衡性检验的 t 值和 P 值。

表 5-20　样本匹配质量平衡性检验

变　量	匹配情况	均　值		偏差率	偏差降低率	双 t 分布检验	
		处理组	控制组	（%）	（%）	t 值	$P>\|t\|$
性别	匹配前	0.501	0.497	0.8	−775.6	0.32	0.749
	匹配后	0.501	0.535	−6.8		−2.52	0.012
学段	匹配前	1.597	1.903	−40.0	93.9	−16.39	0.000
	匹配后	1.597	1.578	2.4		0.94	0.347
班干部	匹配前	0.616	0.296	67.7	93.1	28.29	0.000
	匹配后	0.616	0.594	4.6		1.67	0.094
外向性	匹配前	4.059	3.602	59.5	99.5	24.59	0.000
	匹配后	4.059	4.061	−0.3		-0.12	0.902
独生子女	匹配前	0.401	0.374	5.5	−34.2	2.28	0.022
	匹配后	0.401	0.365	7.4		2.76	0.006
农村户口	匹配前	0.725	0.797	−16.9	84.4	−7.08	0.000
	匹配后	0.726	0.714	2.6		0.93	0.355
座位安排	匹配前	3.681	4.222	−19.1	92.8	−7.77	0.000
	匹配后	3.682	3.643	1.4		0.58	0.559
寄宿	匹配前	0.259	0.389	−28.1	92.5	−11.49	0.000
	匹配后	0.259	0.250	2.1		0.83	0.406
家庭社会经济地位	匹配前	49.79	45.195	35.2	82.6	14.72	0.000
	匹配后	49.772	48.972	6.1		2.25	0.025
父母期望	匹配前	17.584	16.553	55.9	98.9	22.67	0.000
	匹配后	17.584	17.572	0.6		0.25	0.805
父母主动沟通	匹配前	0.805	0.762	10.5	86.7	4.33	0.000
	匹配后	0.805	0.799	1.4		0.54	0.590
教师期望	匹配前	4.100	3.229	101.0	97.0	41.07	0.000
	匹配后	4.100	4.126	−3.0		−1.17	0.241
学校质量	匹配前	3.995	4.013	−2.7	−102.4	−1.14	0.256
	匹配后	3.995	4.032	−5.6		−2.15	0.032

表 5-20 提供的平衡性检验结果显示，直观来看，成绩较好和成绩较差的学生在学段、班干部、外向性、独生子女、农村户口、座位安排、寄宿、家庭社会经济地位、父母期望、父母主动沟通及教师期望方面在匹配前均存在较为明显的差异。除了性别和学校质量以外，学段、班干部、外向性、独生子女、农村户口、座位安排、寄宿、家庭社会经济地位、父母期望、父母主动沟通及教师期望变量均在 95% 的水平下显著，表明匹配前处理组和控制组在上述协变量上存在显著性差异（$p<0.05$）。具体来看，与女生相比，男生成绩较好的比例较高；从学段来看，低学段学生成绩较好的比例更高；班干部方面，担任班干部的学生成绩水平要显著高于未担任班干部的学生；性格方面，成绩较好的学生更加外向一些，班级人际关系明显更好；家庭社会经济地位方面，学生家庭社会经济地位越好，学业成绩越好，这跟很多人的印象也相符合；父母教育期望方面，父母教育期望高的学生成绩也较好；从父母主动沟通来看，父母主动沟通较多的学生成绩较好；担任班干部的学生大多是非寄宿、非农户口。在城乡二元结构中，非农户口少，这背后可能体现的还是非农户口的社会经济地位优势。成绩较好的学生中独生子女比例高，可能跟资源稀释理论有关。[①] 上述结果告诉我们，匹配前的处理组和控制组在个体特征、家庭特征、学校特征上确实存在明显的差异。

从匹配后的结果来看，除性别、独生子女、家庭社会经济地位及学校质量以外，其余所有变量匹配后标准化偏差的绝对值均小于 5%，且除了性别、独生子女及学校质量外，其余所有协变量的偏误在数据平衡后均实现了不同幅度的削减。其中，外向性的偏误实现了最大幅度的削减，降幅达到了 99.5%，而偏误削减幅度最小的变量为家庭社会经济地位，削减幅度为 82.6%。从均值 t 检验结果来看，除性别、独生子女、学校质量外，其余处理组和控制组的变量在匹配前 t 值显著，在匹配后 t 值不显著，也就是说通过数据匹配消除了不同成绩情况的学生在个体特征、家庭特征及学校特征等方面的诸多差异。

（2）平均处理效应估计

在协变量平衡性检验的基础上，我们利用 k 最近邻匹配、k 近邻匹配、卡尺匹配、马氏匹配以及核匹配估计学生成绩对学生获得教师表扬的影响。其中，k 最近邻匹配采用“一对一”匹配；k 近邻匹配采用“一对四”匹配；卡尺匹配的半径为 0.01，也就是选择了在“不太远”的半径范围内进行配对识别。

根据表 5-21 给出的估计结果可知，成绩较好的处理组在以上五种匹配策略下的获得教师表扬，均高于成绩较差的控制组。从平均处理效应的参数估计值来看，匹配前学生获得教师表扬的 ATT 值为 0.670，利用 k 最近邻匹配方法后的 ATT 值为 0.117，利用 k 近邻匹配方法后的 ATT 值为 0.104，利用卡尺匹配方法后的 ATT 值为 0.104，利用马氏匹配方法后的 ATT 值为 0.207，利用核匹配方法后的 ATT 值为 0.112。将不同配对策略下的平均处理效应进行整理，我们发现，在对样本选择性偏差进行控制后，学生成绩对学生获得教师表扬的净效应分别为 11.7%、10.4%、10.4%、20.7%、11.2%，估计结果基本一致，通过倾向得分匹配得到的结果具有稳健性，相对于成绩较差的学生而言，成绩较好对学生获得教师表扬的促进效应落入了［10.4%，20.7%］的取值区间内。此外，将平均处理效应的取

① 郑磊，等. 家庭规模与儿童教育发展的关系研究 [J]. 教育研究，2014，35（4）：59-69.

值区间与基准回归的估计结果进行对比后不难发现，忽视个体特征等可观测变量将会引致选择性偏差，同时也说明如果没有对样本选择性偏差进行消除，则会高估学生成绩对学生获得教师表扬的积极影响。

表 5-21　学生成绩影响学生获得教师表扬的平均处理效应估计

匹配情况	教师表扬				
	处理组	控制组	ATT 值	标准误	t 值
匹配前	4.090	3.420	0.670***	0.026	25.86
匹配后					
k 最近邻匹配	4.090	3.973	0.117***	0.046	2.55
k 近邻匹配	4.090	3.986	0.104***	0.037	2.78
卡尺匹配	4.090	3.986	0.104***	0.037	2.77
马氏匹配	4.090	3.883	0.207***	0.028	7.49
核匹配	4.090	3.978	0.112***	0.034	3.25

（三）小结与讨论

本部分利用 Ordered Probit 回归及倾向得分匹配研究方法对课堂教师评价行为，即学生获得教师表扬的机会进行分析，得到以下几点研究发现。

第一，基准回归结果表明，教师表扬行为受学生认知能力、家庭社会经济地位等因素的影响，教师对认知能力不佳和弱势阶层家庭学生存在“差别化”评价倾向。第二，异质性分析结果表明，家庭社会经济地位、学生成绩对学生获得教师表扬的影响在不同性别、户口、学段方面存在差异。在家庭社会经济地位方面，相比于女生、城市户口、小学学生和高中学生，家庭社会经济地位高对男生、农村户口、初中学生获得教师表扬的积极影响更为明显。在学生成绩方面，相比于男生、农村户口、初中学生，成绩较好对女生、城市户口、小学学生和高中学生获得教师表扬的积极影响更为明显。第三，倾向得分匹配结果发现，成绩较好的处理组与成绩较差的控制组之间，在个体特征、家庭特征及学校特征上存在着较大差异。处理组的外向性、家庭社会经济地位、父母教育期望、父母主动沟通、教师期望等特征变量均高于控制组，且多为男生、班干部、独生子女、城市户口、非寄宿学生。第四，运用 1 : 1 不重复降序最近邻匹配法，在控制了学生个体特征、家庭特征及学校特征等条件后发现，成绩较好的学生得到了更多的表扬至少一部分是因为成绩本身造成的，即这两者之间存在一定的因果关系。且在进行偏差调整以及 k 近邻匹配、卡尺匹配、马氏匹配和核匹配后，上述结论依然成立。

教师平等地对待学生是千百年来我国教育者的理想之一，它不仅体现了人们对教育公平的美好追求，还是社会对教师的“角色期待”。教师表扬作为一种给予学生愉快刺激的“正强化”，是教育过程中教师对学生的一种积极关注。在教学实践中，由于教师工作精力和时间的有限性，不是所有的学生都会获得同等的教师关注。以上结果表明，家庭背景条件好、学习成绩较优以及担任班干部等学生在学校教育过程中往往拥有优势，从而能够收获更多的教师表扬。有研究进一步表明，受到教师表扬的学生会提高对教师的好感度[①]，愿意在学习上投入更多的时间，进而在成绩和表现等方面得到明显提升[②]。这样就导致教师评价行为成为优势学生群体扩展自身优势的机制，而家庭背景较差、成绩较差等学生越发处于发展劣势，进而加剧微观教育过程中的不公平。

但我们也应该看到，教师在课堂教学中的评价行为倾向不能简单地归咎于教师职业道德，应从制度激励层面予以反思。教师的这种行为取向更多的是制度环境的产物，是现行评价制度下的激励强化所导致的结果。作为“理性人”的教师，可能会为得到体制的认可迎合体制的需要，在知识生产领域如果没有相应的监督和保障机制，对过程的忽视会导致教师面向不同阶层群体的差异化取向问题[③]。

二、教师表扬的影响

上文分析表明，不同类型学生获得教师表扬的机会存在差异，这种课堂教学中教师评价行为的隐性不公可能会进一步带来学生发展上的差异。有研究表明，教师表扬不仅可以促进学生认知能力的提升，还可以降低学生在校的抑郁情绪，提升学生在校幸福感[④]。教师表扬作为学校中的重要教育资源，若因学生背景的不同对其进行差异性分配，势必会带来教育资源分配不平等，使部分未享有这一教育“软”资源的学生幸福感下降，进而影响其健康发展。现有文献虽然较多探讨教师表扬的重要性及其对学生的影响，但主要侧重讨论其对个体认知能力的影响，较少有研究关注学生心理，尤其是教师表扬对青少年幸福感的影响及其作用路径。基于此，本部分试图在前人研究的基础上，进一步讨论基础教育阶段教师表扬对青少年主观幸福感的影响，并深入考察其作用机制，剖析教师表扬“如何发挥作用”。本部分关注的实证问题是：教师表扬对青少年主观幸福感有何影响？教师表扬通过何种路径影响青少年的主观幸福感？教师表扬行为在学生群体中是否存在“差别化态度”现象？

（一）变量与模型选择

1. 变量选择

（1）被解释变量：学生主观幸福感。

（2）解释变量：教师表扬。

（3）中介变量：教师关注、学生自律努力程度以及学生同伴关系。其中，教师关注的

---

① Skipper Y, Douglas K. The influence of teacher feedback on children’s perceptions of student-teacher relationships[J]. British Journal of Educational Psychology, 2015, 85(3): 276-288.

② Butler R. Task-involving and ego-involving properties of evaluation: Effects of different feedback conditions on motivational perceptions, interest, and performance[J]. Journal of Educational Psychology, 1987, 79(4): 474-482.

③ 蒋友梅 . 中国大学教师行为功利取向的发生机制——组织制度的视角 [J]. 中国高教研究，2015，261（5）: 80-84，90.

④ Da Nielsen A G, Wold B. School-Related social support and students’ perceived life satisfaction[J]. Journal of Educational Research, 2009, 102(4): 303-320.

界定参照第三章变量描述部分。学生自律努力程度由三道相关的题目测量,针对以下情况:“就算身体有点不舒服，或者有其他理由可以留在家里，我仍然会尽量去上学”；“就算是我不喜欢的功课，我也会尽全力去做”；“就算功课需要花好长时间才能做完，我仍然会不断地尽力去做”让学生进行自评（1= 完全不同意，4= 完全同意），本文采用因子分析提取主成分，以特征值大于 1 的原则提取一个因子代表学生的自律努力程度，因子数值越大表示学生越自律努力，本研究中该量表的克伦巴赫 α 系数为 0.65。学生同伴关系参考李卉等人的做法[①]，通过询问调查对象对“班里大多数同学对我很友好”“我认为自己很容易与人相处”“我经常参加学校或班级组织的活动”“我对这个学校的人感到亲近”的看法让学生进行自评（1= 完全不同意，4= 完全同意），总分数值越高表示同伴关系越好，本研究中该量表的克伦巴赫 α 系数为 0.73。

（4）控制变量：在参考已有文献的基础上，本部分从学生个体特征、学生家庭背景以及家校沟通三个方面对其他可能会影响学生主观幸福感的因素进行控制。学生个体特征变量包括：性别、年级、流动状况、户籍、自评健康状况以及学生平均成绩。家庭特征变量包括父母学历、父母职业、家庭经济状况和亲子关系。家校沟通变量包括教师主动与家长沟通频率以及家长主动与教师沟通频率。

2. 模型选择

本部分参考梁海祥对相关问题的处理方法，建立模型分析教师表扬与学生主观幸福感的相关关系[②]，具体的实证模型设定如下：

$$\text{Happiness}_i = \alpha + \beta \text{Praise}_i + \mu X_i + \varepsilon_i \tag{5-7}$$

式中，Happiness_i 是学生主观幸福感，为沮丧、抑郁、不快乐、生活没有意思以及悲伤程度 5 项短期情绪的公因子，Praise_i 为被调查者是否受到班主任教师表扬，X_i 为个人层面、家庭层面、学校层面的控制变量，α 为固定截距且所有学校层面未观察到的异质性包含在其中，β 与 μ 为解释变量和控制变量的待估系数，ε 是随机误差项。

为分析教师关注、学生自律努力程度以及学生同伴关系对学生主观幸福感的影响机制，本部分参考温忠麟的中介效应分析基本思路[③]，采用逐步法运用中介效应模型实证分析教师关注、学生自律努力程度以及学生同伴关系在教师表扬与学生主观幸福感之间的作用机理。具体模型设定及步骤如下。

第一步：检验教师表扬对学生主观幸福感的影响。

$$\text{Happiness}_i = \alpha + \beta \text{Praise}_i + \mu X_i + \varepsilon_i \tag{5-8}$$

第二步：检验教师表扬对教师关注、学生自律努力程度和学生同伴关系的影响。

$$M_i = \alpha + \beta \text{ Praise}_i + \mu X_i + \varepsilon_i \tag{5-9}$$

第三步：将教师表扬、教师关注、学习自律努力程度和学生同伴关系同时纳入模型。

---

① 李卉，王思源，喻昊雪．教师支持对农村留守初中生心理健康的影响——一个有调节的中介模型 [J]. 教育学术月刊，2022（7）：84-89.

② 梁海祥．居住方式对青少年健康的影响——基于中国教育追踪调查数据的实证研究 [J]. 华中科技大学学报（社会科学版），2017，31（6）：98-107.

③ 温忠麟，叶宝娟．中介效应分析：方法和模型发展 [J]. 心理科学进展，2014，22（5）：731-745.

$$\text{Happiness}_i = \alpha + \beta\,\text{Praise}_i + \theta M_i \mu X_i + \varepsilon_i \quad (5\text{-}10)$$

式中，X_i 为控制变量，M_i 表示中介变量，如果在第一步估计结果中，式（5-8）的系数显著，表明教师表扬对学生的主观幸福感具有显著的影响，再进行下一步的检验；如果在第二步估计结果中，式（5-9）的系数显著，表明教师表扬对中介变量教师关注、学生自律努力程度和学生同伴关系影响显著，则可以进行第三步检验；在最后一步检验中，如果式（5-10）中的中介变量系数显著，意味着中介效应存在，如果式（5-10）中的中介变量系数和教师表扬变量均显著，则表明中介变量在教师表扬与学生幸福感之间存在部分中介效应，如果中介变量系数显著，而教师表扬变量不显著则为完全中介效应。

（二）实证结果

1. 基准回归结果

根据表 5-22 结果可以看出，在控制了个体特征、家庭层面和学校层面的变量后，无论是班主任教师的表扬还是数学、语文、英语等科任教师的表扬，均对学生的主观幸福感具有显著的正向影响，且通过了 0.1% 的显著性水平检验。这表明教师作为青少年成长中的重要他人，来自教师的表扬有助于提升学生的积极情绪，即教师以鼓励、表扬为特征给予学生的评价反馈，对于提升儿童的幸福感具有重要作用。

表 5-22　基本估计结果

变　量	模型（1）	模型（2）	模型（3）	模型（4）
班主任表扬	0.182***			
	(0.014)			
数学老师表扬		0.147***		
		(0.014)		
语文老师表扬			0.165***	
			(0.014)	
英语老师表扬				0.157***
				(0.014)
其他控制变量	√	√	√	√
R^2	0.067	0.065	0.063	0.064

2. 中介效应检验

基准回归结果表明，教师的表扬能够有效提升学生的主观幸福感。那么，教师的表扬是通过何种机制影响学生的主观幸福感呢？表 5-23 第一步和第二步结果显示，班主任表扬可以显著增强学生幸福感、语数外任课教师对学生的关注、学生同伴关系质量和学生自律努力程度。在第三步中，将核心解释变量与中介变量纳入模型中，结果发现这一结论依旧成立。以上结果表明，教师关注、学生自律努力程度和学生同伴关系在教师表扬对学生的主观幸福感影响之间中介效应显著且存在部分中介效应。具体而言，班主任教师的表扬对学生主观幸福感的直接效应为 0.273（$p<0.001$），在加入任课教师关注、学生自律努力程度和学生同伴关系三个中介变量后，班主任教师表扬对学生主观幸福感的总效应分别为 0.218（$p<0.001$）、0.244（$p<0.001$）、0.139（$p<0.001$），效应值下降。中介效应检验分析结果表明教师支持与学校适应之间的作用机制如下。

第一，班主任教师的表扬既直接影响学生主观幸福感，又通过语数外任课教师关注间接影响学生主观幸福感，任课教师关注在班主任教师表扬和学生主观幸福感之间起部分中介作用，中介效应占总效应的 20% 左右。第二，班主任教师的表扬还可以通过影响学生同伴关系间接影响其主观幸福感，学生同伴关系在教师表扬和学生主观幸福感之间起部分中介作用，中介效应占总效应的 52.04%。第三，班主任教师的表扬也可以通过学生自律努力程度间接影响学生主观幸福感，学生自律努力程度在教师表扬和学生主观幸福感之间起部分中介作用，中介效应占总效应的 12.09%。

综上所述，中介效应检验的结果支持了前文提出的“教师关注、学生同伴关系和学生自律努力程度是教师表扬对学生主观幸福感影响的重要中介变量”这一假设，具体影响路径如图 5-5 所示。

表 5-23　教师表扬对学生幸福感影响的中介效应检验

逐步检测	科任教师关注			学生自律努力程度	学生的集体融入度
	数学	语文	英语		
第一步					
教师表扬	0.273^{***}				
	（0.182）				
第二步					
中介变量	科任教师关注			个体自律努力程度	同伴关系
	数学	语文	英语		
	0.642^{***}	0.713^{***}	0.594^{***}	0.338^{***}	0.662^{***}
	（0.020）	（0.020）	（0.020）	（0.019）	（0.019）
第三步					
班主任表扬	0.218^{***}	0.222^{***}	0.229^{***}	0.244^{***}	0.139^{***}
	（0.019）	（0.019）	（0.019）	（0.018）	（0.019）
教师关注	0.111^{***}	0.096^{***}	0.097^{***}	—	—
	（0.011）	（0.011）	（0.010）		
个体自律努力程度	—	—	—	0.058^{***}	—
				（0.047）	
同伴关系	—	—	—	—	0.090^{***}
					（0.00）
控制变量	√	√	√	√	√
中介效应 (%)	20.62	19.35	17.07	12.09	52.04
结论	部分中介	部分中介	部分中介	部分中介	部分中介

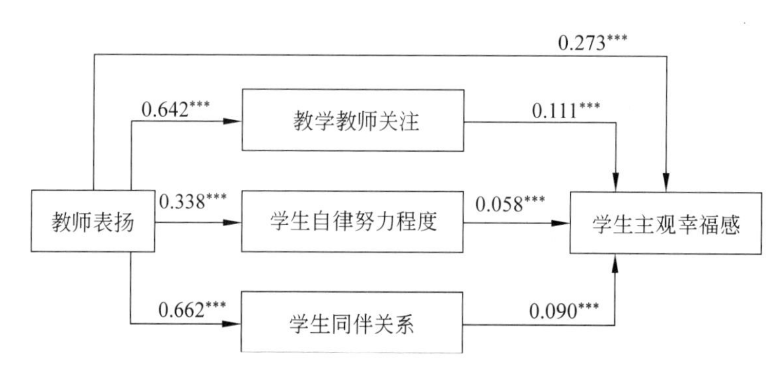

图 5-5 教师表扬对学生主观幸福感影响的关系机制

3. 稳健性检验

为验证上述固定效应模型结果的稳健性，本部分通过变换模型估计方法，运用最小二乘估计（OLS），建立多元线性回归模型对二者结果进行比较。结果如表 5-24 所示，模型（5）、模型（6）、模型（7）和模型（8）为替换计量方法后的估计结果，可以看出班主任老师、数学老师、语文老师和英语老师的表扬，对学生的主观幸福感均在 0.1% 的水平上起积极作用，即无论是班主任教师的表扬还是数学、语文、英语等科任教师的表扬，均有助于学生主观幸福感的提升，这与基准回归结果也保持一致。由上述结果可以看出，本部分的主要结果及相关结论具有较好的稳健性。

表 5-24 不同科任教师的表扬对学生幸福感的影响

变　量	学生主观幸福感			
	模型（5）	模型（6）	模型（7）	模型（8）
班主任表扬	0.201***			
	(0.014)			
数学老师表扬		0.166***		
		(0.014)		
语文老师表扬			0.186***	
			(0.014)	
英语老师表扬				0.177***
				(0.014)
控制变量	√	√	√	√

（三）小结与讨论

本部分深入考察了教师表扬对学生主观幸福感的影响及其作用机制。首先，研究阐明了教师表扬会促进学生积极情绪提升、获得更高幸福感。其次，研究剖析了教师表扬如何发挥作用，既直接影响学生主观幸福感，也通过教师关注、学生同伴关系和学生自律努力程度的中介作用影响学生幸福感。本部分的实证结果对于人们思考如何通过微观教育过程公平提升青少年幸福感，促进学生健康发展有重要的启示。

从学校角度来看，中学生正处在自我同一性发展的关键期，学校也应认识到学生主观幸福感的重要性，将心理健康教育作为学校所有学生的必修课，完善学校对学生心理及情绪状态的检测与帮扶方案，定期对学生心理健康状态进行动态监测，减少或避免可能影响学生心理健康的风险因素。

从教师角度来看，中介分析发现，教师关注、学生自律努力、学生同伴关系在教师表扬与学生主观幸福感之间起中介作用，即教师对学生的肯定态度可以提升任课教师对学生的关注、促进学生更加自律努力和改善学生同伴关系，从而提高其主观幸福感。教师应做到既注重学生情绪及心理状况，给予学生更多学业和情绪支持，促进学生更加积极主动地求学，也帮助学生形成高质量的同伴关系，让学生在追求自我价值和积极友爱的同伴关系以及和谐融洽的师生氛围过程中获得更高的幸福感。

在影响学生幸福感的诸因素中，既包括宏观经济、政治条件和教育政策等间接影响因素，也有学校环境、同学、教师和家庭、社区等邻近直接影响因素[①]，家庭中父母陪伴与支持也是影响学生积极情感产生和情绪调节的重要因素。

第三节　家校合作中的过程公平

一、家长参与的分化

家校合作沟通了学生在家和在校的两个生活场域，既是教育在时空上的拓展与衔接，也是家庭内外教育资源的互补。通过家校合作加强家长参与子女教育、形成家校合力、优化家庭和学校教育过程，是近年来我国基础教育领域的重要改革举措。良好的家校合作对推进教育公平具有重要意义，本部分关注的实证问题是：家校合作中的家长参与受到哪些因素的影响？不同背景的家长是否能平等地参与到家校合作中？

（一）变量与模型选择

1. 变量界定

（1）被解释变量：家校合作中的家长参与。参照爱普斯坦的分析框架，将家长对子女教育活动的参与归为当好家长、相互交流、志愿服务、在家学习、参与决策和社区合作六类[②]。其中，直接与家校合作相关的有相互交流、志愿服务以及参与决策三个维度。本部分对这三个维度进行了测量。从描述性统计结果来看，家校合作中的家长参与均值仅为1.559，处于较低水平。

（2）解释变量：包括学生个体、家庭和学校三个部分。学生个体特征包括性别、年级

① 何善亮．我们的学生在学校过得还好吗？——基于PISA2015调查数据的分析与思考[J]．教育科学研究，2019（9）：36-43.

② 乔伊丝·L.爱普斯坦．学校、家庭和社区合作伙伴：行动手册[M].吴重涵，薛惠娟，译．南昌：江西教育出版社，2013.

不良同伴交往、班干部身份。学生家庭特征包括同胞数量、亲子关系、父母周工作时长、家庭社会经济地位、家长教育期望、家长感知的学业水平、社会网络、择校。学校特征方面，本部分主要对学校基本信息、学校制度以及教师行为进行测量。

2. 模型选择

研究首先用多元线性回归分析学生个体、家庭和学校各因素对家长参与的影响。由于所涉及的变量有学校和家庭两个层次，且两个层次的嵌套关系比较明显，为探究家庭和学校两个层面的差异，本部分进一步使用了多层线性模型（Hierarchical Linear Model，HLM）进行估计，其表达式如下：

水平 1 模型：

$$Y_{ij} = \beta_{0j} + \beta_{1j} X_{ij} + \gamma_{ij} \tag{5-11}$$

水平 2 模型：

$$\beta_{0j} = \gamma_{00} + \gamma_{01} \omega_j + \mu_{0j} \tag{5-12}$$

$$\beta_{1j} = \gamma_{10} + \gamma_{11} \omega_j + \mu_{1j} \tag{5-13}$$

在水平 1 模型中，Y_{ij} 表示第 j 个学校第 i 个家校合作中的家长参与的水平；X_{ij} 表示学生个体和家庭层面的解释变量，包括不良同伴交往、班干部、同胞数量、亲子关系、父母周工作时长等；β_{1j} 表示各个解释变量对应的回归系数，β_{0j} 为截距项，γ_{ij} 为随机干扰项。在多层线性模型中，个体层面的回归系数都由学校层面的解释变量预测，因此，β_{1j} 可以表示为学校层面自变量的函数形式，即水平 2 模型。水平 2 模型中，γ_{00} 为截距，γ_{01} 为学校层面解释变量对家校合作中的家长参与的回归系数，ω_j 为学校层面的解释变量，包括城区学校、学校决策机会、教师表扬、教师联系家长和教师组织活动五项，μ_{0j} 为随机误差项。

具体来看，HLM 回归的具体步骤为①构建零模型，即在不加入任何解释变量的基础上检验因变量在水平 2，也就是学校层面是否存在显著差异，将检验结果作为判断是否使用 HLM 回归的依据，同时判断家校合作中的家长参与是否存在校际差异。②只加入水平 1 变量，即学生个人和家庭层面的变量构建随机效应模型。分析水平 1 变量对因变量的影响。③同时加入水平 1 和水平 2 的变量，构建混合效应模型，分析水平 2 变量在水平 1 变量对因变量的影响中的调节作用，即分析学校特征在个人和家庭特征对家长参与的影响中的调节作用。

（二）实证结果

1. OLS 结果

表 5-25 报告了家长参与的 OLS 估计结果，其中，模型 1 只加入了个人和家庭特征，模型 2 在此基础上加入了学校特征，模型 1 和模型 2 的结果都表明：第一，年级正向显著影响家校合作中的家长参与，即学生所在年级越高，家长参与水平越高，可能的原因是随着年级的升高，学生的升学压力不断增大，受当前激烈的教育竞争影响，家长教育焦虑不

表 5-25 家校合作中的家长参与影响因素 OLS 模型结果

变 量	模型 1	模型 2
个人和家庭特征		
性别	−0.013(0.014)	0.015(0.013)
年级	0.024***(0.009)	0.040***(0.009)
不良同伴交往	0.002(0.019)	−0.008(0.018)
班干部	−0.001(0.014)	0.029**(0.013)
同胞数量	0.006**(0.003)	0.007**(0.003)
亲子关系	0.027***(0.008)	0.019**(0.008)
母亲周工作时长	−0.007(0.007)	−0.002(0.006)
父亲周工作时长	−0.055***(0.007)	−0.051***(0.007)
家庭社会经济地位	0.001(0.001)	−0.001(0.001)
家长教育期望	0.002(0.007)	−0.004(0.006)
家长感知学业水平	0.063***(0.007)	0.060***(0.007)
社会网络	0.215***(0.014)	0.156***(0.013)
择校	0.080***(0.020)	0.065***(0.019)
学校特征		
城区学校		0.021(0.013)
学校决策机会		0.001(0.007)
教师表扬		0.027***(0.006)
教师联系家长		0.220***(0.007)
教师组织活动		0.027***(0.007)
常数项	0.942***(0.088)	0.370***(0.092)
R^2	0.077	0.207

断上升，促使其更加频繁地参与家校合作缓解教育焦虑[①]。第二，亲子关系对家长参与家校合作有显著正向影响，同胞数量对家长参与家校合作有显著积极影响，这似乎与已有研究的“资源稀释”观点相背离，可能的原因是家庭环境和父母的积极教养解释率大于资源稀释的解释率[②]。第三，母亲周工作时长对家长参与家校合作没有显著影响，但父亲周工作时长对家长参与家校合作有显著的负面影响，这可能是由家庭分工导致的，在传统家庭分工中，母亲往往承担更多的子女照料职责，而父亲参与子女教育更多的是一种自选择行为，不同背景、观念的家庭存在明显差异[③]。第四，家长感知学业水平对家校合作中的家长参与有显著正向影响，这可能与家长更高的教育期望和信念有关；此外，“面子实践”也是对

① 朱新卓，骆婧雅．“双减”背景下初中生家长教育焦虑的现状、特征及纾解之道——基于我国 8 省市初中生家庭教育状况的实证调查 [J]. 中国电化教育，2023（4）：49-56.

② 刘倩倩，洪秀敏．二孩家庭儿童社会适应的特点及影响因素 [J]. 全球教育展望，2021（6）：116-128.

③ 甘颖．家庭再生产与父母协作式育儿 [J]. 中国青年研究，2022（7）：64-71.

这一现象的可能解释[①]。第五，社会网络对家校合作中的家长参与也有显著的积极影响，具体来看，社会网络闭合程度越高，家长参与家校合作的程度越高，可能的原因是如果家长之间相互认识可以提高代际网络密度，有利于交换学校信息，增加家长对教育过程的了解；还可以形成合力，促进网络规范化，从观念、行为等方面加强对子女学校教育的参与[②]。第六，择校行为对家校合作中的家长参与具有显著正向影响，可能的原因是择校家庭往往属于优势阶层家庭，有足够的时长能力和动机加强与学校的联系，促进家校合作“关系化”，这种“关系化”又进一步促进了家长参与[③]。

在学校特征层面，模型 2 的回归结果表明显示，第一，教师表扬可以增加家校合作中的家长参与，即教师对学生的支持行为可以增加家长参与家校合作，可能的原因是正向反馈提高了学生和家长的教育期望[④]。第二，教师联系家长显著正向影响家校合作中的家长参与，这表明家校合作需要家校互动，特别是在家长教育观念和能力尚需提升的情况下，学校主导的家校合作需要提高与家长沟通合作的主动性，从而调动家长参与家校合作的积极性。第三，教师组织家校合作活动对家长参与家校合作有显著正向影响，在家校合作实践中，学校可以增加家校合作活动组织频率，为家长参与家校合作提供机会和平台。

2. HLM 结果

基于多层线性模型对家校合作中家长参与的影响因素进行讨论，表 5-26 报告了 HLM 模型的估计结果。首先，构建了不加入任何解释变量的零模型，考察家长参与在学校水平上是否存在显著差异。零模型的估计结果表明，在不加入任何解释变量的前提下，家校合作中家长参与的平均水平为 1.573（$p<0.01$）。方差分析结果显示，家长参与的家庭差异为 0.322（$p<0.01$），学校差异为 0.054（$p<0.01$），组内相关系数 ICC 为 0.139，即家校合作的家长参与 13.9% 的变异来自学校差异，其余由学生个人和家庭特征解释。因此需要对家庭和学校的解释变量进行分层分析。

其次，在水平 1 方程中纳入了学生个体和家庭层面的变量共 13 个，在水平 2 模型中不纳入任何学校变量，各变量做随机化处理，得到表 5-26 中的协方差模型结果，与 OLS 回归结果相似，亲子关系、父亲周工作时长、家长感知学业水平、社会网络和择校行为对家长参与家校合作有显著影响。此外，随机效应模型显示，SES 对家校合作中的家长参与有显著正向影响，这与已有研究结论相似，可能的原因有三点：第一，优势阶层家庭更加重视子女教育，并且希望通过子女教育实现家庭优势的代际传递[⑤]；第二，优势阶层家庭的家庭资源为家长参与家校合作并且将其“关系化”提供了支持[⑥]；第三，拉鲁提出，学校语言的中产阶级化使得优势阶层家庭的家长能够更容易参与家校合作[⑦]。

---

① 董帅鹏．面子实践与农村教育不平等的形成 [J]. 青年研究，2022（6）：80-90，93.

② 李黎明，张骞．代际网络与学业成就：网络情境与个体能动的双重视角 [J]. 社会，2022（5）：207-240.

③ 谢爱磊．家校联系的“关系化”及其社会再生产效应——一项针对农村家长学校教育参与低迷现象的民族志研究 [J]. 华中师范大学学报（人文社会科学版），2022（3）：166-176.

④ 姚东旻，许艺煊，张鹏远．教师反馈与学生自我教育期望——表扬和批评对不同学生自我教育期望的影响 [J]. 经济科学，2020（5）：111-123.

⑤ 饶舒琪．国际视野下家校合作的公平性问题：初衷、实践与反思 [J]. 外国教育研究，2022（12）：30-40.

⑥ 姚岩．家长教育参与的阶层差异 [J]. 中国教育学刊，2019（4）：39-43.

⑦ 安妮特·拉鲁．家庭优势：社会阶层与家长参与 [M]. 吴重涵，等译．太原：山西教育出版社，2014.

表 5-26　家校合作中的家长参与影响因素 HLM 模型结果

固 定 效 应	零 模 型	协方差模型	混合效应模型
截距项	1.573***(0.241)	0.864***(0.100)	1.766***(0.343)
性别		−0.016(0.013)	0.013(0.012)
年级		0.036(0.030)	0.052**(0.023)
不良同伴交往		−0.004(0.020)	−0.013(0.018)
班干部		0.005(0.014)	0.030**(0.013)
同胞数量		0.005(0.003)	0.005*(0.003)
亲子关系		0.024***(0.009)	−0.042(0.047)
母亲周工作时长		−0.001(0.007)	0.000(0.007)
父亲周工作时长		−0.047***(0.007)	−0.014* (0.010)
家庭社会经济地位		0.001**(0.001)	0.003(0.003)
家长教育期望		0.011*(0.006)	0.115***(0.035)
家长感知学业水平		0.059***(0.007)	0.040**(0.014)
社会网络		0.196***(0.013)	0.043**(0.014)
择校		0.091***(0.019)	0.008(0.118)
城区学校			−0.030(0.122)
学校决策机会			0.069*(0.036)
教师表扬			0.121**(0.047)
教师联系家长			0.006(0.053)
教师组织活动			0.058(0.059)
家长教育期望 * 城区学校			0.035***(0.012)
家长教育期望 * 学校决策机会			0.013*(0.007)
家长教育期望 * 教师表扬			0.011**(0.005)
家长感知学业水平 * 学校决策机会			−0.015*(0.008)
家长感知学业水平 * 教师联系家长			0.021***(0.007)
社会网络 * 教师联系家长			0.079***(0.012)

注：基于分析目的，混合效应模型中只列出了统计检验显著的交乘项。

再次，在不加入学校层面变量的情况下，水平 2 的公式则为随机效应模型，影响家长参与家校合作的变量不会随学校变化呈现出系统性的变化，而只是随机地在不同学校间发生变化。因此，本部分将水平 1 中的变量设定为随机效应，观察这些变量随学校的变异情况，如果随机效应统计性显著，则在水平 2 模型中设置随机效应，并将显著的水平 1 变量纳入水平 2 进行解释。随机效应模型结果显示（表略），截距项（p=0.000）、亲子关系（p=0.035）、父亲周工作时长（p=0.004）、SES（p=0.062）、家长教育期望（p=0.079）、家长感知学业水平（p=0.008）、社会网络（p=0.003）的回归系数显著，表明这些变量在不同学校间对家长参与家校合作的影响存在差异，有必要将其纳入学校层面的变量进行解释，构建混合效应模型。

最后，加入水平 1 和水平 2 变量的交互项，构建完整的混合模型，主要分析水平 2 即学校层面变量在水平 1 变量对家长参与家校合作影响的调节作用，表 5-26 中的混合效应回归结果显示：第一，学校性质在家长教育期望对家长参与家校合作的影响中有显著的调节作用。家长教育期望正向显著影响家校合作中的家长参与，家长教育期望和城区学校的交互项显著为正，即城区学校能够增强家长教育期望对家长家校合作参与的影响，具体来看，在同样水平的教育期望上，城区学校的家长更可能参与家校合作。可能的解释是，受家庭资源、教育能力以及城乡学校的家校合作制度差异影响，乡村学校家长参与家校合作往往存在更多阻碍[①]，因此，虽然乡村学校与城区学校的家长对子女都有较高的教育期望，但乡村学校家长没有能力和途径参与到家校合作行动中。

第二，学校决策机会在家长教育期望、家长感知学业水平对家长参与乡村学校家长的影响中具有显著的调节作用。具体来看，一方面，学校决策机会与家长教育期望的交互项系数显著为正，表明学校决策机会正向调节了家长教育期望对其家校合作参与的影响，因此，学校要积极构建平台，为家长参与家校合作提供制度和平台支持。另一方面，学校决策机会与家长感知学业水平交互性显著为负，即学校决策机会弱化了家长感知学业水平对其家校合作参与的影响。可能的原因是，受应试教育体制的影响，当前家长对子女的教育关注多集中于认知能力方面[②]，而学校提供的决策机会有意识地强调学生全面发展，一定程度上改善了家长过度关注学生认知能力的状况。

第三，教师行为对家长家校合作参与具有显著的调节作用。从教师表扬来看，教师表扬会加强家长教育期望对其家校合作参与的正向影响，即教师对学生的正向反馈可以增加家长的家校合作参与。教师家校合作行为方面，教师主动联系家长可以调节家长感知学业水平、社会网络两个变量对家长家校合作参与的影响。一方面，教师联系家长显著正向调节家长感知学业水平对其家校合作参与的影响，即教师联系家长强化了家长感知学业水平对家长参与学校合作的正向影响。另一方面，教师联系家长也强化了社会网络对家长参与家校合作的正向影响。根据科尔曼的社会资本理论，家师联系也是社会网络的重要组成，因此，教师联系家长实际上加强了家长的代际网络闭合，有利于家长的信息掌握和社会控制加强。此外，研究提出，家校合作可以看作微观情境中家长和教师之间展开的互动仪式，教师联系家长加强了家校互动和家长对学校的信任，有利于提高家长参与家校合作的积极性[③]。

此外，我们也分析了学校层面变量在亲子关系、父亲工作时长和 SES 对家长参与家校合作的影响中的调节作用，结果显示，学校层面所有变量在上述变量对家长参与家校合作的影响中的调节作用都不显著，表明所考察的学校变量，无法通过亲子关系和家庭背景来作用于家长参与家校合作。因此，本部分所考察的学校因素难以缓解家庭背景可能带来的家长参与家校合作分化。

在学校层面变量中，学校的决策机会是家长参与家校合作的阻碍因素；教师行为则对于家长参与家校合作有明显促进作用；学校的城乡属性与家长教育期望交互项对家长参与

① 饶舒琪．国际视野下家校合作的公平性问题：初衷、实践与反思 [J]. 外国教育研究，2022，49（12）：30-40.

② 王志向．家校合作领域不能窄化 [J]. 人民教育，2023（1）：35-36.

③ 田友谊，李婧玮．互动仪式链理论视角下家校合作的困境与破解 [J]. 中国电化教育，2022（7）：97-103，114.

家校合作有显著影响，具体来看，城区学校的家长参与家校合作高于乡村学校，如何缩小家长参与家校合作的城乡差距是后续需要解决的问题。

（三）小结与讨论

家长参与家校合作在宏观上能够改善教育生态，促进教育公平和效率的提升；微观上能够增加子女教育资源，加强对子女的社会控制，从而改善子女的认知能力、非认知能力以及心理健康状况，促进子女发展。因此，本节探讨家长参与家校合作的影响因素，具有现实意义。本部分的主要结论如下。

第一，家庭背景对家长参与家校合作有显著正向影响，具体表现为，家庭 SES 得分越高的家庭，家长参与家校合作越多。由此可见，家校合作中的家长参与家校合作水平可能存在阶层差异，家庭经济背景较好的家长更可能参与到家校合作中，与学校建立伙伴关系。这与已有研究结论相符，即当前的家校合作中，弱势阶层家庭往往处于边缘化地位[①]。此外，研究提出，家庭背景不仅会影响家校合作参与情况，还可能影响家校合作参与效果，优势阶层家庭家长参与家校合作的效果更好[②],这进一步拉大了家校合作中的家庭差距。在后续的家校合作实践中，学校和教师要有意识地关注弱势阶层家庭，从制度设计、活动设置以及家校沟通行为等方面为弱势阶层家庭的家长参与家校合作提供机会和平台。

第二，父亲工作时长对家校合作中的家长参与具有显著负向影响。与已有研究结论类似,父母的工作时间对其教育参与具有挤出效应[③]。可能的原因有两个：一是家庭经济压力导致父母往往选择优先工作，而缺少了对子女教育的参与；二是学校和教师在进行家校合作活动安排时，可能忽视了家长的工作实际，导致工作时间较长的家长难以参与家校合作。基于此，一方面，应该加强家庭教育指导，帮助家长树立正确的家庭教育意识，主动参与到家校合作中来；另一方面，学校在举办家校合作活动时要考虑家长需求和差异，可以通过错开工作时间、举办线上活动等方法为家长参与家校合作提供便利。

第三，家长教育期望和社会网络对家校合作中的家长参与具有显著正向影响。对于教育期望的影响，大量研究提出，教育期望能够显著影响家长的教育参与[④]。社会网络对家长参与家校合作的影响方面，研究提出，社会网络作为社会资本的重要构成，对家长教育观念和行为都有重要影响[⑤]。基于此，本部分认为，需要通过各种方式加强家长的社会网络密度。一方面，学校可以通过组织家长委员会，举办家长会、家长交流会等活动，加强与学生家长之间的交流与互动；另一方面，鼓励家长通过加强联系和主动了解构建社会网络等方法加强他们的社会网络密度。

---

① 饶舒琪．国际视野下家校合作的公平性问题：初衷、实践与反思 [J]. 外国教育研究，2022（12）：30-40.

② McNeal R B. Parental involvement as social capital: Differential effectiveness on science achievement, truancy, and dropping Out[J]. Social Forces, 1999 (1): 117-14.

③ 官倩楠，朱志胜．过度劳动的代际冲击：基于新人力资本理论框架的经验证据 [J]. 河南社会科学，2022（9）：15-28.

④ 王甫勤，邱婉婷．家庭社会阶层、教育期望与课外教育——基于 CFPS2016 的实证研究 [J]. 中国青年社会科学，2021，40（6）：87-95.

⑤ 赵延东，洪岩璧．社会资本与教育获得——网络资源与社会闭合的视角 [J]. 社会学研究，2012，27（5）：47-69，243-244.

第四，家校合作中的家长参与受到学校城乡属性、学校制度和教师行为的调节。首先，家长参与家校合作存在城乡分化现象，可能的原因是当前的乡村教育活动存在明显的市民化特征，乡村的家长缺少对当前学校教育的适应性[①]。因此，城乡学校的家校合作活动要因地制宜，乡村学校不能照搬城区学校家校活动形式。其次，在学校制度方面，学校决策机会对家长参与家校合作有抑制作用，可能的原因是获得学校决策机会的家长多来自优势阶层家庭[②]，这会打击弱势阶层家庭家长参与家校合作的积极性。因此，学校应该通过营造良好氛围、加强家校合作的针对性、关注家长接受能力等方式完善学校家校合作制度。最后，教师行为方面，教师表扬学生、联系家长和组织家校合作活动都对家长参与家校合作具有促进作用。因此，要发挥教师在家校合作中的重要作用，通过教师积极行为引导家长参与家校合作。

二、家校合作的影响

虽然当前学界已经注意到了家校合作在促进教育公平方面的作用，但家校合作水平对城乡学生发展的影响还有待进一步关注。基于此，本部分基于H省基础教育质量及影响因素调查数据，从家校合作的视角研究不同家庭背景学生认知能力的差距。本部分关注的实证问题是：家校合作是否影响学生的认知能力？城乡学生认知能力差距有多少可以归因于两者不同的家校合作水平？如果加强不同形式的家校合作，在多大程度上可以缩小学生认知能力的差距？

（一）变量与模型选择

1. 变量界定

（1）城乡划分依据：研究以被调查学生学校的所在地作为城乡划分标准。未使用学生户籍而使用学校所在地进行划分，主要基于以下考虑：学校教育资源的城乡差距主要是由于农村地区经济社会发展水平较低导致的，与学生自身户籍的相关性较小。由于对优质教育资源的追逐，不少农村户籍的学生也会进入城市接受教育，这种主动教育流动能够显著提升学生的学业能力[③]。由此，学生户籍并不是造成认知能力城乡差异的主要原因，且可以通过主动教育流动进行弥补，由学校所在地导致的教育资源差异及学生认知能力差距更加值得讨论。

（2）被解释变量：认知能力。

（3）解释变量：家校合作。

（4）控制变量：具体包括个体层面的性别（男性=1）、是否独生子女（独生子女=1）、

---

① 陈旭峰．农民地位代际流动何以可能？——农民市民化水平对子女教育期望影响的实证研究[J]．人口与发展，2013，19（6）：43-51.

② 吴重涵，等．是什么阻碍了家长对子女教育的参与——阶层差异、学校选择性抑制与家长参与[J]．教育研究，2017，38（1）：85-94.

③ 崔盛，吴秋翔．为“流动”正名：主动教育流动的意义与作用[J]．华东师范大学学报（教育科学版），2023，41（11）：108-126.

自我教育期望；家庭层面的亲子分离（将父亲、母亲两人中至少有一个未与孩子经常住在一起定义为亲子分离，亲子分离 =1）、父母双方教育水平较高一方的受教育年限；学校层面的教师教学策略水平、学校对学生认知能力发展的支持、学校竞争氛围。

2. 模型选择

（1）OLS 模型和 PSM 估计

为估计家校合作对学生认知能力的影响，本部分先进行了 OLS 估计，之后为了减少估计偏误，进一步采取了倾向估计的方法。

OLS 模型设定如公式（5-14）所示：

$$\text{Scores}_i = \alpha + \beta \cdot \text{Cooperation}_i + \gamma \cdot X_i + \varepsilon_i \tag{5-14}$$

式中，Scores_i 是第 i 个学生的认知能力得分，Cooperation_i 表示第 i 个学生的家校合作情况，X_i 是一组控制变量。由于需要考量城乡学生认知能力发展及影响因素差异，在进行 OLS 回归时，将学生按城乡进行了划分。这样一共有 3 个模型。

家校合作水平不同的组在很多方面都存在差异，这在描述性统计部分进行了详细阐述，为解决内生性问题，本部分采用倾向值匹配的方法。在本部分中，PSM 具体步骤如下：首先，基于 Logit 模型预测家校合作三种形式的概率，即倾向值。接下来，对倾向值在共同取值范围内的个体进行匹配。为保证估计结果的稳健性，采取了近邻匹配（k=4）、半径匹配（caliper=0.25）、核匹配（使用默认的核函数和带宽）三种匹配方法。最后通过匹配后的样本计算“处理组的平均处理效应”来识别不同家校合作水平下的学生认知能力的平均差异。进行 PSM 估计的时候，也如前述 OLS 模型一样，分别对 3 个不同的样本进行估计。

（2）家校合作对城乡学生认知能力差距贡献份额的 Blinder-Oaxaca 分解

一般而言，组间均值差异可以归因于两部分：一部分源于两者的“禀赋”差异，另一部分源于两者在“禀赋”上的“回报率”不同。我们运用 Blinder-Oaxaca 分解将造成均值差异的原因甄别出来。就本部分而言，家校合作对学生认知能力差异的影响来自两方面：一是两个群体的家校合作水平不一样；二是家校合作对两个群体学生认知能力的影响不同，即回报率不同。

根据式（5-14），分别对城乡两组样本进行估计。认知能力的组间均值差异可以由式（5-15）表达：

$$\begin{aligned}\overline{\text{Scores}_u} - \overline{\text{Scores}_r} &= \left(\alpha_u + \beta_u \cdot \overline{X_u}\right) - \left(\alpha_r + \beta_r \cdot \overline{X_r}\right) \\ &= \left(\overline{X_u} - \overline{X_r}\right)\beta_r + \overline{X_u}\left(\beta_u - \beta_r\right) + \left(\alpha_u - \alpha_r\right)\end{aligned} \tag{5-15}$$

式中，下标 r 和 u 分别代表农村样本和城市样本，等式右边第一项是“禀赋效应”，它度量了城乡学生由于禀赋不同对认知能力差距的贡献；第二项和第三项是“系数效应”，它度量了两组样本由于变量回归系数和截距项系数上的不同对认知能力差距的贡献。

（二）实证结果

1. 城乡学生的认知能力差距与家校合作水平差距

如表 5-27 所示：城乡学生认知能力存在显著的差距，城市学生认知能力平均分比农村学生高 2.979 分，且在 1% 的水平上显著，效应量达到中等水平（效应值 >0.2）。从家校合作水平来看，城市学校的家校合作得分比农村学校高 0.176 个单位，效应量为 0.164。城市学校家校合作得分高于农村学校可能的原因是：一方面，农村家长“边缘性”辅助角色的自我定位、学校的“选择性排斥”以及教师对自身专业身份的“捍卫”降低了农村家长参与家校合作意愿，而大量农村家长进城务工导致的教育不在场进一步强化了其在子女教育领域的“局外人”认知，因此更缺乏参与家校合作的意识①。另一方面，在家校联系“关系化”的环境中，良好的家校合作需要家长付出较大的时间、精力甚至经济成本维系，但在农村整体教育质量较差的情况下，家校合作的收益难以保证，部分农村家长基于“成本—收益”的理性考虑，往往选择放弃家校合作②。

表 5-27　城乡学生的认知能力差距和家校合作差距

变量	农村	城市	差异	效应量
认知能力	68.429	71.408	2.979***	0.312
家校合作	2.410	2.586	0.176***	0.164

2. 家校合作对学生认知能力的影响

（1）OLS 模型和 PSM 估计结果。表 5-28 中的 OLS 回归结果表明：家校合作对学生认知能力具有显著且稳健的正向影响，所有模型的家校合作系数均显著为正。全样本模型显示，家校合作每提高 1 个单位，学生认知能力能够提高 0.407 分。分城乡来看，家校合作每提高 1 个单位，农村学生和城市学生的认知能力分别可以提高 0.361 分和 0.471 分。

（2）在其他因素中，男生的认知能力整体低于女生，这与已有研究结论相似③。父母的受教育年限显著正向影响学生认知能力，可能是因为家庭文化资本的代际传递延续了父母的教育优势。父母职业得分以及家庭收入仅在城市对学生认知能力具有显著影响，一方面可能是因为农村内部父母职业以及家庭收入本身差异较小，另一方面也可能是因为农村学校教育资源匮乏导致家庭资源的作用难以发挥④。亲子关系对学生认知能力具有显著的正向影响，因此，需要进一步加强家庭教育指导，改善亲子关系，促进学生良好发展。此外，课外学习时间仅对城市学生认知能力具有显著的正效应，可能是由于农村学生缺乏指导，课外学习质量相对较差。

为避免样本选择性偏误，本书采用 PSM 对结果进行了检验。首先，利用 Logit 模型对家校合作的倾向值进行了估计，然后采取近邻匹配、半径匹配以及核匹配三种方法进行样本配对，匹配时 90% 以上的样本都能匹配成功，且几乎所有变量在匹配之后的偏差都小于 10%，通过了平衡性检验。表 5-28 的第 3~5 列汇报了家校合作的 ATT 值，与 OLS 估计结果基本相似，说明家校合作对学生认知能力的影响具有稳健性。

---

① 谢爱磊. 农村学校家长参与的低迷现象研究——专业主义、不平等关系与家校区隔 [J]. 全球教育展望，2020，49（3）：42-56.

② 谢爱磊. 家校联系的“关系化”及其社会再生产效应——一项针对农村家长学校教育参与低迷现象的民族志研究 [J]. 华中师范大学学报（人文社会科学版），2022，61（3）：166-176.

③ 李美娟，郝懿，王家祺. 义务教育阶段学生学业成绩性别差异的元分析——基于大规模学业质量监测数据的实证研究 [J]. 教育科学研究，2019（11）：34-42.

④ 朱斌，王元超. 流动的红利：儿童流动状况与学业成就研究 [J]. 人口与发展，2019，25（6）：38-51，95.

表 5-28　家校合作对认知能力的影响

样　本	OLS	PSM		
		近邻匹配	半径匹配	核匹配
全样本	0.407***	1.048***	0.953**	0.969***
	(0.145)	(0.322)	(0.375)	(0.238)
农村	0.361*	1.140**	1.617***	1.300***
	(0.217)	(0.495)	(0.564)	(0.367)
城市	0.471**	0.780**	0.727	0.841**
	(0.192)	(0.395)	(0.478)	(0.481)

3. 家校合作对学生认知能力差距的贡献

利用 Blinder-Oaxaca 分解技术，进一步研究了各个因素对城乡学生认知能力差距的贡献份额，结果如表 5-29 所示。

表 5-29　家校合作对认知能力差距的贡献份额

变　　量	全样本（农村 / 城市）	农村（寄宿 / 非寄宿）
所有变量		
禀赋效应贡献	−1.338	−0.233
禀赋效应贡献份额	44.91%	15.86%
系数效应贡献	−1.641	−1.236
系数效应贡献份额	55.09%	84.14%
家校合作		
禀赋效应贡献	−0.064	−0.127
禀赋效应贡献份额	2.15%	8.65%
系数效应贡献	−0.284	0.923
系数效应贡献份额	9.53%	−62.83%
贡献份额小计	11.68%	−54.18%

所有变量的分解结果表明，禀赋效应对城乡学生认知能力差距的贡献率为 44.91%，系数效应为 55.09%，表明城乡学业差距更多是由系数效应造成的，即城乡学生学业投入回报率差距是导致农村学生成绩低于城市学生的主要原因。具体来看，家庭层面的父母受教育水平以及职业得分解释了大部分城乡学生认知能力差距，即家庭背景是影响学生学业成就的最大因素。

针对家校合作变量的分解结果表明，家校合作是造成城乡学生认知能力差距的重要因素，它对城乡学生认知能力差距的贡献额达到了 11.68%。具体而言，家校合作的主要贡献来自系数效应，即虽然城乡家校合作水平解释了小部分学生认知能力差距，但更重要的原因是农村学生家校合作回报率小于城市学校，导致了城乡学生认知能力的差距。

4. 家校合作对农村学生影响的异质性

相对于城市学生，农村学生的认知能力以及教育资源均处于弱势地位，而农村寄宿学生由于与家庭场域之间的相对独立，家庭能给予的教育支持更少，阻碍了其学校适应性、认知能力等方面的发展[①]，需要更加关注家校合作对其发展的重要作用。基于此，本书进一步分析了家校合作对农村寄宿生和非寄宿生的影响异质性[②]，以期提高家校合作策略的针对性和实效性。

差异分解结果表明，农村寄宿生的认知能力比非寄宿生低 1.469 分，效应量为 0.142，这与已有研究结论相似，可能是因为当前农村学校较差的寄宿设施和较低的寄宿管理水平并未有效发挥寄宿学校对家庭教育的替代作用[③]。从家校合作来看，农村寄宿生的家校合作水平高于非寄宿生，具体而言，农村寄宿生的家校合作水平比非寄宿生高 0.121 个单位，效应量为 0.135，表明寄宿导致的学生教育场域分割并未导致家校合作水平降低。

OLS 回归结果表明，家校合作仅对农村寄宿生的认知能力具有显著的正效应，而对非寄宿生的认知能力并没有显著影响，家校合作每提高 1 个单位，农村寄宿生认知能力会提高 1.181 分。可能的原因是寄宿使得学生与家庭之间的直接联系减少，家校合作的边际效用增强，而对于非寄宿生而言，家长的过度教育参与导致其学业压力增加，反而降低了家庭对教育的正向预测作用。

进一步地，本书利用 Blinder-Oaxaca 分解技术，探讨了各个因素对农村寄宿和非寄宿学生认知能力差距的贡献份额，分解结果见表 5-29 第 3 列。结果显示，家校合作并不是造成农村寄宿生和非寄宿生学业差距的主要原因，相反，家校合作弥补了两类学生的认知能力差距。从家校合作来看，系数效应扩大了寄宿生和非寄宿生的认知能力差距，但由于非寄宿生家校合作回报率远低于寄宿生，因此，如果将寄宿生家校合作水平提高到与非寄宿生同样的水平，学生认知能力差距可以缩小 54.18%。

5. 家校合作对缩小认知能力差距的效果

Blinder-Oaxaca 分解的结果表明，父母受教育年限、性别、学生课外学习时间、亲子关系以及家校合作是造成城乡学生认知能力差距的主要因素。相对于其他因素，家校合作更可能进行干预，因此，要想缩小学生认知能力的城乡差距，需要进一步促进家校合作，本文模拟了提高家校合作水平对缩小城乡学生认知能力差距的作用。

从理论上说，在其他因素都不变的情况下，将农村学校家校合作水平和效果都提高至与城市学校同样水平，学生认知能力的差距可以缩小 11.68%，家校合作的效果非常可观。基于此，当农村学校家校合作水平低于城市学校时，需要提高家校合作水平和效果以缩小城乡学生认知能力差距。本研究参考 Magnuson 和 Waldfogel 的方法[④]，模拟了提高家校合作的策略效果。由于提高家校合作效果与家校合作制度完备性以及家校合作质量有关，此处仅模拟提高农村家长家校合作频率的作用。

如表 5-30 所示，如果将农村家长的家校合作频率提高到与城市家长同等水平，即将

---

① 赵丹，于晓康．农村小学低龄寄宿生学校适应性及影响因素研究——基于陕西省两县的实证分析 [J]. 教育科学研究，2017（5）: 37-43.

② 为行文简洁，此处未对差异分析和回归结果进行详细报告，如有需要，欢迎索取。

③ 黎煦，朱志胜，宋映泉，等．寄宿对贫困地区农村儿童阅读能力的影响——基于两省 5 县 137 所农村寄宿制学校的经验证据 [J]. 中国农村观察，2018（2）: 129-144.

④ Magnuson K A, Waldfogel J. Early childhood care and education: Effects on ethnic and racial gaps in school readiness[J]. The Future of Children, 2005, 15: 169-196.

农村学校家校合作水平由 2.410 提高到 2.586，在保持目前城乡学生比例不变的情况下，控制其他影响因素，提高家校合作频率这一策略能够将城乡学生的认知能力差距缩小 2.13%。需要指出的是，这里估计的策略效果可能存在低估。一方面，本次调查仅关注了 H 省，不包含西部社会经济发展水平较低的地区，其城乡的学生认知能力差距以及家校合作差距可能小于全国水平。这就意味着以城市家庭为标准提高家校合作水平的空间更大，相应效果也会更加明显。另一方面，家校合作制度的不断完善以及家校合作效果提升也会进一步提高家校合作对城乡学生认知能力差距的弥补作用。

表 5-30　家校合作的效果模拟

样本	加强家校合作①	家校合作效应②	总体平均增长③（=①×②）	对缩小认知能力差距的贡献④（=③/差距）
全样本	2.410 → 2.586	0.361	0.286	2.13%
农村	2.371 → 2.492	1.181	0.143	9.73%

（三）小结与讨论

本部分运用 OLS、PSM 和 Blinder-Oaxaca 分解等方法，分析了家校合作对城乡学生认知能力的影响，主要研究结论如下。

第一，差异分析结果显示，家校合作与学生认知能力均存在显著的城乡差距，其中农村学校家校合作比城市学校低 0.176 个单位，而农村学生认知能力比城市学生低 2.979 分。在城乡二元的教育体制下，我国城乡学生的认知能力差距多被归因为政府教育资源分配不均，但根据生态系统以及交叠影响理论，家校合作的差异性也是重要影响因素。

第二，OLS 和 PSM 估计结果表明，家校合作对城乡学生认知能力具有显著正向影响，家校合作水平每提高 1 个单位，学生认知能力能提升 0.407 分。具体来看，家校合作得分每提高 1 个单位，农村和城市学生认知能力可以分别提高 0.361 分和 0.471 分。这为我国推行的“学校家庭社会协同育人”政策提供了实证依据，在后续教育实践中，需要进一步思考如何构建有效的家校合作机制，提高家校合作水平，形成家校育人合力，促进教育质量的整体提升。

第三，Blinder-Oaxaca 分解结果表明，家校合作是造成城乡学生认知能力差距的重要原因，总体而言，家校合作对城乡学生认知能力差距的贡献率为 11.68%，且相较于家校合作水平差距，城市学校家校合作回报率比农村更高是造成城乡学生认知能力差距的主因。这表明当前家校合作存在城乡公平性不足的问题，在后续的家校合作实践中，需进一步提高农村学校家校合作水平和回报率，缩小城乡学生认知能力差距。

第四，策略模拟结果表明，如果将农村学校家校合作水平提高到与城市同等水平，能够使城乡学生认知能力差距缩小 2.13%。虽然家校合作实践仍存在公平性隐忧，但家校合作确实发挥着促进教育公平的重要作用，进一步提高家长家校合作参与频率以及合作质量是优化家校合作政策的重要方向。

第五，将农村学生划分为寄宿生和非寄宿生两类进一步分析的结果表明，一方面，寄宿生认知能力显著低于非寄宿生，虽然两类家校合作水平差距导致了 8.65% 的认知能力差距，但由于寄宿学生家校合作回报率远高于非寄宿学生，总体来看，家校合作弥补了两类学生 54.18% 的认知能力差距。另一方面，如果将寄宿生家校合作提高至与非寄宿生同样水平，两类学生认知能力差距能够缩小 9.73%。因此，虽然寄宿更多的是农村学生在家庭经济资本处于劣势、家庭教育缺失情况下的无奈选择，但仍要重视家校合作对学生发展的重要意义。

第四节　师生与同伴关系中的过程公平

一、教师对随迁子女的接纳

城镇化背景下，大量随迁子女进入城镇学校，生源多样化所带来的学校文化多元化对教师专业理念、能力提出了新的要求。教师作为影响学生发展的“重要他人”，其只有首先在情感上接纳学生，才能开始真正意义上的教育[①]。因此，教师接纳是随迁子女在城市获取教育成功的关键一步，这对随迁子女是否受到平等对待、能否提高其学习适应与社会融入等均存在重要影响。如果教师接纳随迁子女的意愿不强，即使随迁子女能够进入公办学校就读，教师也难将外来学生和本地学生“一视同仁”。探究中小学教师对随迁子女接纳意愿及其影响因素，不仅有助于推动随迁子女教育过程公平，还对提高教师多元文化素养具有重要价值。本部分关注的实证问题是：教师对随迁子女接纳态度如何？哪些因素影响了教师对随迁子女的接纳意愿？怎样改善教师对随迁子女接纳意愿，促进教师平等对待每一个学生？

（一）变量与模型选择

1. 变量界定

（1）被解释变量：教师接纳意愿。由教师卷“是否欢迎随迁子女入班就读”题项测量，将选项“非常不欢迎”“不太欢迎”“无所谓”“比较欢迎”“非常欢迎”依次赋值 1~5 分，数值越大表示教师接纳随迁子女的意愿越强。

（2）解释变量：从教师人口学特征、教师个人经历和学校因素三方面选取相关解释变量。其中，教师人口学变量，即教师性别、婚姻状况和籍贯；教师个人经历变量包括教学经历和生活经历两部分；教师教学经历包括职称、教龄、在本校工作年数、是否是班主任。其中，职称以无职称教师为参照组。教师生活经历包括教师读高中之前生活经历变量，分为乡镇和城区两个类别，以有农村生活经历教师为参照组。学校变量包括学校性质、学校类型。

2. 模型选择

基于相关文献，本部分建立如下回归模型：

① 茹卫平 . 试论接纳在教育中的地位 [J]. 上海教育科研，1992（3）：35.

$$A_i = \beta_0 + \sum_{j=1}^{J} \beta_j T_{ji} + \sum_{k=J+1}^{K} \beta_k \mathrm{TE}_{ki} + \sum_{l=K+1}^{L} \beta_l S_{li} + \varepsilon_i \quad (5\text{-}16)$$

式中，A_i 即为教师接纳意愿变量；T_{ji} 是影响教师接纳意愿的教师人口学变量；TE_{ki} 是影响教师接纳意愿的教师个人经历变量；S_{li} 是影响教师接纳随迁子女意愿的学校层面变量；三者均以向量形式表示。下标 i、j、k、l 分别表示第 i 个观察值和第 j、k、l 个自变量，ε_i 是随机扰动项。

（二）实证结果

结果显示，教师对随迁子女的接纳意愿均值为 3.64 分，表明教师对随迁子女的接纳意愿整体有待提升。在回归分析中，本部分首先对模型中的自变量进行线性关系检验，检测模型是否存在多重共线性问题。分别确定 3 个模型中的方差膨胀因子，结果显示 3 个模型中所有自变量的 VIF 都小于 10，表明本部分模型并没有多重共线性问题。教师接纳意愿的影响因素 OLS 估计结果如表 5-31 所示。

表 5-31　教师接纳随迁子女意愿的影响因素

自　变　量	因变量：教师接纳随迁子女意愿		
	模型 1	模型 2	模型 3
性别（女性 =1）	-0.320^{**}	-0.208^{+}	-0.108
	(0.113)	(0.120)	(0.125)
婚否（已婚 =1）	-0.176	-0.054	-0.029
	(0.124)	(0.142)	(0.146)
籍贯（外地人 =1）	0.186^{-}	0.150	0.006
	(0.108)	(0.112)	(0.120)
初级职称（未评为参照）		-0.119	0.045
		(0.182)	(0.192)
中级职称（未评为参照）		-0.303^{+}	-0.158
		(0.177)	(0.203)
高级职称（未评为参照）		-0.082	0.152
		(0.228)	(0.246)
教龄		0.013	0.015^{+}
		(0.008)	(0.009)
在本校工作年数		-0.031^{***}	-0.029^{**}
		(0.009)	(0.009)
班主任（是 =1）		-0.076	-0.128
		(0.103)	(0.105)
读高中之前生活经历（乡镇 =0）		-0.163	-0.188
		(0.148)	(0.149)
学校性质（公办 =1）			-0.612^{***}
			(0.175)

续表

自 变 量	因变量：教师接纳随迁子女意愿		
	模型 1	模型 2	模型 3
学校类型（初中 =1）			0.331**
			(0.118)
常数项	0.425*	0.766***	0.894***
	(0.168)	(0.214)	(0.240)
区域固定效应	√	√	√
R^2	0.094	0.160	0.203

模型 1 单独考察教师人口学变量对其接纳意愿的影响。性别方面，在 1% 的统计显著水平下，女性教师对随迁子女的接纳意愿显著低于男性教师。这可从男女教师内部人格特点寻求解释，在我国传统文化理念下，与男性教师相比，女性更加偏向于情感型、念旧，在满足教育对象的特殊需要方面可能更加缺乏信心[①]。当面对随迁子女带来的课堂教学和管理上的新难题，女教师可能会产生较大的压力，再加上工作与照顾家庭双重负担，使其无暇顾及随迁子女差异化教育需求，因此女性教师在主观上可能更加不愿意接纳随迁子女。籍贯方面，与本地人相比，教师是外地人会更倾向于接纳随迁子女。

模型 2 在控制相关变量的基础上考察教师个人经历对其随迁子女的接纳意愿的影响。结果表明，在教师教学经历中，职称、在本校工作年数对教师接纳随迁子女意愿有显著影响。其中，相对于未评职称教师，中级职称教师对随迁子女的接纳意愿更低；在 0.1% 的统计显著水平下，教师在本校工作的年数越长，对随迁子女的接纳意愿越低。在教师生活经历中，相对于有农村生活经历的教师，读高中之前主要生活在县城和市区的教师对随迁子女的接纳意愿显著较低。

模型 3 在模型 2 的基础上加入了学校层面变量。结果显示，在控制其他变量的情况下，在学校性质方面，公办学校教师接纳随迁子女的意愿要显著低于民办学校教师。这与相关研究结果类似，调查发现公办学校愿意接受随迁子女入班就读的教师不足 20%[②]。可能原因是，一方面，“两为主”政策下，城市公办学校需要向符合条件的随迁子女开放，在一定程度上给城市公办学校教师带来了教学及管理难题。在教师看来，学校之所以会接纳随迁子女是出于政策的强制要求。另一方面，部分民办学校生源以随迁子女为主，民办教师薪酬、发展前景等都与随迁子女入学人数相关，由此可能会更加愿意接纳随迁子女。相关研究也证实公办学校和民办学校教师对随迁子女的教育事业前景态度存在显著差异，与公办学校教师相比，民办学校教师多数对此持更加积极的态度[③]。学校类型方面，在 1% 的显著水平上，与小学教师相比，初中教师更倾向于接纳随迁子女。总体而言，从模型 3 回归方程的 R^2 值可见，综合所有因素对教师接纳随迁子女意愿的解释力度达 20.3%。

① 江波 . 文化支持：农民工子女融入城市文化的研究 [M]. 江苏：苏州大学出版社，2012.

② 许传新 . 教师接纳意愿及其影响因素：流动人口子女融入城市公立学校的一个视角 [J]. 中国青年研究，2009（7）：47-50.

③ 陈静静 . 公办学校在随迁子女教育中的主体责任及其实现——以上海市浦东新区为例 [J]. 教育科学，2014，30（2）：63-68.

（三）小结与讨论

包容、接纳是随迁子女融入的前提，若流入地学校教师内心不愿接纳随迁子女，虽然随迁子女有机会进入城市公办学校就读，但其入学后容易受到教师的一种“隐性排斥”，使随迁子女在教育过程中和教育结果上极易遇到不平等问题。本部分研究结果如下。

第一，读高中之前有农村生活经历的教师更倾向于接纳随迁子女。读高中之前有农村生活经历的教师对随迁子女的接纳意愿要显著高于读高中之前主要生活在县城和市区的教师，这一结果反映出教师早期的生活经历影响了教师的接纳意愿。Piaget 认为个人偏见可能最早在 5~10 岁时的孩童期内化形成,这一阶段的孩子通常习惯以负面视角看待其他群体，习惯对“内群体”和“外群体”做出区分[①]。没有农村生活经历的教师倾向于将随迁子女视作“外群体”，其往往对“外群体”持有“文化缺陷观”，即认为随迁子女成绩不好是由于家庭中缺乏学校教育所需的文化。对于与自己有着相同成长经历的学生，教师常常会给予特别的关注，表现出喜爱教那些与自身有着类似成长环境和经历的学生，并会抱有更多“同情性”理解[②]。因此,有农村生活经历的教师通常更易成为“文化敏感型教师”。在以流入地主流文化为主的学校环境中，随迁子女相对处于不利地位，但如果拥有“局内人”文化身份的教师与随迁子女有着相似的“外来者身份”和情感体验，那么他们更易突破地域文化局限和惯性思维，在教育中成为“文化敏感型教师”，更能够理解随迁子女并给予相应支持[③]。

第二，公办学校教师对随迁子女的接纳意愿更低。在社会心理学领域中，社会接纳通常被视为一个与社会排斥相对应的概念。公办学校教师对随迁子女的接纳意愿显著更低，这一结果在一定程度上体现了随迁子女受到了公办教师不同程度地排斥或拒绝。一方面固然有相对本地生源，多数随迁子女来自教育资源缺乏的农村地区且流动性大，一定程度上给城市公办学校教师带来了管理和教学等难题的原因。但另一方面也是由于部分城市公办学校教师缺乏对随迁子女客观正确的认识，对随迁子女存在“刻板偏见”，缺少与随迁子女的交流互动。这也反映出在“两为主”向“两个全部纳入”政策转型背景下，亟须加强城市公办学校的融合教育，推进随迁子女教育过程公平。另外，根据“圈内人”和“圈外人”互动机制，在许多民办学校，外地流入的中青年教师构成师资主体，根据我国人口统计口径，这类教师与随迁子女一样同属于流动人口，体验着“异乡人”无根的漂泊感。因此，这部分教师会将具有相同外来身份的随迁子女视为“圈内人”，倾向于对自己所属群体中的成员持积极态度。

第三，初中教师更倾向于接纳随迁子女。本部分发现，相比于小学教师，初中教师接纳随迁子女的意愿显著更高，这一结论与研究假设相悖。这一结果反映出我国情境下随迁子女问题的特殊性与复杂性。根据文化适应理论，农民工随迁子女在流入地待的时间越长，他们对流入地的生活越习惯，则相对更加容易融入城市社会[④]。普遍而言，就读于中学的随迁子女在流入地生活的时间相对长于就读于小学的随迁子女[⑤]。因此，从文化维度的视角来

---

① Piaget J. The moral judgment of the child [M]. New York: Harcourt, Brace Jovanovich, 1932.

② 张学强 . 多元文化教育的实质与民族地区教师的文化品性 [J]. 民族教育研究，2009（3）: 5-11.

③ 王艳玲 .“局外”与“局内”：多元文化学校情境中教师的跨文化适应及其课程实施取向探究 [J]. 全球教育展望，2014（4）: 45-57.

④ 唐有财 . 流动儿童的城市融入——基于北京、广州、成都三城市的调查 [J]. 青年研究，2009（1）: 30-38.

⑤ 段成荣，等 . 我国流动儿童生存和发展：问题与对策 [J]. 南方人口，2013，28（4）: 44-55.

看，随迁子女对城市文化有一个认识和接纳的过程，在小学阶段的随迁子女受流出地文化背景影响较大，当其在城市接受一段时间的教育后，基本熟悉和适应了城市文化，与教师所具有的城市文化间的差异几乎不明显了，并随着接触时间的增长，师生间的文化逐渐走向融合。在具有多元特质的师生文化频繁接触时，教师的文化适应性及文化身份认同也赋予教师不同的工作效能。所以，将招收随迁子女的小学与初中相比较，小学师生间文化差异更大，教师相对更不愿接纳随迁子女。

二、留守对同伴关系的影响

初中生正处于渴望自我独立的“分离—个体化”的关键期，步入青春期的他们会增多在社区、学校与同伴的交往行为，逐渐建立起家庭交往之外的同伴关系，学校内同伴交往是促进儿童社会化发展的重要实践对象。在这一成长的关键期，父母家庭教育角色的缺位会导致留守儿童行为等出现偏差①，这些留守学生会更容易受到社会排斥，而良好、亲密的同伴关系能在一定程度上消解社会负性环境的排斥影响。因此，在家庭教育支持系统相对较弱的条件下，良好的同伴关系构建对留守儿童的身心健康发展显得尤其重要，特别是随着儿童年龄的增加，同伴的影响将变得越来越突出，且大龄儿童相对于低龄儿童更容易受到同伴的影响②。基于以上分析，本部分关注的实证问题是：留守背景下亲子分离的状态是影响儿童同伴交往的原因吗？如果是，这种因果关系的程度如何？留守背景下亲子分离的状态对儿童同伴交往的影响是否存在异质性？

（一）变量界定

（1）被解释变量：同伴关系。具体参见研究设计的变量说明部分。

（2）解释变量：留守。段成荣和周福林③认为，留守儿童是指因父母双方或一方外出而被留守在户籍所在地，不能和父母双方共同生活在一起的未成年儿童、青少年。本部分借鉴该定义将父母双方有一方或双方外出的定义为留守，赋值为1，当父母双方均在家时定义为非留守，赋值为0。

（3）控制变量：本部分使用的其他变量还包括性别、年级、是否独生、身体健康、父母教育年限、学业基础、是否寄宿、父母教育期望、班主任性别、班主任年龄和学历等。需要指出的是，本部分以学生自评认知能力作为学生学业基础的代理变量。

（二）实证结果

1. 基准回归结果

在不考虑选择性偏误的情况下，本部分首先利用最小二乘法，以同伴关系为因变量，

① 宋月萍.父母流动对农村大龄留守儿童在校行为的影响：来自中国教育追踪调查的证据[J].人口研究，2018（5）：68-77.

② 李强.同伴效应对农村义务教育儿童辍学的影响[J].教育与经济，2019（4）：36-44.

③ 段成荣，周福林.我国留守儿童状况研究[J].人口研究，2005（1）：29-36.

以是否留守为核心自变量进行回归，为后文采用倾向性得分匹配法奠定基础。由于该数据采用的是整群抽样，不同地区、不同学校和不同班级之间可能存在异方差以及同一群体内随机扰动项可能存在相关等问题，这虽然不会对点估计结果造成影响，但这种情况会导致显著性水平出现变化，高估变量的影响。因此，本部分在模型估计过程中按照班级对标准误进行聚类调整以控制聚类效应（clusters effect）。此外，由于学校也是从县区抽取而来的，本部分进一步控制了学校固定效应，等同于控制了地区的差异，这从最大程度上减小了学校和地区未观测到的变量所造成的偏误。具体回归结果详见表 5-32。

表 5-32　基准回归结果

变　量	（1）	（2）	（3）
留守	−3.413***	−1.495**	−1.403**
	(0.816)	(0.651)	(0.646)
寄宿		0.309	0.107
		(1.144)	(1.109)
身体健康		13.198***	13.091***
		(1.049)	(1.039)
男学生		−1.253*	−1.282**
		(0.639)	(0.640)
独生子女		0.296	0.304
		(0.641)	(0.643)
小学四年级		8.113***	7.402***
		(1.186)	(1.178)
自评认知能力		3.514***	3.474***
		(0.403)	(0.402)
母亲受教育年限		0.409***	0.404***
		(0.156)	(0.155)
父亲受教育年限		0.114	0.113
		(0.151)	(0.149)
父母教育期望		0.625***	0.632***
		(0.131)	(0.130)
男班主任			−2.986**
			(1.303)
班主任教龄			0.015
			(0.048)
班主任学历			−1.366
			(1.908)
常数项	80.493***	36.269***	38.427***
	(1.003)	(2.715)	(3.493)
R^2	0.007	0.229	0.232

回归结果表明，在控制其他因素后，留守对学生的同伴关系具有显著影响，即与非留守儿童相比，留守儿童的同伴关系更差，留守经历对学生同伴关系的构建具有消极影响。

回归模型中，一些控制变量也能为我们提供有益的结论。例如，父母受教育年限对学生同伴关系起着促进作用，这有可能是由于更高受教育水平的父母，具备更多与儿童沟通的知识，能够及时发现和解决学生同伴交往中的问题。

2. 留守对同伴关系的影响：基于 PSM 估计

（1）留守选择模型

本部分选择协变量遵照如下原则：既与处理变量（留守）相关，又与结果变量（同伴关系）相关；或者与处理变量相关，但与结果变量不相关；避免选择与结果变量相关，但与处理变量不相关的变量。本部分选择了学生性别、年级、年龄、是否独生、民族、学业基础、父母受教育年限、县级虚拟变量。县级虚拟变量主要控制因县级经济发展差异导致学生父母迁移的情况。由于留守儿童父母的当前职业很大程度可能是父母外出务工的结果，因此模型中未纳入父母的职业变量。

本部分以是否留守作为因变量，以上文选择的协变量作为自变量，建立 Logit 模型。据表 5-33 可知，模型的解释力为 2.1%，这说明选择的变量对模型具有较好的解释力。回归结果显示，性别为男生、民族为汉族、独生子女、初中二年级、父亲教育年限低的学生更可能处于留守状态。倾向性得分概率模型结果显示，留守和非留守之间存在不可忽略的异质性，要有效地分析留守对学生同伴关系的影响，必须解决这一问题。同时，这也验证了本部分采用倾向性得分匹配法的必要性。

表 5-33 留守的影响因素

变量	留守	变量	留守
寄宿	0.382***(0.087)	母亲受教育年限	−0.064***(0.017)
身体健康	−0.260**(0.105)	父亲受教育年限	−0.031*(0.018)
男生	−0.066(0.070)	父母教育期望	−0.003(0.014)
独生子女	−0.193***(0.074)	常数项	1.456***(0.288)
小学四年级	0.143*(0.080)	pseudo R^2	0.021
自评认知能力	−0.074**(0.035)		

（2）利用倾向性得分匹配样本并进行平衡性检验

在得到倾向性匹配得分之后，为了保障倾向性匹配得分结果的准确性，必须保证协变量在处理组和控制组之间不存在系统差异，由此本部分进行处理组和控制组的平衡性检验。为了简洁，本部分只报告部分联合检验结果，具体检验结果见表 5-34。根据倾向性得分匹配估计基本原理，协变量对处理变量的影响将减少，联合显著性检验将变得不显著。从表 5-34 中看到匹配之后的伪 R^2 只有 0.001，p 值为 0.947，这说明匹配效果和估计结果较好。

表 5-34 平衡性联合检验结果

样本	伪 R^2	似然比卡方	p 值	均值偏差	中位数偏差	B 值	R 值
匹配前	0.024	116	0.000	12.9	13.2	37.2*	0.97
最近邻匹配	0.001	4.66	0.947	1.7	0.8	7.3	1.01
半径匹配	0.001	2.64	0.995	1.7	1.7	5.5	1.20
核匹配	0.001	2.42	0.996	1.5	1.7	5.3	1.21

（3）留守对学生同伴关系的处理效应

本部分主要采用最近邻匹配方法，为了判断最近邻匹配法的估计是否稳健，本部分进一步采用核匹配、半径匹配以及局部线性匹配法计算平均处理效应。具体结果见表 5-35。从表 5-35 中可以看出，用各种匹配方法所计算出的结果基本一致，这说明上述研究结果较为稳健。本部分以最近邻匹配法为例进行解释，留守会导致同伴关系得分降低 2.36 分。

表 5-35　留守对同伴关系的影响

匹配方法	ATT	ATU	ATE
最近邻匹配	-1.424^{*}	-1.941^{**}	-1.679^{**}
	（0.864）	（0.794）	（0.719）
半径匹配	-1.444^{**}	-1.707^{***}	-1.574^{**}
	（0.666）	（0.614）	（0.626）
核匹配	-1.404^{**}	-1.651^{***}	-1.526^{**}
	（0.664）	（0.624）	（0.631）

注：①括号内为基于 300 次自助抽样所获得的标准误；②在最近邻匹配中使用 1:1 匹配，半径匹配中半径设定为 0.01，核匹配和局部线性匹配的宽带分别为默认宽带 0.06、0.8；①、②本部分适用。

3. 异质性分析

为进一步识别留守对学生同伴关系影响的异质性，本部分将样本按照不同留守状态、不同年级、不同性别和是否为寄宿生分组进行匹配。

（1）不同留守状态对学生同伴关系影响

父母在学生成长过程所扮演的角色并非完全一样，不同角色的缺失对学生所造成的影响可能存在差异，父亲角色的缺失可能导致子女缺乏足够的行为习惯监督和学业辅导，母亲角色的缺失可能使得学生缺乏必要的生活照料、精神安慰和心理支持，而父母角色同时缺失则导致学生完全缺失家庭方面的支持，学生难以从家庭中得到必要的生活或精神上的支持、行为的规范和建议。基于以上各种情况，不同留守状态对学生同伴关系的影响是否具有差异性值得进一步研究。

本部分进一步对留守状态进行划分，构造儿童是否留守的四分类变量，即仅父外出留守、仅母外出留守、父母双外出留守、非留守。本部分以“仅父外出留守、仅母外出留守、父母双外出留守”分别为处理组，以“非留守”为控制组，计算不同留守状态对学生同伴关系的影响。

据表 5-36 可知，不同留守状态对学生同伴关系的影响具有异质性，仅父外出留守对学生的同伴交往具有显著的负向影响，仅母外出留守和父母双外出留守对其影响不显著，即留守对学生同伴关系的消极影响，更多的是发生在仅父外出留守的这类学生群体中。

（2）留守对不同年级学生同伴关系影响

不同年级的学生身心发展水平存在差异，所掌握的交往知识技能和所拥有的同伴交流经验也存在差异。越低年级的学生越需要父母在其生活中的指导和照料，而高中一年级学生面临着升学压力等因素，使得其可能希望得到父母的照顾和帮助。因此，留守对不同年级的留守儿童的同伴关系影响可能存在差异性。基于此，本部分按照学生年级进行分类，分别分析留守对初中二年级和高中一年级学生的影响。

表 5-36 留守类别的异质性分析

匹配方法	仅母外出留守	仅父外出留守	父母双外出留守
最近邻匹配	-3.886^{*}	-0.228	-2.037^{**}
	(0.794)	(1.056)	(0.972)
半径匹配	-4.452^{***}	-1.274	-1.585^{*}
	(1.937)	(0.928)	(0.848)
核匹配	-4.147^{**}	-1.229	-1.524^{*}
	(1.945)	(0.928)	(0.849)

注：为行文简洁，未报告 ATE、ATU 的估计结果。

从表 5-37 中我们可以发现，留守对小学四年级学生的同伴关系的消极影响明显更大，这有可能是由于小学四年级学生年龄更小、社会化水平较低，从而导致留守对他们构建同伴关系的影响明显。

表 5-37 年级的异质性分析

匹配方法	小学四年级	初中二年级
最近邻匹配	-1.445^{*}	-0.767
	(0.877)	(1.268)
半径匹配	-1.484^{*}	-0.756
	(0.817)	(1.144)
核匹配	-1.444^{*}	-0.763
	(0.818)	(1.146)

（3）留守对不同性别学生同伴关系影响

从表 5-38 中我们可以发现，留守对学生同伴关系的影响主要发生在女生群体中，留守女生群体更容易在与同伴交往中面对不利的情况，出现同伴关系疏远等问题。

表 5-38 性别的异质性分析

匹配方法	男 生	女 生
最近邻匹配	-0.969	-1.993^{*}
	(1.106)	(1.132)
半径匹配	-1.040	-1.812^{*}
	(1.022)	(0.980)
核匹配	-1.001	-1.787^{*}
	(1.024)	(0.982)

（4）留守对是否为寄宿生的同伴关系的影响

随着留守儿童规模的不断扩大，政府希望通过完善农村寄宿制学校，使其转变管理和服务方式以弥补农村留守儿童家庭教育功能的缺失，促进留守儿童学习、身心健康、全面发展。因此，本部分重在分析寄宿能否减弱留守对学生同伴交往带来的负面效应。

据表 5-39 可知，相对寄宿制留守儿童，留守对非寄宿制留守儿童的同伴关系影响更加显著，对其同伴关系具有显著的负面影响，这说明寄宿制学校通过寄宿给学生提供了更多交流的场景和条件、教师的关心和注意，在一定程度上能有效缓解留守对学生同伴关系产生的消极影响。

表 5-39　寄宿的异质性分析

匹配方法	寄宿	非寄宿
最近邻匹配	−0.025	−1.842**
	（1.520）	（0.904）
半径匹配	0.728	−2.111**
	（1.426）	（0.806）
核匹配	0.793	−2.094**
	（1.427）	（0.808）

4. 留守对同伴关系的影响：基于 Shapley 值分解分析

本部分采用 Huettner 和 Sunder① 提出的基于回归方程的 Shapley 值分解方法来考察留守在影响学生同伴关系的因素中的重要程度。Shapley 值分解的基本思想是，对影响因变量（同伴关系）的因素进行分解时，从回归模型中找出各因素对因变量总体变异（R^2）的贡献率，从而得出各变量对因变量影响的重要程度。本部分在运用 PSM 方法基础上，把倾向性得分作为新的变量纳入回归模型中，从而建立一个有效控制样本选择性偏差的回归模型。此外，为了避免因变量过多导致计算问题，本部分剔除了回归中一些不显著的变量。

据表 5-40 的 Shapley 值分解结果可知，样本选择偏差在估计留守对学生同伴关系影响时的确存在，在控制其他变量的情况下，留守可以贡献同伴关系可解释变异的 1.31%，健康对可解释变异的影响最大，其可以贡献同伴关系可解释变异的 29.97%。尽管留守对学生同伴关系具有负面的影响，但这仅仅说明相对非留守学生而言，留守学生在同伴关系方面处于相对弱势地位，而不能得出留守学生在同伴交往关系方面存在问题的结论。

表 5-40　留守对学生同伴关系的影响：Shapley 值分解

变　　量	同伴关系	Shapley 值 R^2(%)
留守	−1.355**	1.31
	(0.641)	
健康	13.105***	29.97
	(1.033)	
男学生	−1.269**	0.44
	(0.639)	
小学四年级	7.627***	25.20
	(1.192)	
自评认知能力	3.499***	25.09
	(0.405)	

① Huettner F, Sunder M. Axiomatic arguments for decomposing goodness of fit according to shapley and owen values[J]. Electronic Journal of Stats, 2012 (6): 1239-1250.

续表

变　量	同伴关系	Shapley 值 R^2(%)
母亲受教育年限	0.448***	5.38
	(0.144)	
父母教育期望	0.636***	9.13
	(0.129)	
男班主任	−2.711**	3.47
	(1.241)	
常数项	37.938***	
	(2.658)	
R^2	0.231	

（三）小结与讨论

本部分使用倾向得分匹配法，分析了父母外出务工对留守儿童同伴关系的影响及其异质性，并采用工具变量法进行了稳健性检验。研究发现：第一，留守对农村初中生构建同伴关系具有显著的负面效应；第二，留守对学生同伴关系的负向影响以仅父外出留守、初中二年级学生、男生、非寄宿学生群体更为突出；第三，留守在一定程度上解释了农村初中学生在构建同伴关系时处于不利地位。

初中学生处于个体意识和社会意识觉醒的特殊时期，长时期的亲子分离对学生长远的身心健康发展、良好习惯养成、亲密同伴关系构建等具有负面影响，而留守儿童的发展问题对今后几十年中国的社会、政治、经济状况，有着直接和深远的影响。留守儿童同伴关系问题的形成涉及多主体和社会多环境的因素，基于本部分的实证研究结果，我们提出了以下三点应对对策。

第一，从国家层面，改革城乡隔离的户籍制度。首先，推行新型城镇化、乡村振兴等政策，改变农村劳动力人口净流出的情况；其次，制定和实施临时性和过渡性政策，保障留守儿童平等享受城市高质量的教育公共服务；最后，从体制上解决农民工随迁子女的城市入学问题，引导人口流动由“个体流动”向“家庭流动”转变。

第二，从社区和学校层面，构筑有利于学生同伴交往的社会化发展实践平台。以社区为依托的关爱留守儿童的可行措施包括：建立少年儿童活动中心、创办儿童心理健康教育咨询中心、组织社区亲子活动等。以学校为依托的留守学生行动措施包括：开办家长学校；格外重视引导留守儿童发展良好的友谊质量，重视对低水平友谊质量留守儿童的心理指导与干预。

第三，从家庭层面，强化父母对农村留守儿童的监护和教育职责。外出务工的父母应给予学生在发展和同伴交往过程中的必要指导和关爱。可行的措施包括：通过通信设备关心学生的学习和生活、心理健康和同伴交流等，维持家长在学生成长中的作用和地位，保持家庭功能的完备性；在条件允许的情况下，家庭中至少留一位父母监护人陪伴学生成长。

第六章　微观教育结果公平实证研究

学生的全面发展是新时代推进教育公平的立足点，是发展更加公平、更有质量教育的最终指向。在前面章节探讨了微观教育机会公平与微观教育过程公平的基础上，本章进一步回应微观教育结果公平问题。教育结果是指学生在某一阶段学习后所获得的结果以及影响，这一结果不仅体现在学生的学习成绩等认知方面，还体现在非认知能力发展等内在方面。因此，本章以学生认知能力、非认知能力和心理健康作为微观教育结果的代理指标，从学校教学方法、作业布置、家校合作、家庭的教养方式、亲子分离、父母劳动时长等不同方面探究微观教育结果公平问题。

第一节　基于学生认知能力的教育结果公平

从学生认知能力发展差异来看（表 6-1），城市学生认知能力高于整体平均水平，而农村学生认知能力低于整体平均水平，且城市学生和农村学生在认知能力上存在显著差异（T=12.019，p<0.001）。留守学生认知能力低于整体平均水平，非留守学生认知能力高于整体平均水平，且留守学生和非留守学生在认知能力上存在显著差异（T=2.201，p<0.05）。随迁学生认知能力低于整体平均水平，非随迁学生认知能力高于整体平均水平，但随迁学生和非随迁学生在认知能力上不存在显著差异。高家庭社会经济地位学生认知能力高于整体平均水平，低家庭社会经济地位学生认知能力低于整体平均水平，且高家庭社会经济地位学生和低家庭社会经济地位学生在认知能力上存在显著差异（T=15.219，p<0.001）。总体来看，学生认知能力在城乡、不同留守状态以及不同家庭社会经济地位学生之间存在显著差异。

表 6-1　学生认知能力发展差异

学生认知能力		平均数	标准差	T 值
城乡	农村	207.984	24.957	12.019***
	城市	215.582	24.202	
是否留守	留守	209.553	24.910	2.201*
	非留守	210.898	25.186	
是否随迁	随迁	209.622	24.332	0.518
	非随迁	210.060	25.108	
家庭社会经济地位	低家庭社会经济地位	205.736	25.423	15.219***
	高家庭社会经济地位	214.356	23.808	

本节以学生认知能力为微观教育结果公平的衡量指标，重点从课外补习、教养方式方

面探讨其影响及机制。

一、课外补习的影响

在以分数为主的教育选拔机制没有发生根本性变化的情况下，为维持自身阶层优势或实现阶层流动，不同社会阶层群体纷纷选择投资于课外补习，期望子女能够获得更多数量、更高质量的教育，帮助其在未来的升学与就业竞争中取得成功。巨大的社会需求为课外补习的蓬勃发展提供了肥沃的土壤，中国大地上课外补习愈演愈烈，并最终加剧了教育结果的不公平。为减轻中小学生学业负担，遏制课外补习热，中国政府出台了一系列相关政策。然而，“学校减负、家长增负，校内减负、校外增负，公办学校减负、社会培训机构增负”，课外补习风气盛行，中小学生学业负担始终减不下来，由此引发的教育结果公平问题愈发严重。

目前，国内外学者探讨课外补习对留守儿童认知能力影响的实证研究非常少，据笔者所知，仅薛海平[①]专门研究了课外补习对留守儿童认知能力的影响，但是其研究因没有控制前期学业基础而存在较大的内生性问题。由此，本部分通过工具变量方法，估计课外补习对留守儿童认知能力的净效应，本部分关注的实证问题是：作为城镇化进程中的特殊儿童群体，留守儿童的补习状况如何？是否存在不公平的现象？课外补习对留守儿童认知能力产生怎样的影响？这种影响是因果效应，还是虚假相关？会扩大还是缩小其与非留守儿童之间认知能力的差距？

（一）变量与模型选择

1. 变量选择

（1）被解释变量：认知能力。由于该部分数据分析只选取了农村样本，故在选取样本的基础上，对样本的测试成绩再标准化。

（2）解释变量：课外补习。与第三章界定略有不同，本部分补习机会是虚拟变量，根据学生报告的周一到周五每天参与课外辅导班时间，周末每天参与课外辅导班时间，确定学生是否参与课外辅导班。其中，每周补习时间为 0，表示学生未参与补习，每周补习时间大于 0，表示学生参与了课外补习。

（3）工具变量：本部分以学校（年级）学生接受课外补习的比例作为课外补习参与的工具变量。课外补习的内生性问题也会导致交互项存在内生性问题，本部分以交互项探讨课外补习参与对留守儿童的影响，仿照高虹和陆铭[②]的做法，使用其他学生年级补习率和留守儿童的乘积作为交互项的工具变量，以解决课外补习参与和留守儿童交互项的内生性问题。

---

① 薛海平，等. 课外补习对义务教育留守儿童学业成绩的影响研究 [J]. 北京大学教育评论，2014，12（3）：50-62，189-190.

② 高虹，陆铭. 社会信任对劳动力流动的影响——中国农村整合型社会资本的作用及其地区差异 [J]. 中国农村经济，2010（3）：12-24，34.

（4）控制变量：本部分从个人、家庭、学校三方面控制其他变量的影响。从个人特征来看，在模型中加入性别、学业基础、学习习惯（学习努力度）等控制变量。从家庭特征看，本部分在模型中加入家庭社会经济地位，兄弟姐妹个数和父母自我效能感等变量。从学校特征变量来看，包括学校质量与学校性质。

2. 模型选择

（1）教育生产函数

教育生产函数是研究教育投入与产出的经典分析框架，本部分采用教育生产函数解释框架，研究各项投入（个人、家庭、学校等）对教育产出的影响。教育生产函数一般表达式为

$$Y_{it} = f\left(F_{it}, S_{it}, A_i\right) + \mu_{it} \tag{6-1}$$

式中，下标 i 代表第 i 个学生，t 代表第 t 个时期。Y_{it} 是学生 i 在 t 时期的认知能力，F_{it} 代表累积到 t 时期为止的、来自家庭方面并对学生 i 学业成就有影响的各种投入，包括父母学历、社会经济地位等，S_{it} 代表累积到 t 时期时，学校对学生 i 的各种投入，如学校质量、教师能力等，A_i 代表学生 i 的个人投入，包括智商、学业基础、学习努力程度等，μ_{it} 代表误差项。众所周知，教育的投入是累积的，学生在某一时期的认知能力，不只受到该时间内各项投入的影响，还受到前一时期各种投入的影响。对于这一问题，已有研究一般采用增值模型，即通过某一阶段认知能力增值或者控制学业基础两种方式，加以解决。

结合本部分的数据特点，本部分在模型 1 的基础上，构建如下基本模型：

$$Y_i = \beta_0 + \beta_1 Y_{0i} + \beta_2 Z_i + \beta_3 L_i + \beta_4 Z_i \cdot L_i + \beta_5 X_i + \varepsilon_i \tag{6-2}$$

式中，Y_i 是学生的认知能力测试结果，用来衡量学生的教育产出成果；Y_{0i} 代表学生的学习基础。本部分借鉴谢桂华和张阳阳[①]的做法，以学生报告的六年级语数外学习难度的平均得分作为其代理变量。Z_i、L_i、$Z_i \cdot L_i$ 是本部分的重要解释变量，Z_i 代表学生 i 是否参与课外补习，L_i 代表学生 i 是否留守，$Z_i \cdot L_i$ 是留守儿童和课外补习的交互项，探讨参与课外补习对留守儿童的影响。X_i 包含了其他类型控制变量，包括个人、家庭、学校的投入要素。ε_i 为误差项。

（2）工具变量法

使用 OLS 回归方法估计课外补习对学生认知能力的影响，很可能会存在严重的内生性问题，如存在遗漏的同时影响认知能力和课外补习参与的变量，或者参与课外补习与认知能力互为因果等，均会导致低估或高估课外补习参与对学生认知能力的影响。

为了控制由于内生性而产生的估计偏误，需要找到一个合适的外生工具变量才能估计出课外补习对留守儿童认知能力的真实影响。一般而言，合适的工具变量需要至少满足两大条件：①与内生变量强相关；②不会对被解释变量产生太大的直接影响[②]。换言之，在本部分中，工具变量应当和课外补习参与相关，而不直接影响学生的认知能力。

---

① 谢桂华，张阳阳．点石成金的学校？——对学校“加工能力”的探讨 [J]. 社会学研究，2018（3）：141-165，245.

② Nathan N, Leonard W. The slave trade and the origins of mistrust in africa[J]. The American Economic Review, 2011, 101(7): 3221-3252.

（二）实证结果

1. OLS 回归

数据结果显示，留守补习儿童的认知能力明显低于非留守儿童，甚至低于留守非补习儿童。如图 6-1 所示，留守补习儿童的认知能力明显偏左，其最大值、最小值、中位数均低于其他类型儿童，也就是说留守补习儿童的认知能力整体水平低于其他类型儿童。进一步进行独立样本 t 检验发现，留守补习儿童的认知能力显著低于其他类型儿童（T=5.49，P=0.000）。导致这一结果产生的原因是什么？参与课外补习导致留守儿童认知能力的下降？或是参与课外补习的留守儿童多是认知能力较差的学生，即使其认知能力因参与课外补习得到一定提高后，仍然显著低于其他类型儿童？在没有控制其他变量的情况下，不能轻易断言课外补习对留守儿童有消极影响。

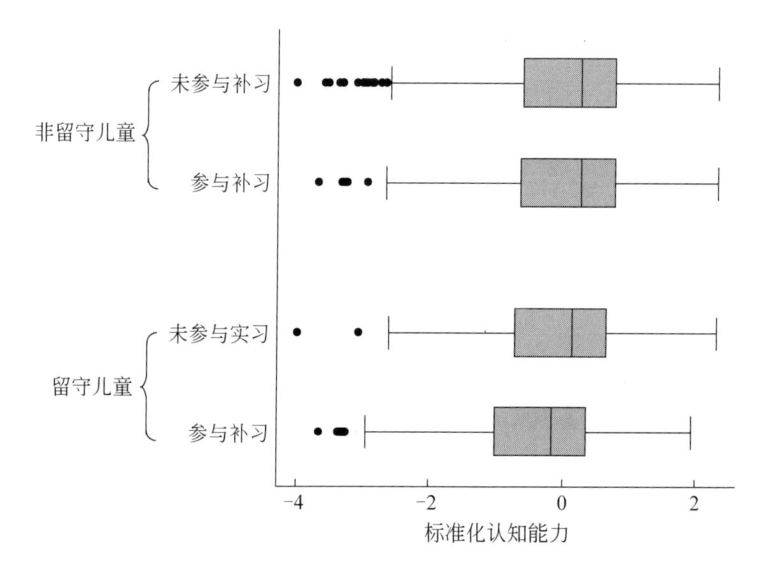

图 6-1　农村儿童认知能力差异图

鉴于此，为进一步探讨个人、家庭以及学校对留守儿童认知能力的影响，笔者建构了（4）个模型进行分析，分析结果如表 6-2 所示。模型 1 为本部分的零模型，仅加入了补习、留守与留守补习变量；模型（2）在模型（1）的基础上加入了个人变量；模型（3）在模型（2）的基础上继续增加家庭变量，模型（4）在模型（3）的基础上加入学校变量，分析课外补习对留守儿童认知能力的影响。考虑到不同地区在社会经济状况、社会文化、教育氛围等方面存在诸多差异，笔者在各个模型中加入区县的虚拟变量，作为截面数据的固定效应，控制其他不可观测变量的影响。

表 6-2　OLS 回归结果

变　量	模型（1）	模型（2）	模型（3）	模型（4）
补习	−0.02	−0.05	−0.08**	−0.09**
	（0.04）	（0.04）	（0.04）	（0.04）
留守	−0.03	0.01	0.02	0.01
	（0.05）	（0.06）	（0.05）	（0.03）

续表

变 量	模型（1）	模型（2）	模型（3）	模型（4）
留守 * 补习	−0.29***	−0.22**	−0.19**	−0.20**
	（0.08）	（0.09）	（0.09）	（0.09）
个人变量		√	√	√
家庭变量			√	√
学校变量				√
区域固定效应	√	√	√	√
R^2	0.159	0.236	0.284	0.289

在加入个人、家庭、学校等变量后，模型（4）最终解释了 28.9% 的学生认知能力。在 4 个模型中，补习对学生认知能力有负向作用，在模型（3）、模型（4）中保持显著，而留守对学生认知能力的影响始终不显著。其中，留守与补习交互项对学生认知能力有显著的负向影响，随着控制变量的加入，留守补习的系数有所减小，但系数方向没有变化。从模型（4）看，既是留守又参与补习会降低儿童认知能力 0.2 个标准差。

与直觉相符，学业基础变量对学生认知能力的影响始终为负，六年级时学习越吃力，学生的认知能力越差。学习努力度对学生认知能力的影响始终为正，学习越努力，认知能力越高。性别、兄弟姐妹数始终对学生认知能力的影响各有正负，但始终不显著。父母受教育年限和自我效能感对学生认知能力有显著正向影响。从家庭经济状况来看，相较于家庭经济状况困难，家庭经济状况一般对学生认知能力有显著的正向影响，但家庭经济状况富裕对学生认知能力有负影响，但不显著。从学校特征看，公办学校对学生认知能力的影响不显著，相较于排名中下的学校，中等学校对学生认知能力有显著的负向影响，中上学校对学生认知能力有正向影响，但不显著。

综合而言，OLS 回归的结果表明，在控制了学生的个人特征、家庭特征、学校特征后，在整个样本中，课外补习对学生认知能力有负向影响，留守补习对学生认知能力的负向影响始终保持显著。这与人们的日常常识以及已有研究发现不符，参与课外补习反而降低了学生的认知能力。在已有研究中，李佳丽对西部农村学生参与课外补习状况的研究发现，西部农村参与课外补习的初中生以认知能力较差的学生为主。由此，笔者推测，之所以 OLS 回归结果显示课外补习参与对留守儿童认知能力有负向影响，并不是因为补习对学生认知能力有显著的负向影响，而是因为参与补习的学生都是认知能力较差的学生。对此，笔者将在下一节中采用工具变量方法解决课外补习参与的内生性问题，尽可能准确地估计课外补习参与对学生认知能力的影响。

2. 工具变量回归

杜宾 - 吴 - 豪斯曼（DWH）方法检验结果显示，p 值为 0.0055，拒绝了留守补习变量外生的原假设，即留守补习变量存在内生性问题。换言之，使用 OLS 回归方法估计会产生有偏误的结果，无法识别课外补习参与对留守儿童认知能力的影响，因此有必要使用工具变量方法重新估计上述方程。弱工具变量检验结果显示，F 值远远大于 10，拒绝了“弱工具变量”的假设，即留守补习变量与工具变量有很强的正相关关系。关于工具变量的外生性，赵西亮[①]提出了检验工具变量外生性的一种方法，即用工具变量和处理变量不相关的样本来检验工具变量和被解释变量是否相关。在本部分的数据中存在全部补习和全部不补习的样本，对这些样本而言，补习与否和补习率不相关。进一步估计发现，留守补习率对认知能力不存在显著的影响（$p=0.238$），即留守补习率和认知能力无关，留守补习率与认知能力无直接关联。

表 6-3 报告了认知能力的 OLS 回归和Ⅳ回归结果。在 OLS 回归和Ⅳ回归模型中，均控制了个人特征、家庭特征和学校特征以及区县固定效应。从模型（5）、模型（6）回归结果可以看出，除内生变量外，其余变量的系数、显著性和方向基本未发生变化。只有留守 * 补习系数的方向和大小均发生了变化，由负向影响变为正向影响，影响系数的绝对值增加了 1 倍多，且仍保持显著。也就是说，表 6-1 的 OLS 回归低估与错估了参与课外补习对留守儿童认知能力影响的系数与方向，参与课外补习对留守儿童认知能力有显著的正向影响，参与课外补习能够提高留守儿童认知能力 0.46 个标准差。

表 6-3　认知能力的工具变量回归

变　　量	模型（5）	模型（6）
留守 * 补习	-0.20^{**}(0.09)	0.46^{*}(0.26)
补习	-0.09^{**}(0.04)	-0.23^{***}(0.07)
其他控制变量	√	√
区域固定效应	√	√
R^2	0.289	0.276

3. 稳健性检验

在本节中，笔者做了以下两方面的稳健性检验：第一，笔者根据学生参与的补习科目重新编码课外补习变量，以进行稳健性检验。第二，笔者使用标准化后的学生语数外期中考试成绩代替认知能力测试结果，以进行稳健性检验。

结果如表 6-4 所示，在控制个人、家庭、学校和区县固定效应后，无论是更换内生变量的度量方式，还是用语文成绩作为被解释变量代替认知能力，参与课外补习仍对留守儿童认知能力有显著的正向影响，且其系数与模型（6）非常接近。这进一步验证了课外补习对留守儿童存在正向的积极影响。然而，模型（9）、模型（10）结果显示参与课外补习对留守儿童不存在积极影响，反而存在消极影响，但是这一影响不显著。这一结论与已有

表 6-4　稳健性检验

变　　量	认知能力	语文成绩	数学成绩	英语成绩
	模型（7）	模型（8）	模型（9）	模型（10）
留守补习	0.47^{**}	0.45^{*}	−0.32	−0.18
	(0.22)	(0.27)	(0.28)	(0.27)
其他控制变量	√	√	√	√
区县固定效应	√	√	√	√
R^2	0.279	0.236	0.157	0.261

① 赵西亮 . 基本有用的计量经济学 [M]. 北京：北京大学出版社，2017.

研究[①]发现相似，课外教育支出只对字词测试成绩有显著影响，对数学成绩影响不显著。

（三）小结与讨论

随着城镇化的深入持续推进，留守儿童日渐受到我国学术界的关注，然而关于留守儿童的诸多议题仍然悬而未决，未能达成一致共识。本部分采用工具变量方法，分析了课外补习对留守儿童认知能力的影响。研究发现，留守补习儿童的认知能力显著低于其他类型儿童。当控制个人、家庭、学校变量后，OLS 回归估计发现，补习对留守儿童认知能力有显著的负向影响，参与补习会降低留守儿童认知能力 0.2 个标准差。OLS 回归难以识别补习与认知能力之间的因果关系，笔者进一步采用工具变量方法估计补习对留守儿童认知能力的影响。Ⅳ估计结果显示，参与课外补习对留守儿童认知能力有显著的正向影响，参与课外补习能提高留守儿童认知能力 0.46 个标准差。稳健性检验结果表明，这一结论基本保持稳健。

尽管参与课外补习能显著提高留守儿童的认知能力，但是，一方面，参与课外补习的留守儿童往往是认知能力较差的学生，其主要目的是补差，即使留守补习儿童的认知能力因参与补习已经得到一定程度改善，但是其认知能力仍然显著低于其他三类儿童；另一方面，留守儿童参与课外补习的机会显著低于非留守儿童，留守儿童更不可能接受课外补习。在留守补习儿童认知能力弱于其他类型儿童，参与课外补习机会少于其他类型儿童的情况下，若缺乏合适的外部干预，留守补习儿童与其他类型儿童的认知能力差距很可能会进一步扩大，弱势群体接受公平有质量教育的目标难以实现。

课外补习是正规教育的补充，留守儿童及其家庭希望通过课外补习改善儿童认知能力，弥补自身不足，提高学业竞争力，以便未来在残酷的学业竞争中胜出。然而，无论是数量，还是质量，留守儿童在课外补习获得中均处于劣势，其他类型学生，尤其是城市学生，凭借自身优势可以获得更多、更优质的课外补习，进而可能扩大了不同类型学生之间的差距。

因此，我们认为，在城乡、区域、校际正规教育质量存在客观差距的现实背景下，尤其是农村教育质量低于城市教育质量，为农村儿童，尤其是留守儿童等处境不利儿童提供数量充足、质量优异的课外补习，以此弥补正规教育的不足，缩小其与其他类型儿童的差距，可能是实现为每一个学生提供公平优质教育、推动教育均衡发展、维护社会稳定目标的有效路径。

二、教养方式的影响

认知能力除了受到家庭背景、父母教育参与、家庭迁移经历、人格特质、健康状况等多方面的影响外，还与父母的教养方式有着极强的联系。然而在家庭教育过程中，受到家庭社会经济地位等方面因素的影响，不同的家庭在教养方式上也存在着很大的差异，由此给学生认知能力的发展也带来了不同的影响。2021 年 10 月 23 日，第十三届全国人大常委

---

① 张雪，张磊. 课外教育支出与学生的教育成果——基于 CFPS 微观数据的实证研究 [J]. 经济科学，2017（4）：94-108.

会第三十一次会议通过了新制定的《中华人民共和国家庭教育促进法》，标志着家庭教育在我国不仅只是传统意义上的“家事”，而是纳入了国家教育事业发展和法治化管理轨道的“国事”。在家庭教育过程中，什么样的教养方式能够促进学生的认知能力得到充分发展？这不仅是广大家长关注的教育问题，也逐渐成为当下一个极具理论与实践意义的学术议题。

基于此，本部分基于“严厉程度”与“管教范围”两种方式对父母教养方式进行测量，并以父母对子女的信心因素作为二者与子女认知能力发展影响的可能机制，并对不同的父母教养方式的影响机制进行探讨，本部分关注的实证问题是：不同的家庭教养方式会对子女的认知发展带来什么样的影响？如何影响？什么样教养方式才能更好地促进孩子发展？不同家庭在教养方式上是否存在差异？

（一）变量与模型选择

1. 变量选择

（1）被解释变量：认知能力。

（2）解释变量：严厉程度、管教范围。本部分主要考察的是父母教养方式中的严厉程度以及管教范围对子女认知能力的影响。针对父母教养严厉程度，学生问卷和家长问卷分别询问了学生和家长对于作业和考试、学校表现、交友、穿着打扮、上网时间、看电视时间六个方面管得严不严的看法。

（3）控制变量：本部分的控制变量由家庭层面、学生层面及学校层面三个方面构成。家庭层面变量包括：父亲和母亲的受教育程度、父母陪伴、家庭经济状况、父母信心（无信心 =0；有信心 =1）；学生层面变量包括年龄、性别 (女孩 =0；男孩 =1)、户口类型 (非农户口 =0；农业户口 =1)、是否独生子女 (非独生子女 =0；独生子女 =1)；学校层面变量包括学校排名 (中等及以下 =0；中等及以上 =1)、学校学习风气、学校对学生的管理。

2. 模型选择

为了考察父母教养方式对子女认知能力的影响，本部分建立了以下计量模型：

$$\text{Cognitive}_i = \alpha + \beta \cdot \text{style}_i' + \gamma \cdot X_i + \mu_i \tag{6-3}$$

式中，下标 i 表示子女个体，Cognitive_i 是第 i 个子女的认知能力得分。style′ 表示父母教养方式，其中包含父母教养严厉程度和管教范围两种不同的测量方式，分别用 style_s 和 style_r 表示。β 的参数估计值表示父母教养方式对子女认知能力的影响效应，其中，严厉程度和管教范围对子女认知能力的影响效应分别用 β_1 和 β_2 表示。X_i 为影响子女认知能力的其他控制变量，μ 为方程的随机误差项。

（二）实证结果

1. 基准回归结果

（1）混合回归的结果

第一，在控制其他可能影响子女认知能力的因素后，严厉程度、管教范围对子女认知能力均有显著正向影响。表 6-5 第（1）列和第（2）列数据显示，严厉程度的参数估计值为 0.022，即严厉程度每上升 1 个单位值，子女的标准认知得分提高 0.022 分。而管教范围每上升 1 个单位值，子女的标准认知得分平均可提高 0.075 分。也就是说，父母教养方式越为严厉，管教范围越宽，越能促进子女认知能力的发展，这一点在张皓辰和秦雪征的研究中也得到了证实[①]。

表 6-5　父母教养方式、父母信心与子女认知能力：全体样本

变　量	(1)	(2)	(3)	(4)	(5)	(6)
严厉程度	0.022***		0.011		0.049***	
	(0.004)		(0.006)		(0.009)	
管教范围		0.075***		0.063***		0.087***
		(0.009)		(0.014)		(0.016)
户籍	−0.100***	−0.100***	−0.095***	−0.096***	−0.102***	−0.101***
	(0.025)	(0.025)	(0.025)	(0.025)	(0.025)	(0.025)
性别			−0.208**	−0.142		
			(0.065)	(0.099)		
严厉程度 * 性别			0.019*			
			(0.008)			
管教范围 * 性别				0.017		
				(0.018)		
父母信心					0.573***	0.466***
					(0.072)	(0.100)
严厉程度 * 父母信心					−0.043***	
					(0.010)	
管教范围 * 父母信心						−0.041*
						(0.019)
其他变量	√	√	√	√	√	√
常数项	−1.129***	−1.317***	−1.018***	−1.231***	−1.396***	−1.469***
	(0.099)	(0.103)	(0.105)	(0.118)	(0.110)	(0.121)
R^2	0.106	0.112	0.109	0.114	0.125	0.127

第二，严厉程度对子女认知能力的影响受到性别的调节，但管教范围对不同性别子女的认知能力的影响一致。一方面，加入“严厉程度”与“性别”的交互项后，“严厉程度”对子女认知能力的影响不再显著，但严厉程度与性别的交互项对子女认知能力呈现出显著的正向预测作用（$p<0.05$），这说明相对于严厉程度对女孩认知能力的促进作用（0.011），严厉程度对男孩认知能力的促进作用更大（0.03）。这可能是因为随着年龄和学业压力的增长，初中女孩比初中男孩更容易将外部环境要求内化为自我约束的准则[②]，所以严厉程度对女孩认知能力的边际效应更大。这在一定程度上印证了严厉程度影响子女认知能力的性别差异。另一方面，在加入“管教范围”与“性别”的交互项后，管教范围对子女认知能力的影响仍然显著，但是其系数由 0.075 变为 0.063。管教范围与性别的交互项对子女认知能力的影响没有达到显著性水平，这说明管教范围对不同性别子女的认知能力的影响是一致的，即管教范围越

① 张皓辰，秦雪征．父母的教养方式对青少年人力资本形成的影响 [J]. 财经研究，2019（2）：46-58.

② 马虹，等．家长投入对中小学生学业投入的影响：有中介的调节模型 [J]. 心理发展与教育，2015（6）：710-718.

大，子女的标准认知得分越高。另外，表 6-6 还表明户籍与子女认知能力之间呈现出非常显著的相关关系，即农业户口在教养方式与子女认知能力的关系中具有消极作用。

第三，严厉程度、管教范围对子女认知能力的影响均受到父母信心的调节。一方面，在加入“严厉程度”与“父母信心”的交互变量之后，严厉程度对子女认知能力的影响仍显著正相关，但严厉程度与父母信心的交互项却对子女认知能力呈现出显著的负向预测作用。换言之，如果父母信心较强，那么严厉程度的提升对子女认知能力的影响效应会变小。另一方面，在加入“管教范围”与“父母信心”的交互变量之后，管教范围对子女认知能力的影响也仍显著，其与“父母信心”的交互项在 $p<0.05$ 的水平下对子女认知能力呈现出负向预测作用。因此，与父母信心强相比，在父母信心弱的情况下管教范围对子女认知能力的影响效应更大。围绕个人和父母未来信心对青少年发展的影响效应，有学者研究表明个人和父母未来信心较大程度上中介了父母参与对青少年发展的影响，具体来说，父母通过父母监督等参与到青少年的教育中，从而提升青少年个人对未来的信心，而父母在参与过程中，也进一步提升了父母对子女的信心，这些都使得子女个人动机和自我监管水平得到提升[①]。

以上分析进一步表明，父母信心与父母教养方式之间具有互替性。当子女感知到父母信心较强时，子女个人动机和自我监管水平可能会得到提升，为个人发展提供更多动力。在这种情况下，严厉程度和管教范围对子女认知能力的影响效应较小。同样地，当子女感知到父母信心较弱时，可能会导致自我发展的动机不强，此时严厉程度和管教范围对子女认知能力的边际影响效应相对较大。另外，此时的父母教养方式在一定程度上能够弥补父母信心不足给子女认知发展带来的问题[②]。

（2）分城乡混合回归的结果

父母教养方式在城乡之间存在差异，城乡差异在一定程度上也反映了教育质量上的差异，城市中的学校质量较高，其对学生已经提出了较高的学习要求，而在农村，学校质量低下，对学生的学习监管不到位，这时父母严厉的教养方式在一定程度上能够弥补学校教育的不足[③]。在前文进行与性别的交互项回归时，仅要求父母教养方式的系数存在组间差异，对控制变量不作要求，但在进行分组回归时，我们认为每个变量都存在组间差异。为进一步证实城乡之间父母教养方式的差异，我们将全体样本分为城市样本和农村样本进行分组回归，分别分析严厉程度及管教范围对子女认知能力的影响，结果见表 6-6。

表 6-6　父母教养方式对子女认知能力的影响：分城乡

变　量	城市样本		农村样本	
	（1）	(2)	（3）	（4）
严厉程度	0.005		0.030***	
	(0.007)		(0.005)	
管教范围		0.052**		0.084***
		(0.016)		(0.011)

① 武玮，李佳丽．父母参与、未来信心与青少年发展——本地和流动青少年的对比分析 [J]. 教育与经济，2021（5）：66-76.

② 吴贤华，等．中小学生自我效能感匹配、家庭教养方式与学习投入的关系 [J]. 基础教育，2021，18（2）：42-52.

③ 张皓辰，秦雪征．父母的教养方式对青少年人力资本形成的影响 [J]. 财经研究，2019（2）：46-58.

续表

变　量	城市样本		农村样本	
	(1)	(2)	(3)	(4)
其他控制变量	√	√	√	√
常数项	−1.088***	−1.271***	−1.336***	−1.512***
	(0.156)	(0.165)	(0.122)	(0.126)
R^2	0.095	0.099	0.065	0.071

第一，在农村样本中，严厉程度、管教范围均对子女认知能力存在显著的正向预测作用。严厉程度的参数估计值为 0.030，即严厉程度每提升 1 个单位值，子女的标准认知得分可提高 0.030 分；而管教范围每提升 1 个单位值，子女的标准认知得分可提高 0.084 分。

第二，在城市样本中，严厉程度与子女认知能力之间没有显著关系，而管教范围仍然显著正向预测子女认知能力。管教范围每提升 1 个单位值，子女的标准认知得分可提高 0.052 分。

从整个分城乡回归的结果来看，父母教养方式对子女认知能力的影响在城乡之间存在差异，其在农村样本中的影响效果要强于城市样本。随着我国城镇化进程的不断加快，我国农村出现了大量留守儿童[①]。一方面，农村留守儿童的父母倾向于采用“放任型”教养方式，家庭教育的缺失使子女因缺乏监管而学习自主性不足，注意力等认知能力也相对较差[②]。另外，部分留守儿童父母还会采用“溺爱型”的教养方式，而“溺爱型”的教养方式不利于培养子女的成就动机[③]。当子女个人的学习自主性较弱、成就动机不强时，管得更严和管得更宽对学生认知能力的影响效应相对就越大。另一方面，由于条件有限，农村留守儿童在教育资源获得方面处于劣势地位[④]，进而导致其认知能力无法得到全面发展。在这样的背景之下，当父母教养方式更为严厉时，农村样本认知能力获得提升的边际效应会更大。

（3）分位数回归的结果

OLS 回归反映的是总体平均水平上，各个解释变量对子女认知能力的平均影响，因此估计结果容易受到异常值的影响。所以，我们采用分位数回归分析方法分别探索严厉程度和管教范围对处于不同认知能力分位子女测试成绩的影响情况，结果如下。

严厉程度和管教范围对不同认知能力分位子女测试成绩的影响趋势具有差异。一方面，严厉程度主要是对 10 分位至 50 分位之间的子女认知能力发展表现出显著影响。对处于 10 分位子女的认知能力发展具有最强的促进作用，而对于 60 分位及以上的子女来说，严厉程度与其认知能力之间的关系不再显著。而且如图 6-2 所示，随着分位点的提高，严厉程度对于子女认知能力的正向预测作用越来越小。

① 吴霓．我国农村留守儿童关爱服务体系的政策、实践与对策研究 [J]. 湖南师范大学教育科学学报，2021（5）：59-68.

② 张茜洋，等．家庭社会经济地位对流动儿童认知能力的影响——父母教养方式的中介作用 [J]. 心理发展与教育，2017（2）：153-162.

③ 魏莉莉，马和民．提升国家竞争潜力亟需变革家庭教养方式——基于上海市 90 后青少年成就动机的实证研究 [J]. 青年研究，2013（3）：1-10，94.

④ 吴一超，等．家庭迁移经历对农村留守儿童认知发展的影响效应 [J]. 少年儿童研究，2021（7）：38-51.

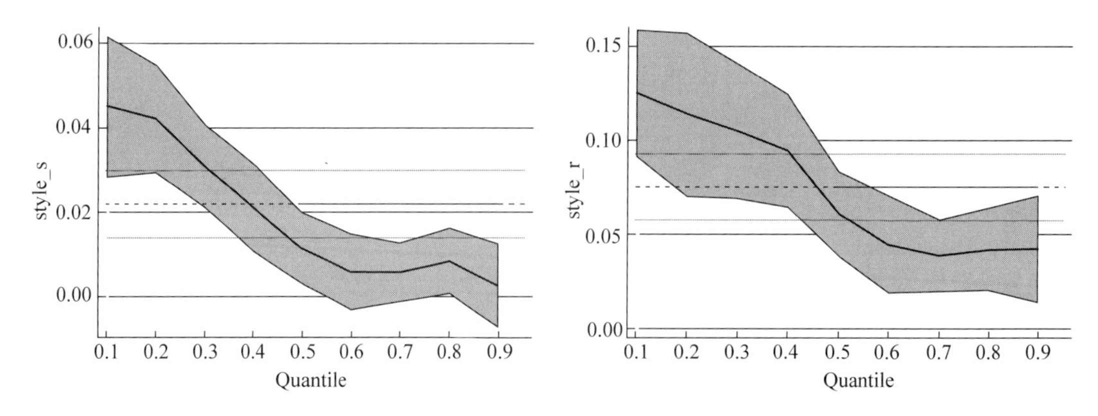

图 6-2　父母教养方式对子女认知能力影响的分位数回归图

结合已有研究结论我们认为，一方面，处于高分位的子女可能在标准认知得分上存在天花板效应（ceiling effect），其认知能力提升空间较小，而处于低分位的子女相对来说其认知能力有更大的发展空间；另一方面，处于低分位的子女基础较差，学习动机水平较低[①]。在这种情况下，父母教养严厉程度的提升更能促进子女认知能力的发展。总之，提升严厉程度和扩大管教范围更有利于推动低分位子女认知能力的提高，具体数据如表 6-7 所示。

表 6-7　分位数回归结果（严厉程度）

变　量	10 分位	30 分位	50 分位	70 分位	90 分位
严厉程度	0.045***	0.031***	0.011**	0.006	0.002
	(0.008)	(0.005)	(0.004)	(0.004)	(0.007)
其他变量	√	√	√	√	√
常数项	−2.619***	−1.677***	−0.884***	−0.363**	0.140
	(0.242)	(0.144)	(0.122)	(0.118)	(0.111)
R^2	0.064	0.067	0.057	0.046	0.045

另外，管教范围对每一分位点的子女认知能力均具有显著的正向影响，但管教范围对子女认知能力的影响随着认知能力分位的升高也呈现出逐渐降低的趋势，具体数据如表 6-8 所示。

表 6-8　分位数回归结果（管教范围）

变　量	10 分位	30 分位	50 分位	70 分位	90 分位
管教范围	0.125***	0.105***	0.061***	0.039***	0.042***
	(0.016)	(0.013)	(0.009)	(0.009)	(0.009)
其他变量	√	√	√	√	√
常数项	−2.923***	−1.924***	−1.110***	−0.458**	−0.054
	(0.298)	(0.159)	(0.126)	(0.154)	(0.119)
R^2	0.070	0.072	0.060	0.048	0.047

① 左志宏，席居哲．三种学业成绩水平学生元认知、学习动机的比较 [J]. 中国特殊教育，2005（5）：69-72.

2. 稳健性检验

（1）缩小样本为“00后”

为了得到更加稳健的结论，我们通过缩小样本进一步探究父母教养方式对子女认知能力的影响效应，结果见表6-9。

表6-9　父母教养方式对“00后”子女认知能力的影响

变　量	“00后”全体样本		“00后”城市样本		“00后”农村样本	
	（1）	（2）	（3）	（4）	（5）	（6）
严厉程度	0.020***		0.004		0.029***	
	(0.004)		(0.007)		(0.005)	
管教范围		0.071***		0.053**		0.078***
		(0.009)		(0.016)		(0.012)
其他变量	√	√	√	√	√	√
常数项	−0.957***	−1.141***	−1.082***	−1.272***	−1.078***	−1.242***
	(0.102)	(0.107)	(0.157)	(0.166)	(0.130)	(0.135)
R^2	0.091	0.097	0.093	0.097	0.051	0.056

对“00后”全体样本的回归显示，严厉程度、管教范围均在$p<0.001$的水平下与子女认知能力呈现出显著的正相关关系。严厉程度的参数估计值为0.020，即严厉程度每提升1个单位值，子女的标准认知得分可提高0.020分。分城乡来看，严厉程度与“00后”城市样本之间没有显著的相关关系，但仍然在$p<0.001$的水平下对“00后”农村样本的认知能力有显著的正向预测作用，且其系数为0.029。故相比于“00后”城市样本，严厉程度对“00后”农村样本认知能力的影响效应更大。

“00后”全体样本的管教范围参数估计值为0.071，即管教范围每提升1个单位值，子女的标准认知得分可提高0.071分。管教范围对“00后”城市样本和“00后”农村样本的学生认知能力均有显著的正向预测作用，其中“00后”城市样本的参数估计值为0.053，“00后”农村样本的参数估计值为0.078。所以与严厉程度相似，管教范围对“00后”农村样本认知能力的影响效应更大。

以上结果进一步表明，本部分的基本结果是稳健的。父母教养严厉程度和管教范围均能正向预测子女认知能力。且对“00后”农村样本来说，严厉程度和管教范围对其认知能力的影响效应更大。

（2）以家长视角的教养方式为解释变量

家长视角的严厉程度、管教范围仍对子女认知能力存在显著正向影响。在全体样本中，家长视角的严厉程度参数估计值为0.013（$p<0.01$），即严厉程度每提升1个单位值，子女的标准认知得分可提高0.013分。分城乡来看，家长视角的严厉程度与城市样本认知能力之间呈现出负相关关系，但并不显著；而对农村样本的认知能力在$p<0.001$的水平下有显著的正向预测作用，且其系数为0.023，故相比于全体样本，家长视角的严厉程度对农村样本认知能力的影响效应更大。

同样地，家长视角的管教范围与子女认知能力在$p<0.001$的水平下显著正相关，其参数估计值为0.068，即管教范围每提升1个单位值，子女的标准认知得分可提高0.068分。

家长视角的管教范围对城市样本的认知能力也呈现出正相关关系，但没有达到显著水平。但对农村样本来说，家长视角的管教范围对其认知能力具有显著的正向预测作用（$p<0.001$），其系数为0.082。与全体样本相比，家长视角的管教范围对农村样本认知能力的影响效应更大。

表6-10的结果进一步体现了教养方式对子女认知能力影响的稳健性。父母教养严厉程度和管教范围对子女认知能力有显著正向的影响，且对农村样本来说，父母教养方式对其认知能力的影响效应更大。

表6-10　家长视角的教养方式对子女认知能力的影响

变　量	全体样本		城市样本		农村样本	
	（1）	（2）	（3）	（4）	（5）	（6）
严厉程度	0.013**		−0.007		0.023***	
	(0.004)		(0.007)		(0.005)	
管教范围		0.068***		0.025		0.082***
		(0.010)		(0.019)		(0.012)
其他控制变量	√	√	√	√	√	√
常数项	−1.096***	−1.330***	−1.020***	−1.183***	−1.309***	−1.541***
	(0.100)	(0.108)	(0.159)	(0.178)	(0.123)	(0.131)
R^2	0.104	0.108	0.095	0.095	0.061	0.067

（三）小结与讨论

本部分借助OLS回归，探讨父母“管得宽”和“管得严”的教养方式对子女认知能力发展的影响。研究结果表明：第一，“管得宽”和“管得严”对子女认知能力具有显著的正向预测作用。第二，与女孩相比，“管得严”对男孩认知能力的影响效应更大；而“管得宽”对二者的影响是一致的。第三，父母信心与父母教养方式之间具有互替性，与信心强的父母相比，信心弱的父母采用“管得宽”和“管得严”的教养方式对子女认知能力的影响效应更大。第四，与城市子女相比，“管得宽”和“管得严”的教养方式在农村子女中作用效果更强。第五，分位数回归进一步表明，父母“管得宽”和“管得严”的教养方式更有利于推动低分位子女认知能力的提升，而且随着分位点的提高，父母教养方式对子女认知能力的正向预测作用越来越小。

如何为子女提供严厉程度和管教范围适宜的父母教养方式来促进子女认知能力发展是父母需要切实思考的重要问题。同时，也应看到，父母教养严厉程度和管教范围界限较为模糊，家庭、学校、学生个体等方面的因素都会在父母教养方式与子女认知能力之间产生作用，因此父母在采用某种教养方式时，应综合考虑子女各方面的实际情况。总的来说，父母可以通过“宽”“严”共济来促进子女认知能力的发展，但针对不同的情况会有所差异。具体如下。

第一，初中男孩相对于初中女孩来说可能更为调皮，难以将外部环境要求内化为自我约束的准则，学习自主性和自我控制能力相对较弱，父母需要通过“管得严”来提高外部约束力，从而促进他们认知能力发展。

第二，农村子女因为客观条件的限制缺乏父母的监管，所以农村子女的父母更应该意识到家庭教育的重要性，采取积极的父母教养方式而不是“放任不管”，这不仅有利于子女认知能力的发展，而且能对客观条件造成的缺陷进行一定程度的弥补。

第三，对于学习基础比较薄弱的子女，父母采取严厉程度较高和管教范围较宽的教养方式更能促进子女认知能力的发展，但当子女学习基础比较好时，“管得严”和“管得宽”的作用就会弱化。

第四，父母在家庭教育中，可以通过让子女感知到更多的父母信心来促进他们的发展，但是如果父母信心比较弱，就需要采用“管得严”和“管得宽”的父母教养方式对信心不足进行弥补。

第五，本部分的数据大多是基于学生视角的评价，可能与家长视角有所差异，家长眼中的“管得松”于子女而言可能意味着“管得严”，家长眼中的“管得窄”于子女而言可能意味着“管得宽”。所以，父母应当尤其注重与子女的经常性沟通，多站在子女的视角来考量自己的教养方式，并给予子女更多的信心，构建积极的父母教养方式。

第二节　基于学生非认知能力的教育结果公平

表 6-11 显示，城市学生非认知能力高于整体平均水平，而农村学生非认知能力低于整体平均水平，且城市学生和农村学生在非认知能力上存在显著差异（T=7.062，$p < 0.001$）。留守学生非认知能力高于整体平均水平，非留守学生非认知能力低于整体平均水平，但留守学生和非留守学生在非认知能力上不存在显著差异。随迁学生非认知能力低于整体平均水平，非随迁学生非认知能力高于整体平均水平，且随迁学生和非随迁学生在非认知能力上存在显著差异（T=6.204，p<0.001）。高家庭社会经济地位学生非认知能力高于整体平均水平，而低家庭社会经济地位学生非认知能力低于整体平均水平，且高家庭社会经济地位学生和低家庭社会经济地位学生在非认知能力上存在显著差异（T=17.305，p<0.001）。总体来看，学生非认知能力在城乡、随迁与否以及不同家庭社会经济地位学生之间存在显著差异。

表 6-11　学生非认知能力发展差异

学生非认知能力		平均数	标准差	T 值
城乡	农村	3.760	0.652	7.062***
	城市	3.879	0.652	
留守	留守	3.801	0.650	−1.766
	非留守	3.772	0.663	
随迁	随迁	3.670	0.650	6.204***
	非随迁	3.809	0.653	
家庭社会经济地位	低家庭社会经济地位	3.665	0.648	17.305***
	高家庭社会经济地位	3.920	0.636	

本节以学生非认知能力为微观教育结果公平的衡量指标，重点从教学方法、作业负担方面探讨其影响及机制。

一、教学方法的影响

党的二十大报告明确指出，要“全面提高人才自主培养质量，着力造就拔尖创新人才”。近年来，我国从完善学校课程体系、优化教学方式等方面，着力培养拔尖创新人才必需的想象力和创造力。然而，在“高考”指挥棒下，学校教育往往将语言、数理逻辑作为培养重点，而对创造力等非认知能力的发展重视度仍有待提高[①]。且在中小学教育实践中，以分数和升学为核心的应试教育仍然比较普遍。在应试教育的背景下，模式化的教学方式一方面成为促进学生认知能力发展的手段，另一方面也成为学生非认知能力培养的阻碍。

然而，应试教育对学生创造力发展的影响可能并非通过“教育—非认知能力”这种简单模式发生作用，而可能是通过“教育—情感—非认知能力”模式，学生的不确定性容忍度（uncertainty tolerance，UT）和内在动机在影响路径中可能起着重要的中介作用。第一，应试教育可能通过学生的不确定性容忍度影响学生创造力发展。应试教育所强调的确定答案和确定路径很难兼容质疑、冒险等人格特征，甚至会削弱学生对不同观点和价值判断的不确定性容忍度，而不确定性容忍度是影响学生创造力发展的重要因素[②]。第二，应试教育可能通过学生的内在动机影响学生创造力发展。在应试教育环境下，最优解、唯一解的思维削弱了学生的内在动机，且以应试教育为导向的考试方式对外在功利目标进行了强化，导致学习具有功利性，同时抑制了学生的内在动机，而内在动机是创造力培养的最大驱动力。

基于此，本部分以学生创造力发展为被解释变量，探讨青少年学生创造力的发展水平，考察应试教育背景下模式化的教学方式与学生创造力发展之间的关系，并进一步探讨不确定性容忍度和内在动机在教学方式与学生创造力之间的中介作用，期望为学生创造力的提升、拔尖学生与底部学生创造力培养的公平性提供有益的优化措施。本部分关注的实证问题是：应试教育背景下模式化的教学方法对学生创造力发展是否有影响？应试教育背景下模式化的教学方法对不同水平学生创造力发展的影响是否存在差异性？是否存在教育结果的不公平？应试教育背景下模式化的教学方法以怎样的路径机制影响学生创造力发展？

（一）变量与模型选择

1. 变量选择

（1）解释变量：教学方法。本部分主要通过教师的教学方式和学生的作业负担感知来衡量应试教育背景下模式化的教学方法。

（2）被解释变量：学生创造力。创造性的测评是指对学生创造力的测量与评估，本部

① 谷传华.从中美文化的差异看学生创造力的培养[J].人民教育，2013（2）：13-16.

② Dutta D K, Gwebu K L, Wang J.Personal innovativeness in technology, related knowledge and experience, and entrepreneurial intentions in emerging technology industries: a process of causation or effectuation[J].International Entrepreneurship and Management Journal, 2013, 11(3): 529-555.

分将学生非认知能力测量中的创造力子维度的得分作为因变量。

（3）控制变量：本部分的控制变量共分为三类，一是个体特征，包括学生性别和睡眠质量。二是家庭特征，包括父母受教育程度、父母期望、家庭是否有因特网连接。三是学校特征，包括师生关系、学校竞争氛围。

（4）中介变量：不确定性容忍度和内在动机是本部分研究的中介变量。其中，不确定性包容度主要参考 Freeston 等[①]的测量方式，指的是人对于不同观点和价值判断的开放性，包容度高的人对异域人群和文化持欣赏态度[②]。成就动机主要源于内驱力,是个体对自己认为有价值的事情乐意去做，并努力达到完美地步的一种内部推动力量。[③]

2. 模型选择

首先，本部分构建回归模型探究应试教育对学生创造力发展的影响，为进一步分析应试教育对不同水平的学生创造力发展的影响差异性，本部分建立分位数回归模型，分析解释变量对被解释变量变化范围和条件分布特征的估计。其次，本部分运用结构方程模型分析相关变量的影响关系，结构方程模型为检验相关变量之间影响关系提供了依据。一方面分析应试教育、不确定性容忍度、学生创造力之间的影响关系；另一方面分析应试教育、内在动机、学生创造力之间的影响关系。最后，本部分构建中介模型来检验不确定性容忍度、内在动机分别在“应试教育→不确定性容忍度→学生创造力”和“应试教育→内在动机→学生创造力”两条路径中的作用机制，为分析应试教育通过何种机制影响学生创造力发展提供解释依据。

（二）实证结果

1. 基准回归

表 6-12 中 OLS 结果表明，应试教育对学生创造力发展会产生显著的负向影响。整体来看，在同时对学生的个体特征、家庭特征及学校特征进行控制时，应试教育每增加 1 个单位值，学生创造力将下降 0.489 个单位。从控制变量来看，在个体特征变量方面，相对于女生来说，应试教育对男生创造力发展更为有利；睡眠质量与学生创造力发展有显著正向关系。在家庭特征变量方面，父母期望对学生创造力发展有显著的正向影响。在学校特征变量方面，师生关系能显著正向预测学生创造力的发展；学校竞争氛围越强，越能推动学生创造力的发展。

2. 分位数回归

为进一步探讨应试教育对不同水平的学生创造力发展的影响，本部分在 10 分位、20 分位……80 分位、90 分位共 9 个分位点上分别估计了应试教育对学生创造力发展的影响。

---

① Freeston M H, Josee Rheaume, Helene Letarte, et al.Why do people worry[J]. Personality & Individual Differences, 1994, 17(6): 791-802.

② 邵志芳，刘志，杨舒豫，等 . 开放能力：中国青少年社会与情感能力测评分报告之四 [J]. 华东师范大学学报（教育科学版），2021，39（9）：77-92.

③ 沃建中，黄华珍，林崇德 . 中学生成就动机的发展特点研究 [J]. 心理学报，2001（2）：160-169.

表 6-12 应试教育对学生创造力发展影响的回归结果

变 量	OLS	10 分位	30 分位	50 分位	70 分位	90 分位
应试教育	−0.489*	−0.192	−0.278	−0.454	−0.634	−1.001
	(0.230)	(0.259)	(0.277)	(0.233)	(0.415)	(0.603)
其他变量	√	√	√	√	√	√
常数项	466.031***	409.687***	441.610***	471.139***	487.865***	527.419***
	(8.060)	(10.623)	(9.484)	(8.021)	(8.038)	(22.599)
R^2	0.0611	0.0249	0.0271	0.0314	0.0331	0.0450

分位数回归结果表明，应试教育对不同分位学生创造力发展的影响具有差异性。第一，在所有分位点上应试教育对学生创造力发展均有显著负向影响；第二，对底部学生而言，应试教育对其创造力发展的抑制作用相对较弱；第三，对拔尖学生而言，应试教育对其创造力发展的遏制更为明显。整体来看，随着学生创造力水平的提高，应试教育对学生创造力发展的负向影响呈上升趋势，对拔尖学生创造力发展的负向影响最大。

导致以上现象的可能原因有两方面，一是对底部学生而言，其创造力发展的空间更大，不仅不易触碰到应试教育效应的边界，而且应试教育的教学方式还能帮助其拥有更为扎实的知识储备，这可以在一定程度上为创造力发展奠定基础；二是拔尖学生更容易接近应试教育效应的边界，因此对于应试教育的约束和限制有更强的感知力和体验，而这种强烈的感受会让应试教育中的不利因素对他们的影响变得更大。

最后，如图 6-3 所示的分位数回归图描绘了应试教育系数在不同分位点的变化趋势。虚线表示解释变量的 OLS 回归估计值，实线表示解释变量的分位数回归估计值，灰色阴影代表分位数回归估计值的置信区间（置信度为 0.95）。可以发现，在 10 至 20 分位数之间应试教育对学生创造力发展的负向效应有所上升，在 20 至 40 分位数之间应试教育系数绝对值有所降低但变化不显著，直至 50 分位数之后应试教育的负向效应又明显增强，且强于 OLS 回归估计值。

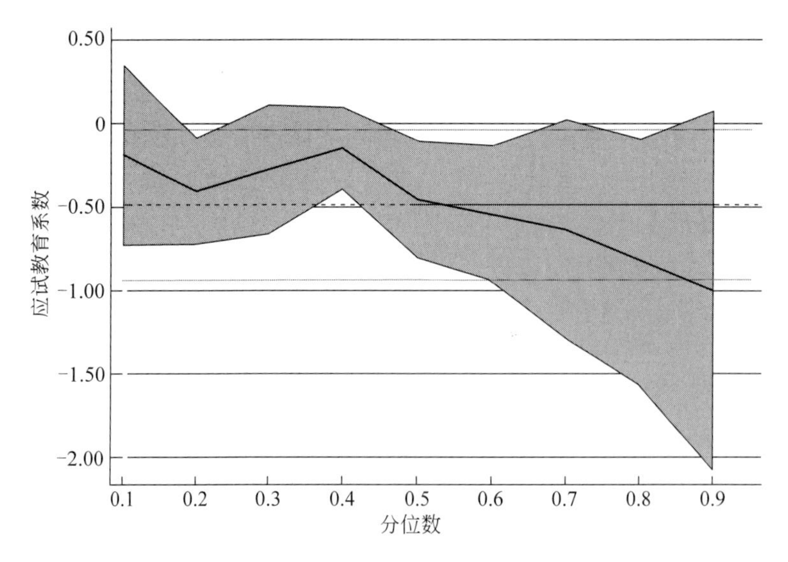

图 6-3 应试教育对学生创造力发展影响的分位数回归

3. 机制探讨

（1）应试教育影响学生创造力发展的多重传递机制

本部分在检验各项指标均符合模型拟合度要求的基础上，得到如图 6-4 所示的计算结果。

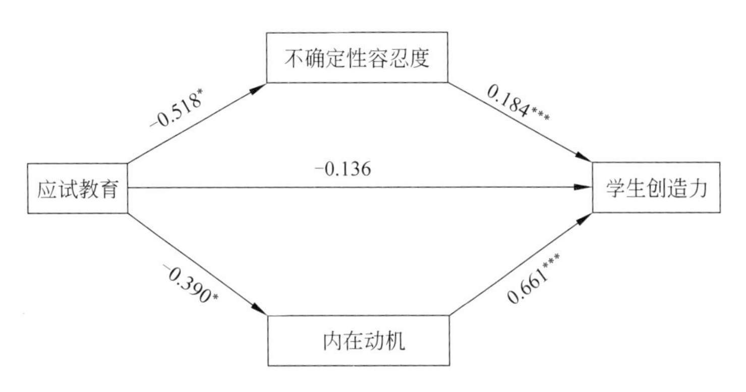

图 6-4 应试教育影响学生创造力发展的路径关系结果

结果表明，第一，应试教育显著负向预测不确定性容忍度（β=−0.518，SE=0.240，p<0.05）和内在动机（β=−0.390，SE=0.196，p<0.05），同时对学生创造力发展也有负向预测作用，但不具有统计学显著性（p>0.05）。第二，在“应试教育→不确定性容忍度→学生创造力”的影响路径中，不确定性容忍度对学生创造力发展具有显著的正向预测作用（β=0.184，SE=0.008，p<0.001）；在“应试教育→内在动机→学生创造力”的影响路径中，内在动机对学生创造力发展具有显著的正向预测作用（β=0.661，SE=0.010，p<0.001）。综上所述，应试教育显著降低了学生的不确定性容忍度和内在动机，进而对学生创造力发展产生显著的负向影响。

（2）不确定性容忍度和内在动机是应试教育影响学生创造力发展的重要中介

本部分对不确定性容忍度和内在动机的中介作用进行了检验，结果如表 6-13 所示。

表 6-13 应试教育影响学生创造力发展的中介效应检验

效　应	β 值	标准误
总效应	−0.490*	0.230
直接效应		
应试教育—学生创造力	−0.136	0.171
间接效应		
应试教育—不确定性容忍度—学生创造力	−0.096*	0.044
应试教育—内在动机—学生创造力	−0.258*	0.130
总间接效应	−0.354*	0.155

结果表明，应试教育会通过降低学生的不确定性容忍度、削弱学生内在的动机等机制，影响学生创造力的发展。具体来说：第一，在加入不确定性容忍度、内在动机两个变量以后，应试教育对学生创造力发展依然存在负向预测作用，但并不显著（β=−0.136，SE=0.171，p>0.05）。第二，应试教育通过内在动机影响学生创造力发展的间接效应显著（β=−0.258，

SE=0.130，p<0.05），即应试教育可以通过遏制学生的内在动机消极影响学生创造力的发展。第三，应试教育通过不确定性容忍度影响学生创造力发展的间接效应显著（β=−0.096，SE=0.044，p<0.05），即应试教育可以通过影响学生的不确定性容忍度进而降低学生创造力。第四，应试教育对学生创造力发展的总效应值为 −0.490，中介作用路径的总间接效应值为 −0.354，占总效应值的 72.2%。

本部分通过中介效应检验发现，一方面，追求确定的客观答案的应试教育降低了学生的不确定性容忍度，抑制了学生的好奇心和怀疑精神，进而压抑学生的创造性；另一方面，应试教育高利害的考试方式使得学习具有功利性，弱化了学生的学习兴趣和内驱力，导致学生只关心标准化分析测试的成绩，而对创造力培养的关注明显不足。

（三）小结与讨论

本部分借助分位数回归模型分析应试教育对不同水平学生创造力发展影响的差异性，并通过结构方程模型及中介效应检验分析应试教育、不确定性容忍度、内在动机、学生创造力之间的影响关系，以及产生这些影响关系的作用机制，主要研究结论如下。

第一，基准回归结果表明，应试教育对我国学生创造力发展存在负向影响。其原因在于有利于促进学生创造力发展的环境在应试教育中被削弱了，该结论得到了实证结果的印证，同时也与我国当前的教育现状有一致性。

第二，分位数回归结果表明，相较于底部学生，应试教育对我国拔尖学生创造力发展的负向影响更大。结果表明，应试教育对学生创造力发展的影响会因为个体创造力水平的不同而表现出差异性。具体来看，对于创造力水平较低的学生而言，应试教育对其创造力发展的作用并不突出；随着学生创造力水平的提高，应试教育的负向效应趋于增强。

第三，结构方程模型结果表明，应试教育可通过多重传递机制影响学生创造力发展：首先，应试教育可以直接影响到学生的不确定性容忍度和内在动机；其次，应试教育通过降低学生的不确定性容忍度，抑制学生的好奇心和怀疑精神，间接影响学生创造力发展；最后，应试教育还通过降低学生内在动机间接影响学生创造力的发展。应试教育背景下模式化的教学方法对不同学生群体创造力发展的影响是不同的，本部分在一定程度上为进一步扭转片面应试教育倾向、推动素质教育的落实、促进教育公平的实现提供了实证基础。

二、作业负担的影响

2021 年 7 月，中共中央办公厅、国务院办公厅印发《关于进一步减轻义务教育阶段学生作业负担和校外培训负担的意见》，要求“全面压减作业总量和时长，减轻学生过重作业负担”。从政策目标看，落实“双减”的最终目标在于学生健全人格的培育与提升，激活学生自身的创造潜能[①]。如何让作业更加科学有效地促进学生认知与非认知能力发展，但又不过多增加学生负担，是未来教育改革实践中的重要议题。当前，随着“双减”政策落地，中小学生作业负担虽已呈下降趋势，但在竞争性升学体制的背景下，作业过多依旧

① 孙颖，陈伟．“双减”如何为教育高质量发展铺路奠基 [J]. 天津师范大学学报（社会科学版），2022（3）：13-18.

是作业负担的核心问题[①]，进一步加重了教育的不公平。

鉴于此，本部分将探讨作业负担对基础教育阶段学生创造力的影响，通过剂量反应函数估计作业负担影响学生创造力的最佳时间阈，运用调节效应模型分析学业焦虑在作业负担与学生创造力之间的调节作用机制，并针对不同年龄段和不同性别学生样本进行异质性分析和影响机制研究。本部分关注的实证问题是：作业作为知识积累的手段，它与中小学生创造力发展存在怎样的关系？在当前“双减”背景下，我国中小学生理想的作业负担应该是多少？如何通过减轻作业负担来促进教育结果公平？

（一）变量与模型选择

1. 变量选择

（1）被解释变量：学生创造力。创造性的测评是指对学生创造力的测量与评估，本部分将学生非认知能力测量中的创造力子维度的得分作为因变量。

（2）解释变量：作业负担。以问卷中该题目回答选项对应的变量为序次变量，考虑到各选项的实际间隔不同，每一单位增加的边际变化也不同，不能直接作为 1~4 分的连续变量。因此，本部分参考续继等人[②]的做法，将其换算为每周放学后做家庭作业时长的连续变量，即用每周放学后做家庭作业的时长来衡量作业负担。

（3）控制变量：本部分的控制变量共分为三类：一是个体特征，包括学生性别和学段。其中，性别界定为虚拟变量，学段分为小学、中学两类。二是家庭背景，包括家庭社会经济地位、父母教育期望、家庭是否有因特网连接。三是学校环境，包括学校社会经济地位、学校竞争氛围。

（4）调节变量：学生的学业焦虑。该变量的测量包括三个问题：“我经常担心考试太难”“即使考前作了充分的准备，我也会感到很焦虑”“我在复习备考的时候会很紧张”。量表使用李克特五点尺度衡量，取值范围从“1 非常不同意”到“5 非常同意”，将各题分值加总取连续变量以衡量学业焦虑。

（5）中介变量：学生的睡眠质量和心理情绪。其中，睡眠质量取自问卷中的问题：“我难以入睡”。对选项“极为准确”“非常准确”“有些准确”“有点准确”“一点也不准确”依次赋值 1~5 分，数值越高代表睡眠质量越好。心理情绪取自问卷中关于最近两周的感受，包括：“我感到愉悦和精神振奋”“我感到平静和放松”“我感到精力充沛”“我醒来时感觉神清气爽和精神焕发”“日常生活中充满了让我感兴趣的事情”。对选项“从未”“有时”“过半时间”“大多数时间”“全部时间”依次赋值 1~5 分，并将各题分值加总取连续变量以衡量心理情绪，数值越高代表心理情绪越积极。

2. 模型选择

（1）调节回归模型

为了检验学业焦虑调节作业负担对学生创造力影响的假设，考虑到学业焦虑与作业负

① 徐章星. 初中生家庭作业时间与学业成绩——基于学业压力的调节效应分析 [J]. 教育与经济，2020，36（5）：87-96.

② 续继，曾妮. 中国在职青年在线学习的性别差异研究 [J]. 青年研究，2021（4）：43-53，95.

担的交互作用，同时加入了学业焦虑与作业负担的一次项和二次项乘积，如式（6-4）：

$$\begin{aligned}&\text{Creativity}_i+\beta_1+\beta_2\,\text{homework}_i+\beta_3\,\text{homework}_i^2+\beta_4\text{anxiety}_i+\\&\beta_5\text{homework}_i\cdot\text{anxiety}_i+\beta_6\text{homework}_i^2\cdot\text{anxiety}_i+\beta_7\text{Control}_i+\varepsilon_i\end{aligned} \tag{6-4}$$

式中，Creativity_i 是学生 i 的学生创造力，homework_i 是学生 i 的作业负担，以放学后做家庭作业的时间长短衡量。anxiety_i 是学生 i 的学业焦虑，Control_i 是影响学生创造力的其他解释变量，包括学生个体特征、家庭背景、学校环境等，ε_i 是随机扰动项。

（2）广义倾向得分匹配模型

在本部分中，学生放学后作业时长往往受到个体特征、家庭背景和学校环境等因素影响，是非随机事件。考虑到传统 OLS 回归分析容易产生选择性偏误，而传统倾向得分匹配模型 PSM 仅适用于估计二分虚拟变量的处理效应，本部分拟用 Hirano、Imbens[①] 与 Guardabascio[②] 等提出的广义倾向得分匹配模型（GPSM）来进行“反事实”分析。

GPSM 要求条件独立性假设成立。

$$Y(t)\perp T|X,\ \ \forall t\in D \tag{6-5}$$

式中 $Y(t)$ 为当处理变量 T 取值 t 时的结果值。接下来，根据控制变量 X 估算出处理强度的广义倾向得分 R，需要给出处理变量 T 的条件概率密度 r。

$$r(t,\ x)=f_{nx}(t|x),\ \ R=r(T,\ X) \tag{6-6}$$

在此基础上，参照 Hirano 和 Imbens 的做法，分三个阶段来估计不同作业负担对学生创造力的影响。第一步，根据研究的协变量估算学业负担的条件概率密度。第二步，构造结果变量（学生创造力 Y_i）、处理变量（T_i）、广义倾向得分 $\hat{R}_i$ 三者之间的函数模型，并运用 OLS 法估计出学生创造力的条件期望值，见式（6-7）[③]。第三步，分配式（6-7）估计出的系数 $\hat{a}$，得出不同作业负担水平上对学生创造力的平均剂量反应函数（Average Dose-response Function）。

$$E\left(Y_i|T_i,\hat{R}_i\right)=\alpha_0+\alpha_1T_i+\alpha_2T_i^2+\alpha_3\hat{R}_i+\alpha_4\hat{R}_i^2+\alpha_5T_i\hat{R}_i \tag{6-7}$$

$$\mu(t)=\frac{1}{N}\sum_{i=1}^{N}\left[\widehat{\alpha_0}+\widehat{\alpha_1}t+\widehat{\alpha_2}t^2+\widehat{\alpha_3}\hat{r}(t,\ X_i)+\widehat{\alpha_4}\hat{r}(t,\ X_i)^2+\widehat{\alpha_5}t\cdot\hat{r}(t,\ X_i)\right] \tag{6-8}$$

可以估计出任意作业负担上的学生创造力的均值，将其与作业负担为 0 时学生创造力的均值比较，就可得到与无作业负担的学生相比，任意作业负担对学生创造力的净处理效应，即净因果效应。

$$TE(t)=\mu(t)-\mu(0),\ \ t=0,\ 0.1,\ 0.2,\ 0.3,\ \cdots,\ 0.8,\ 0.9,\ 1 \tag{6-9}$$

---

① Applied Bayesian modeling and causal inference from incomplete-data perspectives[M]. John Wiley & Sons, 2004: 239.

② Guardabascio B, Ventura M. Estimating the dose-response function through a generalized linear model approach[J]. The Stata Journal, 2014, 14(1): 141-158.

③ Hirano 和 Imbens（2004）指出具体函数形式灵活多变，一般不超过三阶。为了涵盖多种可能性并保证结果的稳健性，本书曾尝试选取三阶多项式拟合，但结果并不好，最终选取二阶多项式拟合，并根据各项显著性，确定最终的函数形式。

（3）中介效应模型

本部分通过中介效应模型对作业时长对学生创造力的具体影响机制进行了检验，模型设定如下：

$$\begin{cases} \text{Creativity}_i = c \cdot \text{homework}_i + \text{Control}_i + \mu_i \\ \text{Me}_i = a \cdot \text{homework}_i + \text{Control}_i + \delta_i \end{cases} \quad (6\text{-}10)$$

$$\text{Creativity}_i = c' \cdot \text{homework}_i + b \cdot \text{Me}_i + \text{Control}_i + v_i \quad (6\text{-}11)$$

式中，Control_i 为控制变量，Me_i 为中介变量，包含睡眠质量和心理情绪。系数 c 和系数 c' 分别为作业负担对学生创造力影响的总效应和直接效应；系数 a 为作业负担对中介变量的影响；中介效应为系数 a 与系数 b 的乘积。

（二）实证结果

1. 作业负担与学生创造力

由于研究变量间的特殊关系，即验证“作业负担与学生创造力之间呈现出倒 U 型曲线效应，学业焦虑对上述倒 U 型关系具有负向调节作用”，本部分采用调节回归分析方法，利用 3 个模型检验假设，即直接效应模型、非线性效应模型及调节效应模型，检验结果如表 6-14 所示。

表 6-14　作业负担与学生创造力的检验结果

变　量	直接效应	非线性效应	调节效应
	模型 (1)	模型 (2)	模型 (3)
作业负担	0.0937	1.262*	5.655**
	(0.144)	(0.531)	(2.095)
作业负担二次项		−0.0467*	−0.217**
		(0.0204)	(0.0813)
学业焦虑	−1.259***	−1.254***	−0.982***
	(0.0896)	(0.0896)	(0.176)
学业焦虑 * 作业负担			−0.0826*
			(0.0384)
学业焦虑 * 作业负担二次项			0.00316*
			(0.00145)
其他控制变量	√	√	√
常数项	619.4***	614.4***	600.2***
	(9.135)	(9.390)	(12.22)
R^2	0.1125	0.1132	0.1138

（1）作业负担与学生创造力之间的线性关系不显著

模型（1）直接效应估计结果显示，作业负担对学生创造力有正向影响，但回归系数并不显著，但学业焦虑显著降低了学生创造力。从个体特征变量来看，女生的创造力显著高于男生，但随着学段的提升，学生创造力逐渐降低；从家庭背景变量来看，家庭社会经济地位对学生创造力有显著的正向影响，其中父母教育期望、家庭藏书量、课外阅读等均有利于学生创造力发展；从学校环境变量来看，教师期望对学生创造力呈显著正向关系；学校里面家庭经济困难的学生越多，学校社会经济地位越低，越会阻碍学生创造力的发展；学校竞争氛围越强，越能推动学生创造力的发展。

（2）作业负担与学生创造力之间存在“倒 U 型”非线性关系

模型（2）非线性效应模型的估计结果显示，作业负担二次项系数显著为负，即作业负担对学生创造力的影响呈“倒 U 型”。该结论表明，作业负担和学生创造力之间的关系并非简单的线性关系，而是呈现先上升后下降的“倒 U 型”关系，适度作业负担最能提升学生创造力，具有既能提升学生创造力又不加大作业负担的效果。其中可能的原因是，一定程度的知识基础对于创造力发展来说是必需的。随着家庭作业时间的增加，学生能够积累更多的知识，进而为创造力发展奠定基础；而家庭作业时间一旦过长，将造成学生身心疲惫，对学习产生消极情绪，家庭作业的预期效果难以发挥，学生创造力随着作业负担的增加开始下降，因此作业负担应当保持在适度水平。

（3）学业焦虑对作业负担与学生创造力之间的关系具有负向调节作用

模型（3）调节效应模型估计结果显示，作业负担一次项与学业焦虑的交互项对学生创造力在 5% 的显著水平上有显著负向影响，作业负担二次项与学业焦虑的交互项对学生创造力有显著正向影响，也在 5% 的显著水平上显著。通过与非线性模型对比，发现调节效应模型的 R^2 变大，即加入交互项后模型的解释力度得到提升。值得注意的是，结果显示学业焦虑弱化了作业负担对学生创造力的影响，即随着学业焦虑的提高，作业负担对学生创造力的贡献减弱。此外，与前文一致，其余解释变量基本符合预期。

2. 广义倾向得分匹配分析结果

OLS 回归受“内生性”问题影响和自身统计方法的局限，无法准确估计作业负担对学生创造力的因果效应。因此，接下来通过广义倾向得分匹配法估计作业负担影响学生创造力的最佳时间阈及其因果效应。

（1）作业负担对学生创造力的因果效应

图 6-5 呈现了作业负担对学生创造力的影响，作业负担与学生创造力之间存在“倒 U 型”关系。具体而言，作业时长每周低于 8.377 小时（0.299）时[①]，随着作业负担的增加，学生创造力得到提升；而当每周放学后做家庭作业的时长达到 8.377 小时（0.299）时，学生创造力达到最大值；每周放学后做家庭作业的时长超过 8.377 小时（0.299）后，随着作业负担的增加，作业负担会阻碍学生创造力发展。总体而言，作业负担并不是总是对学生创造力产生不利影响。对于学生而言，当作业负担处于最佳时间阈内，其对学生创造力的正向影响远超过负向影响，对学生创造力有利，而在最佳时间阈以外，则会阻碍学生创造力发展。

（2）因果效应的年龄异质性分析

为了探讨不同年龄条件下，作业负担对学生创造力影响的差异，本部分把样本分为 10 岁年龄段学生样本组和 15 岁年龄段学生样本组，以考察作业负担对不同年龄段学生群体影响的异质性，并报告了不同年龄段学生的作业负担对其创造力的净因果效应。

---

① 根据 Guardabascio 和 Ventura 的处理方式，将闲暇时间除以最大值，进行归一化处理，使其限缩到 [0, 1]，以满足 Fractional Logit 模型估计的前提条件。

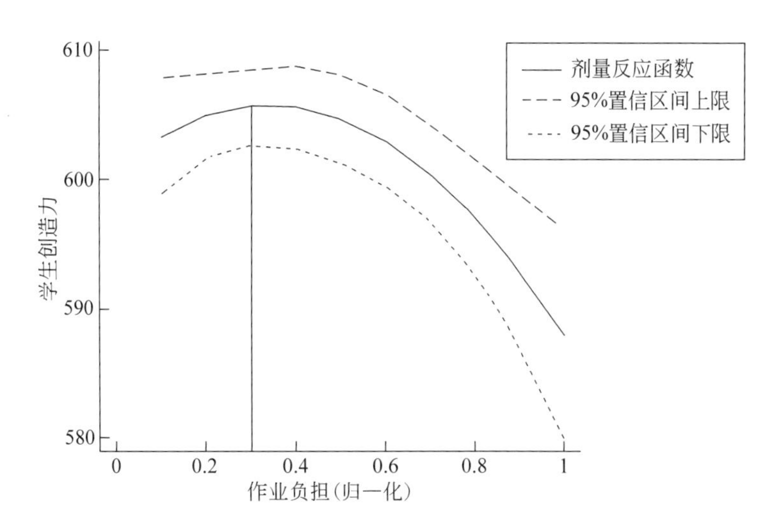

图 6-5　作业负担与学生创造力的剂量反应函数图

图 6-6 呈现了不同年龄段学生的作业负担对创造力的因果效应。对于 10 岁年龄段学生样本，作业负担对学生创造力会产生持续的负面影响。对于 15 岁年龄段学生样本，作业负担在 [0,0.339](即每周 0~9.481 小时)时,对学生创造力有正向影响,在 0.339(即 9.481 小时) 时学生创造力达到最大值。而当每周放学后做家庭作业的时长超过 9.481 小时后，作业负担对学生创造力的负面效应逐渐上升，直至超过正向影响，并最终转变为负面影响。

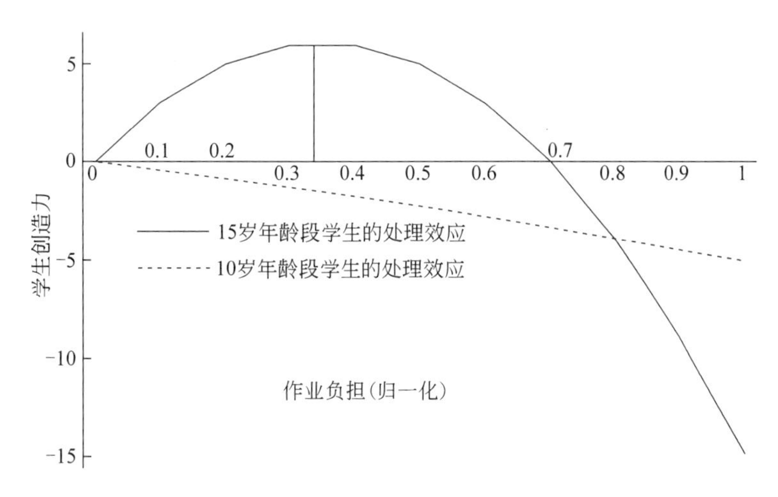

图 6-6　不同年龄段学生的作业负担对创造力的因果效应

总而言之，作业负担对 10 岁年龄段学生创造力不利；而适度的学业负担对 15 岁年龄段学生的创造力具有正向的促进作用，过度的学业负担则阻碍学生创造力发展。

（3）因果效应的性别异质性分析

为了探讨不同性别条件下，作业负担对学生创造力影响的差异，本部分把样本分为男生样本组和女生样本组，以考察作业负担对不同性别学生群体影响的异质性，并报告了不同性别学生的作业负担对其创造力的净因果效应。

图 6-7 呈现了不同性别学生的作业负担对创造力的因果效应。无论是男生还是女生，

其创造力均能从适度的作业负担中获益。特别是相比女生，男生能够通过适度的作业负担获得更高的创造力收益。具体而言，对于女生样本，作业负担在 [0，0.248]（即每周 0~6.954 小时）时，对女生创造力有正向影响，在 0.248（即 6.954 小时）时女生创造力达到最大值。而当每周放学后做家庭作业的时长超过 6.954 小时后，作业负担对女生创造力的负面效应逐渐上升，直至超过正向影响，并最终转变为负面影响。对于男生样本，作业负担在 [0,0.328]（即每周 0~9.184 小时）时，对男生创造力有正向影响，在 0.328（即 9.184 小时）时男生创造力达到最大值。而当每周放学后做家庭作业的时长超过 9.184 小时后，作业负担对男生创造力的负面效应逐渐上升，直至超过正向影响，并最终转变为负面影响。

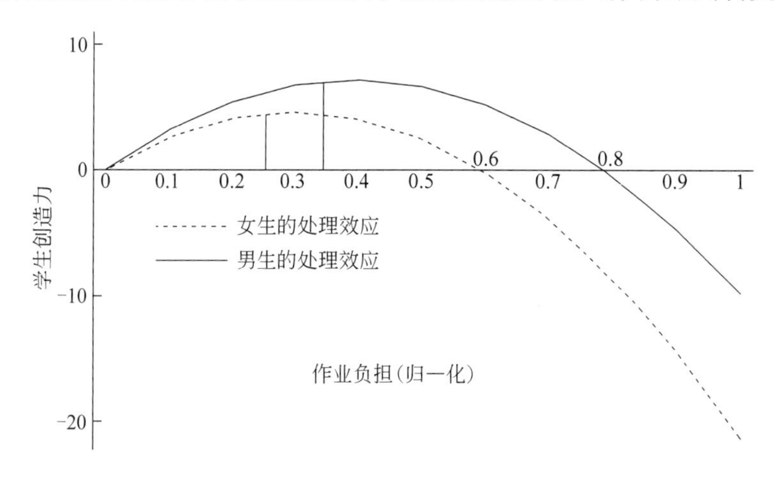

图 6-7　不同性别学生的作业负担对创造力的因果效应

总而言之，作业负担在最佳时间阈内均能促进男生和女生创造力的发展，且对男生创造力发展的影响效应更大，但当放学后做家庭作业时长超过最佳时间阈后，作业负担会阻碍学生创造力发展。

3. 作业负担影响学生创造力的机制

上述结果虽然已经证明了作业负担对学生创造力的影响效应，但是具体影响的机制还有待进一步研究。如前所述，适度的作业负担能够通过提高睡眠质量，促进积极心理情绪的形成，进而影响学生创造力的发展。因此，本部分以心理情绪和睡眠质量作为中介变量，对作业负担对学生创造力的影响机制进行检验，检验结果如表 6-15 所示。

表 6-15　作业负担对学生创造力的影响机制

变　量	适度作业负担（≤8.377 小时）			过度作业负担（>8.377 小时）		
	学生创造力	睡眠质量	学生创造力	学生创造力	睡眠质量	学生创造力
作业负担	4.149**	0.049**	3.611*	−1.002*	−0.015**	−0.817
	(1.443)	（0.016）	（1.436）	（0.485）	（0.005）	（0.482）
睡眠质量			8.046***			9.366***
			（1.146）			（1.407）
中介效应		0.537**			−0.185*	
		（0.196）			（0.073）	
中介效应占比		12.94%			18.41%	

续表

变　量	适度作业负担（≤8.377 小时）			过度作业负担（>8.377 小时）		
	学生创造力	心理情绪	学生创造力	学生创造力	心理情绪	学生创造力
作业负担	4.149**	0.302***	2.082	−1.002*	−0.001	−0.991*
	（1.443）	（0.069）	（1.367）	（0.485）	（0.023）	（0.452）
心理情绪			6.844***			7.640***
			(0.323）			（0.371）
中介效应		2.067***			−0.011	
		（0.517）			（0.191）	
中介效应占比		49.82%			中介效应不显著	

当以睡眠质量为中介时，在最佳时间阈内，适度的作业负担能够通过提高睡眠质量促进学生创造力发展，中介效应为 0.537（$p<0.01$），占总效应的 12.94%。当超过最佳时间阈后，作业负担对学生创造力有显著负向影响（$c=-1.002$，$p<0.05$），且会显著降低睡眠质量（$c=-0.015$，$p<0.01$），进而阻碍学生创造力发展，中介效应为 −0.185（$p<0.05$），占总效应的 18.41%。总而言之，睡眠质量在作业负担对学生创造力的影响中发挥着部分中介效应。

当以心理情绪为中介时，在每周做家庭作业时长不高于 8.377 小时时，作业负担对学生创造力具有正向效应（$c=4.149$，$p<0.01$)。适度时长的作业负担能够通过促进积极心理情绪的形成，进而促进学生创造力的发展，中介效应为 2.067（$p<0.001$)，占总效应的 49.82%。当每周做家庭作业的时长超过 8.377 小时后，作业负担对学生创造力的总效应转为负向（$c=-1.002$，$p<0.05$），且对心理情绪的影响不再显著（$c=-0.001$，$p>0.05$）。总而言之，在最佳时间阈内，心理情绪在作业负担对学生创造力的影响中发挥着部分中介效应；而当超过最佳时间阈后，心理情绪的中介作用不再显著。

（三）小结与讨论

本部分探讨了作业负担对学生创造力的影响，通过剂量反应函数估计了作业负担影响学生创造力的最佳时间阈，运用调节效应模型分析了学业焦虑在作业负担与学生创造力之间的调节作用机制，并针对不同年龄段和不同性别学生样本进行异质性分析和影响机制研究，主要研究结论如下。

第一，作业负担与学生创造力发展之间存在“倒 U 型”关系，剂量反应函数显示最佳时间拐点为每周 8.377 小时（即每天 1.197 小时），作业负担在拐点处对学生创造力的影响效应达到最大。该结论得到了广义倾向得分匹配结果的印证，同时也与“双减”政策所要求的“小学三至六年级书面作业平均完成时间不超过 60 分钟，初中书面作业平均完成时间不超过 90 分钟”等规定有一致性，本部分在一定程度上为“双减”政策关于作业量的规定提供了实证基础。第二，调节效应模型结果表明，学业焦虑在作业负担与学生创造力之间的非线性关系中具有负向调节作用，即随着学业焦虑的增强，作业负担对学生创造力的影响减弱。2021 年“双减”政策实施后，因学习课程难度提升、学习环境改变、升学压力增大等因素而引发的学业焦虑水平仍然较高，一定程度上也弱化了作业负担对学生创造力的影响。第三，作业负担对学生创造力的因果效应存在异质性。对 10 岁年龄段学生来说，作业负担会阻碍其创造力的发展，而对于 15 岁年龄段的学生，适度的作业负担能够促进其创造力的发展，15 岁年龄段学生能够从适度的作业负担中获得更为显著的创造力收益。此外，作业负担对男生创造力发展的影响效应更大。第四，睡眠质量和心理情绪在作业负担与学生创造力关系中发挥了部分中介作用。作业负担可以通过睡眠质量和心理情绪影响学生创造力发展。适度的作业负担能够通过提高学生的睡眠质量、促进学生积极心理情绪的形成，以促进学生创造力提升；当作业负担超过最佳时间阈后，过度的作业负担会降低睡眠质量，并不再改善心理情绪，最终不利于学生创造力的发展。

由此可见，作业负担对不同学生群体创造力的影响存在异质性，针对不同学生不能实行“一刀切”式的教育，而要因材施教，在实现平等性对待的同时也要视情况促进差异性对待和补偿性对待，最终促进教育公平的实现。

第三节　基于学生心理健康的教育结果公平

如表 6-16 所示，从学生心理健康发展差异来看，城市学生心理健康低于整体平均水平，而农村学生心理健康高于整体平均水平，但城市学生和农村学生在心理健康上不存在显著差异。留守学生心理健康低于整体平均水平，非留守学生心理健康高于整体平均水平，且留守学生和非留守学生在心理健康上存在显著差异（T=3.358，$p<0.001$）。随迁学生心理健康高于整体平均水平，非随迁学生心理健康低于整体平均水平，且随迁学生和非随迁学生在心理健康上存在显著差异（T=−7.803，$p<0.001$）。高家庭社会经济地位学生心理健康低于整体平均水平，而低家庭社会经济地位学生心理健康高于整体平均水平，且高家庭社会经济地位学生和低家庭社会经济地位学生在心理健康上存在显著差异（T=−8.705，$p<0.001$）。总体来看，学生心理健康在不同留守状态、随迁与否以及不同家庭社会经济地位学生之间存在显著差异。

表 6-16　学生心理健康发展差异

学生心理健康		平均数	标准差	T 值
整　体		1.988	0.991	
城乡	农村	1.999	0.991	−1.664
	城市	1.957	0.989	
留守	留守	1.961	0.982	3.358***
	非留守	2.042	1.007	
随迁	随迁	2.220	1.061	−7.803***
	非随迁	1.954	0.976	
家庭社会经济地位	低家庭社会经济地位	2.086	1.022	−8.705***
	高家庭社会经济地位	1.888	0.947	

本节以学生心理健康为微观教育结果公平的衡量指标，重点从亲子分离、父母劳动时长方面探讨其影响及机制。

一、亲子分离的影响

亲子分离对学生心理发展是否产生影响？这一研究至今仍未有一致性结论。关于亲子分离对学生心理发展的影响方面，现有研究上存在一定争议。学者从不同的心理维度分析亲子分离对学生心理健康影响，实际也得出不一致的结论。部分研究基于实证调研数据分析发现亲子分离对学生的心理发展的确产生消极影响。基于此结论，研究者往往把亲子分离儿童视为“问题儿童”。但是部分研究并不支持此种观点。雷万鹏、杨帆基于调研数据发现，大多数亲子分离儿童在生活、学习和心理发展等方面与非亲子分离儿童没有差别，亲子分离儿童并不是“问题儿童”[①]；周皓基于中国家庭动态数据发现，父母的流动并不会影响亲子分离儿童的心理健康（抑郁感）[②]，其他研究者也得出类似结论[③]。

基于此，本部分运用倾向性得分匹配法控制样本的自选择性偏差，分析亲子分离对学生心理健康的影响以及这种影响存在的异质性，并采用消极情绪、同伴关系和自我效能感作为初中生心理健康的测量指标。本部分关注的实证问题是：亲子分离对学生心理健康有何影响？亲子分离何以影响学生心理健康？亲子分离对不同学生群体心理健康的影响是否存在异质性？

（一）变量选择

（1）被解释变量：消极情绪（同第三章变量界定部分的心理健康）、同伴关系、自我效能感。学生心理健康往往是多维度的，本部分基于所使用的调查数据，从消极情绪、同伴关系和自我效能感三个方面对学生心理健康进行衡量。为了后面的数据分析的简洁性，本部分使用因素分析法和主成分提取方法，以特征值大于 1 的原则提取因子，分别构建消极情绪、同伴关系、自我效能感三个因子。为了后续的解释方便，本部分进一步把所得三个因子得分转化为百分制。

（2）核心解释变量：段成荣、周福林认为，亲子分离儿童是指因父母双方或一方外出而被亲子分离在户籍所在地，不能和父母双方共同生活在一起的未成年儿童青少年[④]。本部分采用其定义，把父母双方有一方或双方外出定义为亲子分离，并赋值为 1，当父母双方均在家时定义为非亲子分离，并赋值为 0。

（3）其他控制变量：本部分使用的其他变量还包括性别、年龄、年级、是否独生、父母受教育年限、学业基础、民族、是否寄宿、父亲职业、家庭经济状况。

---

① 雷万鹏，杨帆．对留守儿童问题的基本判断与政策选择 [J]. 教育研究与实验，2009（2）：167-167.
② 周皓．人口流动与儿童心理健康的异质性 [J]. 人口与经济，2016（4）：45-52.
③ 赵景欣，等．压力性生活事件与农村留守儿童的抑郁、反社会行为的关系 [J]. 青少年学刊，2010（2）：1-6.
④ 段成荣，周福林．我国留守儿童状况研究 [J]. 人口研究，2005，29（1）：29-36.

（二）实证结果

1. 基于 OLS 估计的基准回归结果

在不考虑选择性偏误的情况下，本部分首先利用最小二乘法，以消极情绪、同伴关系以及自我效能感为被解释变量，以是否亲子分离为核心解释变量进行回归，初步分析亲子分离对学生心理健康的影响，也为后面采用倾向性得分匹配法结果进行比较奠定基础。本部分在模型估计过程中按照班级对标准值进行聚类调整，以控制聚类效应（clusters effect）。此外，本部分将控制学校固定效应，因为学校也是从县区抽取而来，因此，控制学校固定效应也等于同时控制了地区的差异，这从最大程度上控制了学校和地区未观测到的异质性所产生的影响。

如表 6-17 所示，回归结果表明，在控制学生个体特征和家庭特征后，亲子分离的确会对学生消极情绪感受产生显著性的影响，与非亲子分离儿童相比，亲子分离儿童存在更加明显的消极情绪体验。亲子分离对学生构建同伴关系也产生消极的影响，亲子分离儿童的同伴关系更差，而亲子分离对学生的自我效能感并无显著的负向影响。从此看出，亲子分离的确会对学生心理产生某些方面的负面影响，但不是对学生每个方面都产生负面效应。

表 6-17　基于 OLS 估计的基准回归结果

变　量	消极情绪	同伴关系	自我效能感
亲子分离	2.42***	−1.84**	−0.59
	(0.57)	(0.59)	(0.51)
其他控制变量	√	√	√
学校固定效应	√	√	√
常数项	39.06***	46.44***	51.79***
	(5.35)	(7.16)	(6.00)
调整 R^2	0.073	0.126	0.087

回归模型中，一些控制变量也能为我们提供有益结论。父母教育年限对学生心理健康发展起着促进作用。这有可能是由于更高受教育水平的父母，具备更多与学生沟通方面的知识，能够及时发现和解决学生的心理问题。尽管独生子女的心理健康水平低于非独生子女，但是这种差异并不显著。高中一年级学生的消极情绪体验比初中二年级学生多，这可能是由于高中一年级学生面临着巨大的升学压力，而且其自我效能感比初中二年级的学生更低。

2. 亲子分离对学生心理健康的影响：基于 PSM 估计

由于父母是否外出是根据家庭状况、子女状况以及地区特征等综合因素考虑所作出的决策，这导致农村儿童是否处于亲子分离状态并不是随机状态。亲子分离儿童和非亲子分离儿童之间可能存在较大差异，若直接构造农村儿童是否处于亲子分离状态的虚拟变量，然后使用简单线性回归模型分析亲子分离对学生心理健康的影响，可能面临样本自选择问题并造成估计偏误。本部分将使用基于可观测变量，采用倾向性得分匹配法，部分消除因自选择所产生的内生性问题，从而得出亲子分离对学生心理健康影响更加客观科学的结论。

倾向性得分匹配法是以“反事实框架”理论为基础，让干预组个体在控制组中寻找相似的控制组个体与其匹配，从而用控制组个体的结果来估计干预组个体的反事实，然后计算处理效用。

利用PSM控制内生性的步骤如下。

（1）采用倾向性得分匹配法，将混淆变量作为协变量，在给定一组协变量的条件下估计每个个体成为处理组个体的条件概率，将其记为倾向得分，如果处理组和控制组之间倾向得分分布一致，则匹配处理组和控制组样本，即可根据匹配样本计算样本组结果变量之间的差异。

（2）以倾向性匹配得分为基础，利用近邻匹配、半径匹配、核匹配、局部线性匹配等匹配方法，寻找与亲子分离儿童倾向性匹配得分最相似的非亲子分离儿童作为反事实，最终可以计算出亲子分离对儿童心理健康的影响的三种平均处理效应：处理组（亲子分离儿童）的平均处理效应、控制组（非亲子分离儿童）的平均处理效应。

① 建立亲子分离的选择模型。

本部分协变量选择遵照如下原则：既要与处理变量（亲子分离）相关，又要与结果变量（心理健康）相关；或者与处理变量相关，但与结果变量不相关；避免选择与结果变量相关，但与处理变量不相关的变量。本部分选择了学生性别、年级、年龄、是否独生、民族、学业基础、父母教育年限、县级虚拟变量。县级虚拟变量主要控制县级经济发展差异导致的学生父母迁移。模型中未纳入父母的职业变量，主要是因为亲子分离儿童父母的当前职业很可能是父母外出务工的结果。

本部分以是否亲子分离作为被解释变量，以前面选择的协变量作为解释变量，建立logit模型，如表6-18所示。可以看出，模型的解释力为13.5%，说明选择的变量对模型具有较好的解释力。性别为男生、独生子女、初中二年级、父亲教育年限低的学生更可能处于亲子分离状态。倾向性得分概率模型结果显示亲子分离和非亲子分离之间存在不可忽略的异质性，要有效地分析亲子分离对学生心理健康的影响，解决这一问题成为关键。这也从另一方面验证了研究采用倾向性得分匹配法的必要性。

表6-18　协变量对学生是否亲子分离的影响

变　量	亲子分离	变　量	亲子分离
母亲教育年限	0.00(0.01)	初中二年级	-0.32^{**}(0.10)
父亲教育年限	-0.05^{***}(0.01)	年龄	0.05(0.04)
学业基础	0.02(0.02)	常数项	-3.16^{***}(0.82)
独生	0.31^{***}(0.08)	县级虚拟变量	√
男	0.10^{+}(0.06)	R^2	0.135

② 利用倾向性得分匹配样本并进行平衡性检验和共同支撑检验。

在得到倾向性匹配得分之后，为了保障倾向性匹配得分结果的准确性，必须保障协变量在处理组和控制组之间不存在系统差异。为此本部分进行处理组和控制组的平衡性检验。为了简洁，本部分只报告部分联合检验结果。根据倾向性得分匹配估计基本原理，协变量对处理变量的影响将减少，联合显著性检验将变得不显著。我们从表 6-19 中看到匹配之后的伪 R^2 只有 0.005，P 值为 0.821，如图 6-8 所示，匹配前后概率密度函数图进一步表明，匹配效果比较好，估计结果比较好。

表 6-19　平衡性联合检验结果

样本	Pseudo R^2	似然比卡方	p 值	平均偏差	中值偏差
未匹配样本	0.134	1136.33	0.000	13.2	12.1
匹配样本	0.005	26.40	0.821	2.0	2.0

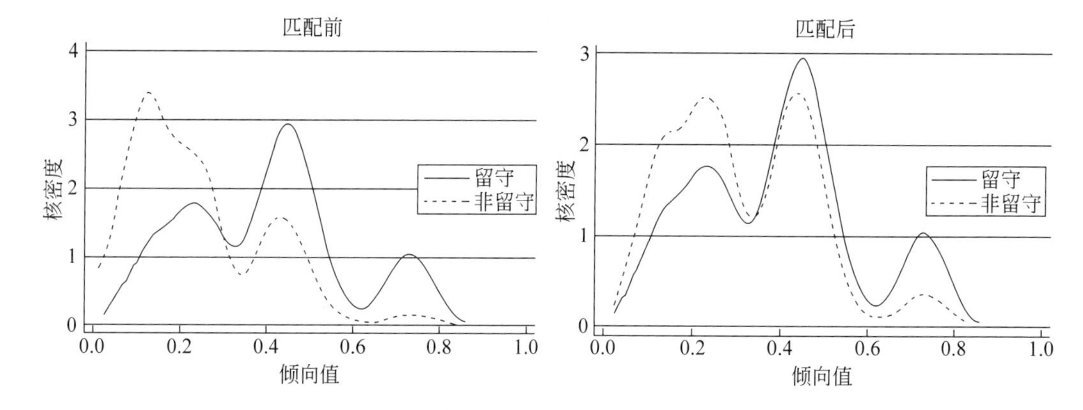

图 6-8　匹配前后概率密度函数图

③ 亲子分离对学生心理健康的处理效应。

本部分主要采用最近邻匹配方法，为了判断最近邻匹配法的估计是否稳健，本部分进一步采用核匹配、半径匹配以及局部线性匹配法计算平均处理效应。

从表 6-20 中可以看出用各种匹配方法所计算出的结果基本一致，这说明上述研究结果较为稳健。本部分以最近邻匹配法为例进行解释，发现亲子分离会导致学生消极情绪得分增加 2.61 分，同时会导致学生同伴关系得分降低 2.36 分，而对学生自我效能感有负效应，但不显著。

表 6-20　亲子分离对学生心理健康的影响效应

匹配方法	消 极 情 绪	同 伴 关 系	自我效能感
最近邻匹配	2.61^{***}（0.82）	-2.36^{***}（0.87）	−1.06（0.75）
半径匹配	2.34^{***}	-1.57^{*}	−0.50
	（0.55）	（0.70）	（0.56）
核匹配	2.35^{***}	-1.68^{*}	−0.43
	（0.53）	（0.69）	（0.53）
局部线性匹配	2.42^{***}	-1.99^{***}	−0.62
	(0.56)	（0.64）	（0.53）

注：①括号内为基于 300 次自助抽样所获得的标准误；②在最近邻匹配中使用 1 : 1 匹配，半径匹配中半径设定为 0.01，核匹配和局部线性匹配的宽带分别为默认宽带 0.06、0.8。如无特殊说明，①、②本部分通用。

3. 异质性分析

为了进一步识别亲子分离对学生心理健康影响的异质性，本部分将样本按照不同亲子分离状态、不同年级、不同性别和是否为寄宿生分组进行匹配。因为前文发现亲子分离对学生自我效能感影响并不显著，因此，本部分重点分析亲子分离对心理健康指标中消极情绪和同伴关系影响的异质性。

（1）不同亲子分离状态对学生心理健康影响

父母在学生成长过程所扮演的功能角色并不是完全一样的，其任何一方的缺失对学生所产生的影响可能存在区别，父亲角色的缺失可能导致子女缺乏足够的行为习惯监督和学业辅导，母亲角色的缺失可能使得学生缺乏必要的生活照料、精神安慰和心理支持。父母角色同时缺失导致学生完全缺失家庭方面的支持，学生难以从家庭中得到必要的生活或精神上的支持。基于以上各种情况，不同亲子分离状态对学生心理健康的影响是否具有差异性值得进一步研究，本部分对此展开研究。

本部分进一步对亲子分离状态进行细分，构造儿童是否亲子分离的四分类变量，即仅父外出亲子分离、仅母外出亲子分离、父母双外出亲子分离、非亲子分离。本部分以“仅父外出亲子分离”“仅母外出亲子分离”“父母双外出亲子分离”分别为处理组，以“非亲子分离”为控制组，计算不同亲子分离状态对学生心理健康的影响，如表 6-21 所示。

表 6-21　亲子分离状态的异质性分析（ATT）

匹配方法	仅父外出亲子分离		仅母外出亲子分离		父母双外出亲子分离	
	消极情绪	同伴关系	消极情绪	同伴关系	消极情绪	同伴关系
最近邻匹配	1.65	−2.44*	3.35*	−2.28	2.36*	−2.28
	（1.01）	（1.16）	（1.76）	（2.05）	（0.98）	（2.05）
半径匹配	1.54*	−1.93*	4.58**	−2.57	2.34**	−2.57
	（0.79）	（0.9）	（1.39）	（1.62）	（0.78）	（1.62）
核匹配	1.56*	−1.92*	4.61**	−3+	2.41**	−3+
	（0.79）	（0.89）	（1.38）	（1.6）	（0.76）	（1.6）
局部线性匹配	1.76+	−1.98+	4.4*	−2.68	2.46*	−2.69
	（1.01）	（1.16）	（1.76）	（2.05）	（0.97）	（2.05）

可以发现，与仅父外出亲子分离相比，仅母外出亲子分离对学生的消极情绪体验影响更大，会增加其消极情绪体验。同时，我们发现，亲子分离对学生同伴关系的消极影响，更多的是发生在仅父外出亲子分离这类群体中。

（2）亲子分离状态对不同年级学生心理健康影响

不同年级的学生身心发展水平存在差异，所掌握的生活知识和生活自理能力也存在差异。越低年级的学生越需要父母的照料。而高中一年级学生面临着升学压力等因素，使得其可能希望得到父母的照顾和帮助。因此，亲子分离可能对不同年级的亲子分离儿童的心理健康影响存在差异性。接下来，本部分按照学生年级，分别分析亲子分离对初中二年级和高中一年级学生心理健康的影响。

从表 6-22 中我们可以发现，不管是消极情绪还是同伴关系方面，亲子分离对初中二年级学生的消极影响明显更大。这有可能是因为初中二年级学生年龄更小，自理能力更差。

表 6-22　年级的异质性分析（ATT）

匹配方法	初中二年级		高中一年级	
	消极情绪	同伴关系	消极情绪	同伴关系
最近邻匹配	2.37**	−4.48***	1.93^{+}	0.20
	(1.00)	(1.22)	(1.03)	(1.14)
半径匹配	2.93***	−3.42***	1.66*	−0.03
	(0.82)	(0.99)	(0.83)	(0.92)
核匹配	2.97***	−3.51***	1.79*	0.02
	(0.81)	(0.98)	(0.82)	(0.91)
局部线性匹配	2.86**	−3.57**	1.58	0.03
	(1.00)	(1.22)	(1.04)	(1.13)

（3）亲子分离对不同性别学生心理健康影响

因为初中男女学生的发育水平不同，亲子分离对他们的影响也可能存在一定程度的差异性。从表 6-23 中可以看出，亲子分离同样会明显增加学生的消极情绪体验，而亲子分离对学生同伴关系的影响主要发生在男生群体中。

表 6-23　性别的异质性分析（ATT）

匹配方法	男　生		女　生	
	消极情绪	同伴关系	消极情绪	同伴关系
最近邻匹配	2.89**	−2.24^{+}	2.74**	−1.97^{+}
	(1.07)	(1.25)	(0.98)	(1.13)
半径匹配	2.50**	−2.30**	2.28**	−0.97
	(0.85)	(0.98)	(0.82)	(0.93)
核匹配	2.34**	−2.37*	2.37**	−1.12
	(0.84)	(0.97)	(0.80)	(0.91)
局部线性匹配	2.26*	−2.61*	2.44*	−1.37
	(1.07)	(1.25)	(0.98)	(1.13)

（4）亲子分离对是否为寄宿生的心理健康的影响

随着亲子分离儿童规模的不断扩大，政府希望通过完善农村寄宿制学校，使其转变管理和服务方式更好地弥补农村亲子分离儿童家庭教育功能的缺失，促进亲子分离儿童学习、身心健康全面发展。因此本部分分析寄宿是否减弱亲子分离对学生心理健康带来的负面效应，分析结果如表 6-24 所示。

本部分进一步发现亲子分离对寄宿的亲子分离儿童的消极情绪影响更大，这说明寄宿制学校由于自身办学条件和师资力量的局限，寄宿制并不能有效地缓解亲子分离对学生消极情绪的影响。但是同时我们发现相对寄宿制亲子分离儿童，亲子分离对非寄宿制亲子分离儿童的同伴关系影响更加显著，其能够显著地对非寄宿制亲子分离儿童的同伴关系产生负面影响。

表 6-24　寄宿的异质性分析（ATT）

匹配方法	寄　宿		非　寄　宿	
	消极情绪	同伴关系	消极情绪	同伴关系
最近邻匹配	2.67**	−1.6	1.92	−2.51+
	（0.96）	（1.1）	（1.22）	（1.39）
半径匹配	2.59***	−1.1	2.15*	−2.29*
	（0.75）	（0.87）	（0.95）	（1.08）
核匹配	2.34***	−1.24	2.19	−2.34*
	（0.74）	（0.85）	（0.94）	（1.07）
局部线性匹配	2.37**	−1.41	2.31+	−2.24+
	（0.96）	（1.1）	（1.22）	（1.39）

4. 亲子分离对学生心理健康影响：基于 Shapley 值分解分析

本部分继续采用 Huettner 和 Sunder 提出的基于回归方程的 Shapley 值分解方法来考察亲子分离影响学生心理健康的因素的重要程度。Shapley 值分解的基本思想是，对影响被解释变量（学生心理健康）的因素进行分解时，从回归模型中找出各因素对被解释变量总体变异的贡献率，从而得出各变量对被解释变量影响的重要程度。本部分在运用 PSM 方法基础上，把倾向性得分作为新的变量纳入回归模型中，从而建立一个有效控制样本选择性偏差的回归模型。此外，为了避免被解释变量过多导致计算问题，本部分剔除了回归中一些不显著的变量，分解分析结果如表 6-25 所示。

表 6-25　亲子分离对学生心理健康的影响：Shapley 值分解

变　量	消 极 情 绪		同 伴 关 系	
	系　数	Shapley 值 R^2(%)	系　数	Shapley 值 R^2(%)
亲子分离	2.51***	8.4	−1.75***	3.75
母亲教育年限	−0.28***	7.77	0.62***	14.16
父亲教育年限	−0.17	3.93	0.42***	7.97
学业基础	−1.89***	38.84	2.91***	49.07
独生	−0.12	1	0.65	1.16
男生	−1.69***	3.66	−3.25***	6.74
精英职业	1.54*	0.35	−0.59	0.25
寄宿	−0.26	0.15	−0.002	0.25
高中一年级	3.83***	17.07	−0.69	0.2
家庭经济状况（一般）	−3.18***	12.61	2.39***	4.66
家庭经济状况（富裕）	−1.27***	0.44	4.7***	2.67
倾向性得分	4.12***	5.78	−6.92***	9.12

从这里可以看出样本选择偏差在估计亲子分离对学生心理健康影响时的确存在。从 Shapley 值分解结果可知，在控制其他变量的情况下，亲子分离可以贡献情绪消极可解释变异的 8.4%，可以贡献同伴关系可解释变异的 3.75%。而对可解释变异影响最大的学业基础可以分别贡献消极情绪、同伴关系可解释变异的 38.84%、49.07%。

从这里我们可以看出，尽管亲子分离对学生心理健康产生负面的影响。但这仅仅只能说明相对非亲子分离儿童而言，亲子分离儿童在心理健康方面处于弱势，而不能得出亲子分离儿童存在心理健康问题的结论。我们也不应该把儿童的心理健康问题简单地归结于亲子分离所导致的。

5. 稳健性分析

虽然倾向性得分匹配法可以在最大程度上解决可观测变量引起的偏差问题。但是一些未观测的变量可能对学生是否处于亲子分离状态产生着系统性影响，这使得使用倾向性得分匹配的可忽略性假设被违背，从而使得 PSM 估计结果存在偏差。因此本部分进一步采用工具变量法，工具变量不仅能够解决因遗漏变量所导致的内生性问题，还能够在一定程度上解决双向因果所导致的问题。

参照相关研究，本部分选取县级学生亲子分离率作为工具变量[①②]。杜宾—吴—豪斯曼（DWH）内生性检验发现，亲子分离的确为内生性解释变量。弱工具变量检验结果显示，F 值远远大于 10，拒绝了“弱工具变量”的假设。而本部分无法直接采用有效统计方法对工具变量的外生性进行检验。本部分采用一种非严格的方法，即把工具变量纳入主模型中进行偏系数显著性检验，检验结果如表 6-26 所示，县级学生亲子分离率对学生心理健康变量的影响在 5% 的置信水平下不显著，这一定程度上说明工具变量具有外生性。

表 6-26　稳健性检验

变　量	消极情绪	自我效能感	同伴关系
留守	7.14***	−2.64**	−9.24***
	（0.85）	（1.31）	（1.60）
其他控制变量	控制	控制	控制
R^2	0.05	0.07	0.06

采用工具变量法同样发现亲子分离会显著地增加学生的消极情绪，对学生同伴关系产生消极影响。与前面不同，采用工具变量发现，亲子分离对学生自我效能感具有显著的负向影响。

（三）小结与讨论

本部分探讨了亲子分离对学生心理健康的影响以及这种影响存在的异质性，采用消极情绪、同伴关系和自我效能感作为初中生心理健康的测量指标。主要研究结论如下。

第一，亲子分离的确会对学生消极情绪感受产生显著性的影响，与非亲子分离儿童相比，亲子分离学生存在更加明显的消极情绪体验。而亲子分离对学生构建同伴关系也产生消极的影响，亲子分离儿童的同伴关系更差，而亲子分离对学生的自我效能感并无显著的负向影响。

第二，异质性分析结果显示：①就不同亲子分离状态对学生心理健康影响而言，与仅

① Du Y, et al. Migration and rural poverty in China[J]. Journal of Comparative Economics, 2005, 33(4): 688-709.

② 丁继红，徐宁吟 . 父母外出务工对留守儿童健康与教育的影响 [J]. 人口研究，2018（1）: 76-89.

父外出亲子分离相比，仅母外出亲子分离对学生的消极情绪体验影响更大，会增加其消极情绪体验。同时，亲子分离对学生同伴关系的消极影响，更多的是发生在仅父外出亲子分离这类群体中。②就亲子分离状态对不同年级学生心理健康影响而言，不管是消极情绪还是同伴关系方面，亲子分离对初中二年级学生的消极影响明显更大。③就亲子分离对不同性别学生心理健康影响而言，亲子分离对学生同伴关系的影响主要发生在男生群体中。④就亲子分离对是否为寄宿生的心理健康影响而言，亲子分离对寄宿的亲子分离儿童的消极情绪影响更大。

第三，亲子分离可以贡献情绪消极可解释变异的 8.4%，可以贡献同伴关系可解释变异的 3.75%，而对可解释变异影响最大的学业基础可以分别贡献情绪消极、同伴关系可解释变异的 38.84%、49.07%。因此，尽管亲子分离对学生心理健康产生负面的影响。但这仅仅说明相对非亲子分离学生而言，亲子分离学生在心理健康方面处于弱势，而不能得出亲子分离学生存在心理健康问题的结论。

二、父母劳动时长的影响

学生心理健康关系到其未来的健康成长，影响着成年教育成就和社会经济地位的获得，也关涉培养全面发展的时代新人的目标实现。探究影响学生心理健康的影响因素及发生机制，探求干预和预防学生心理健康问题的有效途径，也一直是研究界关注的重要议题。在诸多影响青少年受欺凌的保护性和风险性因素中，家庭因素始终被研究者视为极其重要的因素之一。但是已有研究主要关注家庭背景变量，而对于父母工作状态、工作时间与学生心理健康的影响关注不足。目前中国学界对父母过度劳动与学生心理健康关系的研究相对缺乏，关于其对学生心理影响中介机制的分析有待进一步丰富，研究方法的科学性也有提升的空间。本部分从代际视角分析父母过度劳动对学生心理健康的影响，以求对已有研究进行补充。

基于此，本部分采用调研数据，分析父母过度劳动对学生心理健康的影响及其异质性，并探讨其中的影响中介作用机制，深化对父母过度劳动与学生心理健康关系的认识。本部分关注的实证问题是：父母过度劳动对学生心理健康有什么影响？对不同的群体，父母过度劳动对学生心理健康的影响有何差异？父母过度劳动通过哪些中介机制会对学生心理健康产生影响？

（一）变量与模型选择

1. 变量选择

由于本部分重点关注义务教育学生，所以仅保留了中小学样本。根据实际研究需要，在数据处理过程中，本部分删除父母未参加劳动的样本。此外，因存在变量缺失的样本小于总样本的 5%，因此本部分采用列删除的方法处理变量缺失值问题。

（1）被解释变量：心理健康。

（2）解释变量：父母过度劳动。参考已有研究的常用测量方式[①]，本部分以劳动时间衡量父母是否过度劳动，以周劳动时间是否超过 50 小时作为衡量父母是否过度劳动的标准。这是现有研究中惯常使用的标准。

（3）中介变量：本部分的中介变量是指受父母是否超时劳动影响，进而会对学生心理健康状况影响的变量。本部分选取的中介变量首先为家庭教育支出，在家长问卷中详细询问了该家庭对孩子的教育支出金额（选项包括① 0~2500 元、② 2501~5000 元、③ 5001~7500 元、④ 7501~10000 元、⑤ 10001~12500 元、⑥ 12501~15000 元、⑦ 15001 元及以上），本部分采用取中间值的方式，把教育支出转化为连续变量。其次为亲子关系，在对亲子关系进行变量化操作时，本部分选取“学生自评与父母的关系如何”进行测量，题目选项分别赋值为 1~5，分别代表非常不好、不太好、一般、比较好、非常好，将两道题的值加总，形成亲子关系的取值。最后为亲子沟通，亲子沟通由问卷中“父母是否经常与学生讨论学校发生的事情”“你与同学的关系”“你与老师的关系”“你的心情”“你的心事或烦恼”五个问题进行测量，其选项包括从不、偶尔和经常，本部分对其赋值相加获得亲子沟通得分，得分越高表明学生和父母之间亲子沟通频率越高。

（4）控制变量：为了更加精准地估计父母过度劳动对学生心理健康的影响，本部分还控制了学生个体特征变量、家庭特征变量以及班主任特征变量，这些变量可能对学生心理健康水平产生影响，其中部分变量甚至可能同时影响父母是否过度劳动和学生心理健康水平，如果对这些变量不进行控制可能导致本部分估计结果出现偏误。学生个体特征变量包括性别，年级，户口，自评身体健康状况，是否为独生子女，是否寄宿；学生自评成绩家庭特征主要为父母受教育年限；而班主任特征变量为班主任性别、班主任教龄和班主任学历。为了进一步控制学校因素对学生心理健康的影响，本部分进一步采用添加虚拟变量的形式，控制学校固定效应。

2. OLS 回归

为了分析父母过度劳动对学生心理健康的影响，本部分构建如式（6-12）所示的基于最小二乘法估计的基准回归方程：

$$\text{MENTAL\_HEL}_{st} = \beta_{j0} + \beta_1 \text{FA\_WORK} + \beta_2 \text{MA\_WORK} + \sum_{i=3}^{n} \beta_i X_{st} + \phi_s + \varepsilon_{st} \qquad (6\text{-}12)$$

式中，下标 s、t 分别表示第 s 所学校的第 t 名学生，X_{st} 表示个体、家庭等控制变量，ϕ_s 表示学校固定效应，用以控制学校氛围等学校因素所产生的影响，ε 为误差项。

3. 泛精确匹配

由于父母过度劳动的选择并不是完全随机决定的，可能受到多种因素的影响，这些因素包括性别、受教育程度、家庭人口数量等子女和家庭的特征。因此，在识别父母过度劳动对学生心理健康影响时可能存在有样本自选择导致的内生性问题。此时采用传统的 OLS 回归进行估计将会出现估计偏误。因此，本部分将进一步采用泛精确匹配方法解决样本自选择导致的问题。泛精确匹配方法的实际操作可以具体分为以下几步：第一步，将父母是否过度劳动看作实验处理变量，将样本学生分为两组，实验组是父母过度劳动的组（T=1），控制组是父母未过度劳动的组（T=0）；第二步，将学生层面和父母层面控制变量（性别、独生、

---

① 杨钋，颜芷邑．寄宿如何影响学生的心理健康？[J]. 华东师范大学学报（教育科学版），2022，40（8）：67-82.

寄宿、父母受教育年限等）作为特征变量进行泛精确匹配获得权重；第三步，将权重代入以学生心理健康为结果变量的回归模型中，获得父母过度劳动对学生心理健康的处理效应值。

此外，为了保证论文结果的稳健性，本部分进一步采用同样为解决样本选择性问题的逆概率加权回归调整法 (IPWRA) 和增强逆向概率加权法（AIPW）进行估计。

4. 无条件分位数回归

因为 OLS 回归模型和泛精确匹配法都主要分析父母过度劳动对学生心理健康所产生的平均影响，其内含父母劳动对学生心理健康的作用效果不因学生心理健康水平的高低而变动的内在假设。但是实际教育情境中，父母过度劳动对学生的影响可能在不同学生间存在差异，父母过度劳动对学生心理健康的影响可能并非线性、均质的，随着学生心理健康水平的提高，父母过度劳动对学生心理健康的影响可能存在差异。从某方面说，父母过度劳动影响的异质性可能为政策补偿的重点对象提供依据。具体而言，如果父母过度劳动影响的异质性特征表现为对低心理健康水平的学生影响大于高心理健康水平学生，那么政策应该重点向低心理健康水平学生倾斜，从而有效地促进所有学生均衡发展。

为细致分析父母过度劳动对学生心理健康影响的个体异质性影响，本部分进一步运用无条件分位数回归 (unconditional quantile regression，UQR)，探索不同心理健康水平个体中父母过度劳动的无条件边际效应。普通的分位数回归为有条件分位数回归，其只能解释父母过度劳动对具有相似特征学生的异质性影响，但是对于研究者和政策制定者而言，更加关注的是无论学生的观测特征是否相似,父母过度劳动对学生心理健康无条件的影响[①]。因此，采用无条件位数而不是普通的有条件分位数进行回归。

（二）实证结果

1. 父母工作时间对学生心理健康影响

表 6-27 中模型（1）、模型（2）的估计结果表明，在仅控制学生个体变量的情况下，父母过度劳动对学生心理健康的确存在显著的负向影响。在进一步控制了家庭、班主任特征和学校固定效应等一系列变量之后，父母过度劳动对学生心理健康影响的估计系数值有所减小，母亲过度劳动对学生心理健康的影响仍然显著，而父亲过度劳动的影响变得不显著。这说明，父母过度劳动对学生心理健康影响存在差异，母亲过度劳动对学生心理健康负面影响更大，而父亲过度劳动对学生心理健康并没有稳健的负面影响。这与以往的研究结果一致[②]。这可能是因为父亲过度劳动可能会带来显著的家庭收入的增加,从而使得家庭子女教育支出的增加,进而抵消了因父亲过度劳动所产生的亲子沟通交流减少的负向影响。而在中国传统“男主外女主内”家庭分工模式下，母亲往往在亲子教育中承担着更加重要的作用，已有研究发现母亲教育参与对学生发展的预测作用更强[③④]。尽管母亲过度劳动同

① 朱平芳，邸俊鹏 . 无条件分位数处理效应方法及其应用 [J]. 数量经济技术经济研究，2017，34（2）: 139-155.

② 宫倩楠，朱志胜 . 过度劳动的代际冲击：基于新人力资本理论框架的经验证据 [J]. 河南社会科学，2022，30（9）: 15-28.

③ Hsu H Y, et al. Distinguishing the Influences of Father’s and Mother’s Involvement on Adolescent Academic Achievement: Analyses of Taiwan Education Panel Survey Data[J]. Journal of Early Adolescence, 2011, 31(5): 694-713.

④ 李晓巍，魏晓宇 . 父亲参与的现状及其与幼儿社会能力的关系——母亲教养效能的中介作用 [J]. 北京师范大学学报（社会科学版），2017（5）: 49-58.

样可能提高家庭收入,但母亲的收入效应往往低于父亲[①]。母亲因过度劳动降低了亲子教育参与程度，进而对学生心理健康带来负向影响，而这种影响并不能与收入增加带来的正面效应相互抵消，而对学生心理健康产生负向影响。

表 6-27　父母过度劳动对学生心理健康的影响

变　量	模型（1）	模型（2）	模型（3）	模型（4）	模型（5）
母亲过度劳动	−0.584***		−0.558***	−0.513**	−0.494**
	(0.166)		(0.208)	(0.205)	(0.208)
父亲过度劳动		−0.360**	−0.045	0.005	0.132
		(0.140)	(0.180)	(0.179)	(0.183)
其他变量	√	√	√	√	√
学校固定效应					√
常数项	16.840***	16.795***	16.853***	14.362***	18.862***
	(0.502)	(0.513)	(0.503)	(0.768)	(2.194)
R^2	0.224	0.222	0.224	0.233	0.297

根据模型（5）的估计结果，本部分对参与回归的控制变量的估计结果做简要汇报：男生心理健康水平显著高于女生。在控制学校固定效应之后，四年级学生心理健康水平低于八年级学生。农村与非农村、独生与非独生子女间心理健康水平并没有显著的差异。寄宿生的心理健康水平也没有显著低于非寄宿生,这和已有研究结论存在不一致[②]。这可能是因为随着寄宿制学校建设越来越规范，办学条件改善所致。学生自评成绩、父亲教育年限以及班主任学历对学生心理健康水平具有促进作用。而母亲教育年限对学生心理健康却存在负面影响。已有研究也有类似发现[③],这可能是由于受教育年限更高的母亲自我效能感更高，具有更强教育焦虑，从而导致对学生心理健康产生负向影响。

2. 泛精确匹配法

尽管上文的基准回归结果已证明母亲过度劳动会对学生心理健康产生负向影响，而父亲过度劳动对学生心理健康的影响并不显著。但是父母过度劳动的行为并非随机选择的。这种情况如果直接采取 OLS 等方法估计结果，可能会导致估计出现选择性偏差。因此本部分进一步采用泛精确匹配法进行估计，并汇报同样为解决样本选择性问题的逆概率加权回归调整法（IPWRA）和增强逆向概率加权法（AIPW）的估计结果。

本部分使用泛精确匹配法提高协变量的平衡性，然后只保留匹配成功、位于共同支持域的个体，再利用加权回归方法得出父母过度劳动对学生心理健康的处理效用。基于此，本部分以学生个体特征及父母教育年限等特征为协变量进行泛精确匹配。

泛精确匹配结果较成功地保留了足够数量的配对样本。在母亲过度劳动与母亲未过度劳动的学生样本中，匹配样本数为 2182，未匹配样本数为 748，成功配对率为 74.5%。而在父亲过度劳动与父亲未过度劳动的学生样本中，匹配样本数为 2166，未匹配样本数为

---

① Del Boca D, et al. Household choices and child development[J]. The review of economic studies, 2014 (1): 137-185.

② 杨钋，颜芷邑 . 寄宿如何影响学生的心理健康？ [J]. 华东师范大学学报（教育科学版），2022，40（8）：67-82.

③ 邓红，魏燕 . 家庭环境对西北民族地区中小学生心理健康影响的研究——基于甘肃省 9 所中小学 2207 名学生的实证分析 [J]. 民族教育研究，2017，28（3）：36-42.

764，成功配对率 73.9%。此外，母亲过度劳动与母亲未过度劳动的学生样本中，匹配前后的多元不平衡性指标从 0.629 降至 0.385，说明匹配后控制组和处理组的分布重合率达 61.5%。与此相似，在父亲过度劳动与父亲未过度劳动样本中，匹配前后的多元不平衡性指标由 0.605 降至 0.379。泛精确匹配的结果如表 6-28 所示，匹配之后协变量均值差异变得不再显著，这说明处理组和控制组之间协变量的平衡性得到大幅度提升，匹配效果良好。

表 6-28 父母过度劳动对学生心理健康的影响

变 量	方 法	平均处理效应	标 准 误
母亲过度劳动	泛精确匹配法	−0.518**	0.212
	IPWRA 法	−0.523**	0.213
	AIPW 法	−0.488**	0.217
父亲过度劳动	泛精确匹配法	−0.127	0.199
	IPWRA 法	0.057	0.213
	AIPW 法	0.081	0.212

3. 无条件分位数回归

在前文不管采用 OLS 模型还是采用泛精确匹配法，所得到的均是父母过度劳动在学生心理健康水平分布的条件均值上产生的边际影响。相应的识别假设是父母过度劳动的影响效果在心理健康水平分布上是同质的。但是父母过度劳动是否会对不良心理健康状况越严重的学生有更大的负向作用呢？在本节，我们使用无条件分位数回归的方法进一步探讨班主任心理健康培训对于心理健康状况处于不同分位的初中生的影响，即不良心理健康状况较严重的初中生是否更能从接受过心理健康培训的班主任处受益。

首先，选取了 5 个具有代表性的分位点，即 10%、25%、50%、75% 和 90%，以代表心理状况得分处于不同分位的学生群体。从表 6-29 中可以看到，随着分位数从 10% 增加到 90%，母亲过度劳动的分位数回归系数呈现出下降的趋势，而且回归系数仅在分位数 10% 和 25% 处显著。而父亲过度劳动对学生心理健康不同分位的学生的影响始终不显著。这表明母亲过度劳动主要对心理健康比较差的学生产生影响，具有“马太效应”。具体地讲，在 10% 分位点上，母亲过度劳动将使得学生心理健康得分减少 1.587 分，结果在 5% 的水平上显著。而在 25% 分位点上，母亲过度劳动将使得学生心理健康得分减少 0.635 分。这表明我们应该重点关注心理健康得分偏低的学生，对其采取补偿性措施，进而缩小不同学生之间心理健康水平差异。

表 6-29 无条件分位数回归估计结果

变 量	10 分位	25 分位	50 分位	75 分位	90 分位
母亲过度劳动	−1.624***	−0.660**	−0.214	−0.014	−0.014
	(0.328)	(0.317)	(0.302)	(0.126)	(0.126)
父亲过度劳动	0.438	0.059	−0.058	−0.166	−0.166
	(0.318)	(0.307)	(0.292)	(0.122)	(0.122)
个人家庭特征	√	√	√	√	√
班主任特征	√	√	√	√	√
学校固定效应	√	√	√	√	√
R^2	0.147	0.232	0.256	0.228	0.228

4. 异质性分析

前期研究发现，父母过度劳动对学生心理健康的影响具有显著的性别、年级、家庭人口数量等异质性，但并未获得一致性结论。本部分将从性别、年级和是否为独生子女家庭分析父母过度劳动对学生心理健康影响的异质性。本部分采用分组回归的形式进行异质性分析，分析结果如表 6-30 所示。

表 6-30　异质性分析结果

变　量	性　别		年　级		户　口	
	男　生	女　生	小学四年级	初中八年级	农业户口	城市户口
母亲过度劳动	−0.451	−0.546**	−0.427**	−0.489	−0.657***	−0.280
	(0.279)	(0.273)	(0.204)	(0.352)	(0.220)	(0.435)
父亲过度劳动	0.037	0.269	−0.141	0.422	0.451**	−0.622*
	(0.272)	(0.263)	(0.190)	(0.351)	(0.223)	(0.365)
R^2	0.285	0.365	0.218	0.193	0.304	0.363

注：为了简洁起见，此处仅汇报了核心解释变量估计系数，下同。

对城乡样本的分析发现，对于城市学生而言，父母过度劳动对学生心理健康并无显著影响；对于农村学生而言，母亲过度劳动将使得学生心理健康得分降低 0.657 分，父亲过度劳动会对学生心理健康产生正向影响。这可能是由于农村传统“男主外，女主内”的分工更加明显，母亲承担着绝大部分的家庭教育。而因母亲过度劳动所导致亲子陪伴和沟通减少的缺位效应大于因过度劳动产生的收入效应，因而对学生心理健康产生明显的负向影响[①]。农村家庭父亲更多承担经济功能，父亲过度劳动产生的收入效应明显高于其所产生的负面效应。

在性别和年级方面，我们可以看到母亲过度劳动主要对女生和低年级学生产生负面影响。这可能是由于相较于男生和高年级学生，女生和低年级学生对家人的情感依赖以及对家人的陪伴需求心理更加强烈，因而更有可能因母亲过度劳动而导致学生在学习生活中得不到母亲足够的关爱和关心，产生心理健康上的问题。

5. 影响机制分析

基于上述分析发现，母亲过度劳动会对学生心理健康产生显著的负向影响，而父亲过度劳动对学生心理健康的影响并不显著。那么母亲过度劳动是通过哪些机制作用于学生心理健康？本部分结合现有文献从理论和实证两方面对可能的影响机制进行探讨。

如图 6-9 所示，母亲过度劳动可以通过三条途径影响学生心理健康：首先，过度劳动往往意味着疲劳蓄积和情绪困扰，导致劳动者心理健康状况不佳。已有研究表明，过度劳动会导致劳动者心理健康状况恶化[②]。母亲过度劳动可能会导致母亲自身心理健康水平降低，进而影响学生心理健康水平。其次，母亲过度劳动可能导致家庭收入增加，进而导致家庭教育支出增加，购买校外学习服务和兴趣服务，进而对学生心理健康产生影响。当然这种教育支出可能对学生心理健康产生正向促进，也可能产生适得其反的负向作用。最后，

---

① 许琪. 父母外出对农村留守儿童学习成绩的影响 [J]. 青年研究，2018（6）：39-51，92.

② 王笑天，李爱梅，吴伟炯，等. 工作时间长真的不快乐吗？异质性视角下工作时间对幸福感的影响 [J]. 心理科学进展，2017（1）：180-189.

母亲过度劳动可能会导致母亲陪伴学生的时间减少，亲子之间沟通频率降低，亲子关系变差，进而对学生的心理健康产生负面影响。下图描绘了母亲过度劳动对学生心理健康影响的三条作用机制。

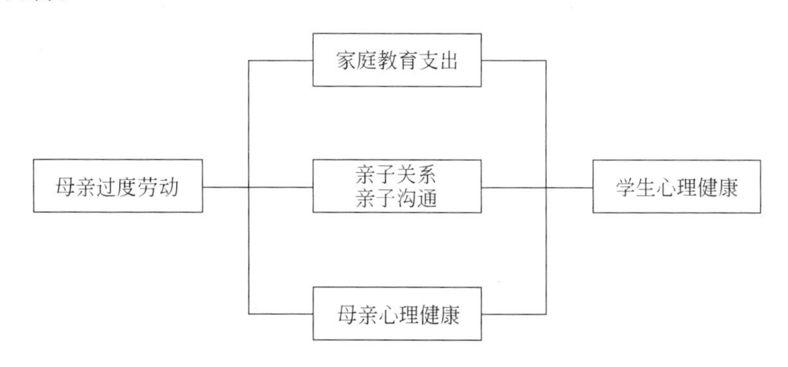

图 6-9 母亲过度劳动对学生心理健康影响的作用机制

结合前文的理论探讨和本部分的数据可获得性，本部分将从家庭教育支出、亲子沟通和亲子关系三个方面探讨母亲过度劳动对学生心理健康的影响机制，而因本次调查并没有询问母亲心理健康情况，因此在实证分析方面暂不考虑母亲心理健康因素。本部分采用 KHB 中介分析方法进行检验。模型设定的基本思路如下：①简约模型纳入解释变量和控制变量，得出母亲过度劳动对学生心理健康的总效应；②完整模型进一步加入了中介变量（家庭教育支出、亲子关系、亲子沟通），得出母亲过度劳动对学生心理健康影响的直接效应和间接效应。

如表 6-31 所示，与简约模型的估计系数相比，加入中介变量后的完整模型的系数均在 1% 统计水平上显著降低，三个中介变量产生的总间接效应占母亲过度劳动对学生心理健康影响总效应的 20.43%，其中亲子关系的贡献率最大，占 15.02%，亲子沟通占 9.47%。而父母过度劳动可以通过增加家庭教育支出从而一定程度上减轻因母亲过度劳动所产生的缺失效应。为了对中介效应估计结果的可靠性进行检验，本部分进一步运用偏差校正的百分位 Bootstrap 法进行中介效应检验。研究结果同样表明三个中介变量的中介作用成立。

表 6-31 母亲过度劳动影响学生心理健康的中介效应结果

效 应	系数	标准误	效应量比例（%）
总效应	-0.510^{***}	0.150	
直接效应	-0.406^{***}	0.151	
总间接效应	-0.104^{*}	0.052	20.43
亲子关系	-0.077^{*}	0.040	15.02
亲子沟通	-0.048^{**}	0.020	9.47
家庭教育支出	0.021^{**}	0.012	−4.05

6. 稳健性分析

（1）分层线性模型

由于学生心理健康受到个体、家庭和学校等因素共同影响，所使用的数据为学生和学校两层嵌套数据。故本部分进一步采用分层线性模型解决 OLS 回归中可能存在误差项独立与同方差假定不满足问题。在使用分层线性模型之前，需要先了解学校差异所产生的影响，以判断多水平模型的适用情况。本部分使用不含任何解释变量的零模型计算所得 ICC 大于 0.05，故本部分适合采用分层线性模型。如表 6-32 所示，与前文 OLS 回归结果相比，使用分层线性模型进行回归得到的系数略有变化，但系数的符号和显著性并没有发生明显变化。

（2）重新界定变量

为了验证结果的稳健性，本部分将解释变量父母是否过度劳动的衡量标准进行调整，调整为每周工作时间是否超过 62 小时。此外，本部分采取变更被解释变量的计算方式进行稳健性检验。本部分对心理健康各指标进行反向赋分，再运用因子分析进行降维处理，获得心理健康公因子，然后转化为 0~100 的心理健康得分。具体回归结果见表 6-32，无论是重新调整解释变量还是被解释变量的计算方式，母亲过度劳动均会对学生心理健康产生显著的负向影响，而父亲过度劳动对学生心理健康的影响均不显著。这说明本部分的研究结果较为稳健。

表 6-32　稳健性估计结果

变　量	分层线性模型	重新界定被解释变量	重新界定解释变量
母亲过度劳动	-0.494^{**}	-2.468^{**}	-0.402^{*}
	(0.204)	(0.958)	(0.239)
父亲过度劳动	0.132	0.662	0.089
	(0.180)	(0.927)	(0.197)

（三）小结与讨论

目前，学术界关于父母过度劳动对学生发展的关系存在不同的结论，本部分从学生心理健康的角度，分析父母过度劳动的代际影响。本部分基本结论如下。

第一，母亲过度劳动对学生的心理健康状况产生了消极影响，而父亲过度劳动对学生心理健康状况的影响并不显著。这说明在“男主外，女主内”的父权制家庭传统中，母亲承担着更多的孩子照顾和培养责任。母亲过度劳动一定程度降低了对学生培养的参与程度，过度劳动带来的收入增加的正面效应难以抵消因陪伴倾听、参与学校活动等时间的缺乏所产生的负面效应。而父亲过度劳动可能因为带来的收入效应更加明显，其不仅使得家庭整体收入和家庭教育支出增加，也可能会减少母亲过度劳动的可能性，从而增加母亲陪伴孩子的时间。父亲过度劳动产生的收入效应能够抵消因父职缺位所产生的负面效应，因而父亲过度劳动不会对学生心理健康产生明显的负向影响。因此，要通过法律对劳动时间进行规范，避免过度加班文化的蔓延，有效规制受教育者父母尤其是母亲的过度劳动问题。

第二，父母过度劳动对学生心理健康的影响存在有异质性。本部分发现，母亲过度劳动主要对心理健康水平比较低的学生产生影响，母亲过度劳动的影响存在“马太效应”。此外，母亲过度劳动主要对女生和低龄的小学生产生负向影响。女生和低年级学生对家人的情感依赖以及对家人的陪伴心理需求更加强烈，因而更有可能因母亲过度劳动而导致学生在学习生活中得不到母亲足够的关爱和关心，产生心理健康上的问题。父亲过度劳动对农村学生心理健康起着促进作用，而对城市学生心理健康的影响并不显著。这可能是因为农村家庭父亲更多承担经济功能，父亲过度劳动产生的收入效应明显高于其父职缺位所产生的负面效应。

第三，母亲过度劳动对学生心理健康的负向影响主要由于亲子关系恶化和亲子沟通减少产生，母亲过度劳动所带来教育支出增加在一定程度上能弱化母亲过度劳动所产生的负面效应。亲子关系恶化的影响占母亲过度劳动对学生心理健康影响总效应15.02%，而亲子沟通减少占9.47%。因此父母要关注自身工作状态对学生心理健康的影响，在增加教育经费投入的同时，需要增加对学生的关注，增加亲子沟通的频率，构建良好的亲子关系，从而避免子女面临心理健康问题。

第七章　研究结论与对策建议

“十四五”时期是我国开启全面建设社会主义现代化国家新征程、向第二个百年奋斗目标进军的第一个五年，我国进入了新发展阶段，也将面临新的机遇和新的挑战。党的二十大报告中指出，“高质量发展是全面建设社会主义现代化国家的首要任务”，要“坚持以人民为中心发展教育，加快建设高质量教育体系”，这为新时代基础教育改革发展描绘了蓝图。“高质量教育体系”指向的是办好人民满意教育，即建立能够满足人民群众日益增长的对更高质量、更加公平、更加多样教育需求的教育体系。在此背景下，教育公平不能仅停留于政策制度、教育资源等宏观层面的探讨，而需从宏观走向微观，打通教育公平的“最后一公里”，在具体的教育实践中落实教育公平的理念与追求，以此才能真正让每一个孩子都能享有公平而有质量的教育。

第一节　研 究 结 论

本研究基于 H 省 7 市（区、县）11503 名学生、12042 名家长、1479 名教师和 106 所学校的调查数据，采用多元线性回归分析、Logistic 回归、分组回归、倾向得分匹配等方法，围绕微观教育机会公平、过程公平和结果公平的结构框架，从学校选择、班级管理、家长陪伴、课堂教学、学生评价、同伴关系、家校合作等方面实证分析了微观教育公平问题，有以下主要研究发现。

第一，从微观教育机会公平来看，不同学生在选择学校、参与班级管理与获得家长陪伴方面存在机会差别，家庭背景优势可以通过文化再生产、资源传递等多种途径转化为学生的微观教育机会优势。具体而言，在择校机会方面，家长最关心的学校特征是学校口碑、学校规模和学校距离中心区域的距离，这些特征对家长择校有显著正向影响。同时发现，在“就近入学”政策日趋收紧的趋势下，“以房择校”“以信息资本择校”已成为当前家庭背景优势转化为就学优势的主要方式，这可能会进一步加剧优质教育资源向社会优势阶层聚集的程度，影响教育公平。在班级管理机会方面，家庭收入和人情支出每提高 1%，学生获得干部身份的概率将会分别提高 3.5%、1.4%，父母受教育程度每提高 1 年，学生获得干部身份的概率增加 0.8%。异质性分析发现，与城市学生相比，农村学生的家庭收入对学生干部身份获得存在显著正向影响，即经济资本在农村学生群体中效用更大。

在家长陪伴机会方面，本研究以家长陪读为测量指标，发现不同特征学生的家长租房陪读机会存在差异，与农业户口、低收入家庭、非精英家庭、单亲家庭的学生相比，非农业户口、高收入家庭、精英家庭、非单亲家庭学生的陪读机会相对更大。影响因素分析结果显示，家长教育期望、家庭资本对学生陪读机会获得具有显著的正向影响。进一步通过倾向性得分匹配模型表明，陪读对学生认知能力有显著的正向效应，而且这种积极影响在女生、高中学生、非独生子女、农业户口学生群体中更为突出。因此，在陪读机会不平等但对学生的影响效应为正的情况下，需注意弱势阶层家庭学生受制于资源限制和传递渠道选择，在陪读机会获得上处于不利地位，进而一定程度上可能会制约微观教育公平的实现。

第二，从微观教育过程公平来看，学校课堂教学、学生评价、家校合作、师生与同伴交往过程中，农村、学习成绩较差、留守儿童、随迁子女等弱势学生群体在教育过程中处于不利地位。具体而言，在学校课堂教学方面，本研究以提问机会获得为教师关注的代理指标，实证研究发现，学生班干部身份对学生提问机会获得有正向影响，当控制了学生个体特征、家庭特征及学校特征等条件后，班干部身份这个因素依旧可以独立地增加学生提问机会的获得。进一步分析表明，与低家庭社会经济地位学生相比，教师在课堂教学中更加关注高家庭社会经济地位学生，且这些学生在教师关注中也获益更大。可见，在现有学校教育与班级管理制度下，优势学生群体不仅能凭借其良好的认知能力和家庭条件直接获得学习机会，还能通过班干部这一中介来获得更多的教师关注，形成自身教育的“叠加优势”，这也反映了学生获得干部身份的微观教育机会公平会进一步影响微观教育过程公平。

学生评价方面，教师表扬本质是一种对学生的评价反馈，是教育过程中教师给予学生的一种积极的“正强化”行为。本研究以教师表扬获得为课堂教学过程中学生评价公平的测量指标，研究发现家庭社会经济地位、学生成绩均显著正向预测教师表扬获得，即家庭背景条件好、学习成绩较优的学生能够收获更多的教师表扬。进一步分析其影响发现，教师表扬不仅可以直接促进学生积极情绪提升，让学生获得更高幸福感，还可以通过教师关注、学生同伴关系和学生自律努力程度的中介作用影响学生幸福感。这表明教师对学生的评价是微观教育过程中的一种重要资源，如果教师因学生背景、成绩的不同对其进行差异性分配，势必会带来课堂教学过程中的“隐性不公平”，使部分较少机会获得这一教育“软”资源的学生幸福感下降，进而可能会拉大学生之间发展上的差距。

家校合作方面，本研究首先探讨了家长参与家校合作的影响因素，发现在家庭因素层面，家庭背景、家长教育期望和社会网络对家长参与家校合作有显著正向影响，即家庭经济背景较好、家长教育期望较高和社会网络闭合程度较高的家长更可能参与到家校合作中，与学校建立伙伴关系；学校层面，教师联系家长、组织家校合作活动等因素都对家长参与家校合作具有积极促进作用。同时，本研究进一步分析了家校合作对不同家庭背景学生发展的影响，研究发现，与高家庭社会经济地位的优势阶层家庭相比，低家庭社会经济地位的弱势阶层家庭家长联系教师、教师联系家长以及家长活动参与的比例均显著更低；OLS和PSM估计结果表明，家长联系教师、教师联系家长以及家长活动参与对优势阶层家庭和弱势阶层家庭学生非认知能力都有显著正向影响。

师生与同伴交往方面，进城务工人员随迁子女和留守儿童是我国城镇化进程中出现的两个特殊群体，本研究聚焦于上述两类学生群体微观教育过程公平问题。在师生交往方面，鉴于教师接纳是师生交往的情感基础，是随迁子女在城市获取教育成功的关键一步，对随迁子女是否受到平等对待、能否适应学校等均存在重要影响。研究探讨了教师对随迁子女的接纳意愿及影响因素，发现教师对随迁子女的接纳意愿整体有待提升，民办学校、初中学校及读高中之前有农村生活经历的教师更倾向于接纳随迁子女。在“两为主”政策要求下，即使随迁子女能够进入公办学校就读，部分教师也难以真正对外来学生和本地学生“一视同仁”，因此在师生交往过程中可能会存在一定的“隐性不公平”。在同伴关系方面，本研究关注了留守对学生同伴关系的影响，研究结果显示，留守经历对学生同伴关系的构建具有消极影响，且这种负向影响在以仅父外出留守、初中二年级学生、男生、非寄宿学生群体中表现更为突出。进一步通过 Shapley 值分解发现，在控制其他变量的情况下，留守可以贡献同伴关系可解释变异的 1.31%。整体而言，相对非留守学生而言，留守学生在同伴关系方面处于弱势地位。

第三，从微观教育结果公平来看，学生认知能力、非认知能力与心理健康发展方面存在较明显的群体差异，学校教学方法、家庭教养方式、家校合作等是影响微观教育结果公平的重要因素。本研究发现，城乡、不同家庭背景等学生群体之间的认知能力、非认知能力与心理健康发展方面存在一定差异。从学生认知能力来看，一是在课外补习方面，参与课外补习对留守儿童认知能力有显著的正向影响，具体能提高留守儿童认知能力 0.46 个标准差。二是教养方式方面，“管得宽”和“管得严”教养方式对子女认知能力具有显著的正向预测作用，进一步异质性分析表明，父母“管得宽”和“管得严”的教养方式更有利于促进农村子女及低分位子女认知能力的提升，这表明科学的父母教养方式是促进微观教育结果公平的有力手段。

从学生非认知能力来看，一是在教学方法方面，实证结果证实了应试教育对我国学生创造力发展存在负向影响，并且这种影响会因为个体创造力水平的不同而表现出差异性。具体看，对于创造力水平较低的学生而言，应试教育对其创造力发展的作用并不突出；随着学生创造力水平的提高，应试教育的负向效应趋于增强。二是在作业负担方面，非线性效应模型的估计结果显示，作业负担与学生创造力发展之间存在“倒 U 型”关系，剂量反应函数显示最佳时间拐点为每周 8.377 小时（即每天 1.197 小时），作业负担在拐点处对学生创造力的影响效应达到最大。同时发现，作业负担对不同学生群体创造力的影响存在学段与性别异质性。三是在家校合作方面，证实了家校合作在青少年非认知能力发展中的重要作用，并受到不良同伴交往、亲子关系的中介和亲子沟通的调节。在前文微观教育过程公平研究中也发现，家校合作是造成学生非认知能力差距的重要原因，其中教师联系家长可以减小家庭背景对学生非认知能力的影响。通过政策效果模拟表明，提高家校合作水平对缩小各类学生非认知能力差距都有一定的效果，其中教师联系家长和家长活动参与的效应更大。

从学生心理健康来看，一方面，本研究重点关注了亲子分离对学生心理发展的影响。结果表明，在控制学生个体特征和家庭特征后，亲子分离会增加学生的消极情绪体验，对学生同伴关系的构建也存在负面效应，并且这种影响在不同年级、是否寄宿等学生中存在异质性。具体而言，亲子分离会对学生消极情绪感受产生显著性的影响，与非亲子分离儿童相比，亲子分离儿童存在更加明显的消极情绪体验。而且，亲子分离对学生同伴关系也产生消极的影响，亲子分离儿童的同伴关系更差。但需要注意的是，尽管亲子分离对学生心理健康产生负向影响，但这仅仅只能说明相对非亲子分离而言，亲子分离在心理健康方面处于弱势，而不能得出亲子分离儿童存在心理健康问题的结论。另一方面，本研究探讨了父母劳动时长对学生心理健康的影响及机制。结果显示，母亲过度劳动对学生的心理健康状况产生了消极影响，这种负面影响主要由于亲子关系恶化和亲子沟通减少产生。而且，父母过度劳动对学生心理健康的影响存在异质性，女生和低年级学生对家人的情感依赖以及对家人的陪伴心理需求更加强烈，因而更有可能因为母亲过度劳动而导致学生在学习生活中得不到母亲足够的关爱和关心，产生心理健康上的问题。

整体而言，我们可以更为清晰地看到，微观教育公平问题不是单一地存在家庭或学校某一领域的问题，而是存在于影响学生成长发展的系统的微观情境之中。本文基于机会公平、过程公平和结果公平的三维框架来探讨微观教育公平问题，并不是认为三者之间是高低先后的线性关系，而是强调机会均等是基础，过程公平是保证，以质量为核心的教育结果公平是根本目的，并通过实证研究进一步证实了三者之间相互影响、相辅相成的关系。

第二节　对策建议

基础教育公平问题不仅仅是教育领域的问题，也是复杂的社会问题。本研究所聚焦的微观教育公平问题涉及了学校教育、家庭教育多个方面，其推进落实也是一个系统工程，需要政府、学校、家庭等方面综合施策，上述结论对于我们思考新时代背景下如何推进微观教育公平落地提供了重要启示。

一、建设基本公共教育服务体系，保障微观教育机会公平

微观教育公平的落地首先需要具备宏观层面的制度体系保障。2023 年，中共中央办公厅、国务院办公厅印发《关于构建优质均衡的基本公共教育服务体系的意见》提出“以公益普惠和优质均衡为基本方向，全面提高基本公共教育服务水平”。基本公共教育服务是一种通过“社会他助”以实现社会成员“人均一份”和“平等对待”的普惠性公正[①],即不论身在城市还是乡村，不论贫穷还是富有，只要是基本公共教育服务，应实现人人有份、人人等分。因此，构建优质均衡基本公共教育服务体系是中国式教育现代化的本质要求，是推动高质量教育公平、促进人全面发展的战略举措，也是实现基于所有个人的发展需要平等对待学生的基本保障。

（一）优化教育资源配置制度，加强公共资源投入保障

与新时代人民日益增长的美好生活需要相比，现行基本公共教育服务体系仍存在城乡、校际、群体差距，优质教育资源短缺等问题，由此加剧了人民群众的教育焦虑感及不公平感。为此，应当坚持教育的公平性原则，强化公共资源投入保障，提高基本公共教育服务能力和水平。

第一，强化政府财政投入责任，逐步提高经费保障水平。财政投入与保障是实现教育高质量发展，保障教育机会公平的关键与突出标志。同样，没有充足、均衡的教育投入，就无从谈起微观教育公平与均衡发展。鉴于此，要深化教育财政体制改革，明确中央与地方政府各自的事权与支出责任，多措并举持续扩大教育经费规模投入，缩小区域、城乡、校际教育经费投入差距，调整教育经费支出结构，确保教育投入与教育事业发展的实际需

① 吴忠民 . 普惠性公正与差异性公正的平衡发展逻辑 [J]. 中国社会科学，2017（9）：33-44.

求相适应，确保每一个适龄儿童所获教育资源大致相当。在教育资源配置上，要坚持向农村地区、贫困地区、薄弱学校等地倾斜，切实增强县级基本公共教育服务保障能力。

第二，凸显公办中小学的公共属性，推进教育资源均衡配置和功能激活。例如，探索将基本的课外教育纳入公共教育服务系统，并给予公共财政保障，为学生在课后提供安全且有教育价值的活动场所，同时提供家庭教育指导服务等，使基本公共教育服务成为人民群众接受优质教育的主渠道。

第三，完善教育财政绩效评价体系，提升教育经费使用效率。健全教育财政监督机制，并将基础教育资源保障情况纳入对地方政府履行教育职责评价指标体系，以此激励地方政府加大资源投入力度，保障基本公共教育服务的普惠性公正。

（二）立足学生全面发展目标，健全各领域各阶段质量标准

加强基本公共教育服务标准化建设，实现基本公共教育服务均等化是我国当前构建优质均衡的基本公共教育服务体系的前提与要求。均等化需要借助标准化的手段实现，其关注的重点是“底线保障”，是弥合城乡间、校际间、区域间基本公共教育服务水平差距的重要举措，也为落实微观教育机会公平提供执行尺度。但在新发展阶段，原有以教育资源供给为核心的基本公共教育服务标准已较难满足教育高质量发展的需要，标准覆盖范围有待扩宽，部分执行细节需要补充和完善。为此，基本公共教育服务应当立足教育性指向，遵循教育规律和教育方针，以全面提高教育教学质量、促进学生全面发展为核心，进一步健全基本公共教育服务标准体系。

（1）补齐短板，完善各领域各阶段基本公共教育服务标准。依据《义务教育质量评价指南》等政策，围绕基本公共教育服务体系各环节、各领域、各方面，在办学基本条件、师资配置、经费投入和使用，以及学校治理、教师队伍建设、学位配置等方面建立明确的标准，使应受教育者都能平等地接受优质教育。

（2）抬高底部，建立标准体系的动态调整机制。根据经济社会发展水平、人口变化趋势和服务对象的现实需要，合理布局城乡学校，满足适龄儿童就学方便和学足、学好的教育需求，并推动基本公共教育服务标准动态调整常态化，主动适应学生个性化、多样化发展需求。

（3）提高质量，强化基本公共教育的育人功能。建立健全基础教育高质量评价体系，淡化基本公共教育的选拔功能和竞争机制，破除“唯分数”“唯升学”的单一评价标准，用“多把尺子”、多种维度评价育人成效，来为更多学生自由全面地发展提供机会。

（三）完善全学段学生资助体系，切实做到应助尽助全覆盖

基本公共服务优质均衡是教育公平的重要体现，资助体系则是实现基础教育优质均衡的重要举措，经济困难家庭的学生最可能面临学杂费、基本生活等方面的困难，制约其微观教育机会的获得。对此，一方面，要健全学生资助体系，优化资助方式。加强对困难群体子女教育的保障，在为经济困难学生提供奖助学金的基础上，可以将奖助学金金额大小与学生学习成绩、综合素养挂钩，强化资助政策的激励效果，推动学生资助由保障性资助转向发展性资助；实施有偿化资助，通过设置勤工助学等项目引导学生通过劳动获取经济

资助，加强其能力建设；建立普通高中家庭经济困难学生国家资助制度，将学杂费、寄宿生活费等纳入资助范畴，通过减免费用、设立奖助学金等渠道降低经济困难高中生的经济负担。另一方面，建立动态性资助面调整机制，提升学生资助精准化水平。改变“一刀切”式名额分配机制，根据不同地区经济社会发展水平与家庭经济困难群体规模分级、分档分配学生资助名额，根据实际情况进行动态调整[①]。

二、推进基础教育学校高质量发展，强化微观教育过程公平

经过多年努力，我国宏观层面的教育机会公平问题已基本得到解决，对微观层面的教育过程公平的追求成为当前落实教育公平的关键环节。学校作为开展教育活动的基础单元，是决定及影响微观教育过程公平的主要场域。本研究实证结果表明，当前学校课堂教学、班级管理、师生关系等方面仍存在一定的不公平现象，制约了微观教育公平的落实。因此，需要从校园文化、制度机制、课堂教学、教师队伍建设等方面着手，将教育公平理念渗透于学校每个育人环节之中，促进基础教育学校内涵发展，打通教育公平的“最后一公里”。

（一）推进现代学校管理制度建设，激发学校办学活力

首先，完善学校规章制度，健全学校内部治理机制。“没有规矩不成方圆”，学校在严格落实免试就近入学政策和“两为主”政策，保障学生平等权益的基础上，应秉持育人为本理念，加快推进学校章程建设，制定实施科学化、人本化的学校管理制度，使学校工作有章可循，有规可依。特别是在评价制度方面，学校应进一步完善教师评价激励制度，更加注重过程性评价，从而促进教师们在家校沟通中更多地考虑家庭背景弱势学生的不利地位，减少有损教育微观公平的行为倾向。其次，强化学校文化引领作用，构建平等和谐的校园文化氛围。校园文化建设要着眼每一位师生的发展，通过丰富的校园文化活动增进师生之间、生生之间的关爱与互动，形成民主平等、积极向上的学风、教风和校风，增强学校文化的感染力凝聚力。最后，积极探索集团化办学模式，发挥优质学校带动作用。深入推进学校办学机制改革，积极探索集团化办学治理，通过组织互动与优质教育资源共享，发挥优质校、优质师资对薄弱学校的帮扶作用，带动薄弱学校提高管理水平，整体提升学校办学质量，保障微观教育过程公平。

（二）构建“学为中心”的课程教学体系，满足不同学生的学习需求

在学校教育场域中，课程、教学、教师是影响学生发展的最主要因素，课程结构决定着学生的素养结构，教学是课程实施的手段，教师是课程实施的主体。首先，为了实现学生全面而个性地发展，学校教育教学应从以教为主转向以学为主，逐步探索构建以“学为中心”的课程与教学体系，为学生发展提供更多选择性，再按照国家课程标准进行学科教

① 沈华，牛文龙. 完善学生资助体系推动基础教育高质量发展 [J]. 人民教育，2023（2）：78-81.

学，辅之以适量的选修、特修课程，使每个学生在形成某种可靠知识结构的同时，进一步开发学生的个性、天赋，帮助其达到全方位发展的最好水平。其次，以学情为导向，培养教师分类复式教学、分组合作教学、分散互动教学、分层走班教学的课堂教学能力，以差异化教学促进学生多样化发展[①]。再次，转变教师身份，消解教师权威，从单方面的知识传授到提供知识获取方式、渠道与支架，实现教师个体与学生个体平等对话，促进学生个体内在价值的展露与实现[②]。最后，赋予学生更大的选择权与自主权，让学生自己寻找所擅长、所感兴趣的课程，让其自由生长、个性化发展。

（三）加强教师专业培训与学习，提升教师差异化教学能力

促进学生个性化、差异化发展已经成为当下教育事业高质量发展的核心，而学生个性化发展的关键是培养教师差异化教学能力，以满足不同学生的学习需求和潜能，实现因材施教。所谓差异化教学，就是要确保学习内容、学习方式与学习者的准备水平、兴趣等相匹配。对此，一是要开展教师差异化教学能力培训，提高教师差异化教学能力。采用专家示范、案例分享和专题培训等形式使教师了解差异化教学的原则和方法，引导教师参与差异化教学研究和实践活动，鼓励在课堂中采用不同的教学策略和资源，促进其差异化教学实践、创新与反思，并通过反思和调整来提高差异化教学的效果。二是利用信息技术，构建基于数据驱动的差异化教学决策机制，全过程记录学生学习过程大数据，建立包含能力、学习课程、知识掌握情况、兴趣爱好等信息在内的数据库，辅助教师进行差异化教学任务设计和学习资源准备。另外，在城镇化发展背景下，还应通过日常教学实践、教师反思、校本教研等手段来提升教师多元文化教育智能，并加强乡村学校干部、班主任、心理健康教师等主要家庭教育指导者的长期培训，强化随迁、留守、单亲、贫困儿童家庭教育、心理健康教育等培训内容，针对性提升教师指导留守儿童等弱势群体家庭教育的能力和差异化育人能力。

（四）构建民主平等的师生关系，营造良好的育人环境

良好的师生关系是提高学校教育质量的保证，也是校园文化的重要表现。首先，教师应秉持有教无类的教育理念，充分尊重每一位学生在校学习生活中获得平等的发展机会，要构建一种民主平等的师生关系。教师需要打破自己“权威性”观念，尊重每一位学生，摒弃对学生的偏见和歧视，给学生平等的发展机会，以让学生感受到教师是公平的，从而提高对学校和学习的热爱[③]。其一，教师要保证学生的课堂表达机会平等，并给能力稍弱学生创造更多“生生对话”的机会；其二，要让每一位学生有同等机会受到教师关注，而不只是关注学习成绩优异、家庭背景良好的学生；其三，班主任应从关注学生干部的管理功效转向育人价值，采取“轮岗制”学生干部管理制度，让每一位学生（而不只是极少部分学生）都有机会参与班级管理工作，特别是提高家庭背景较差学生群体在班级管理的

---

① 管锡基，车言勇，邓婷．中小学差异教育的原理精要与实践路径 [J]. 中国教育学刊，2021（5）：99-102.

② 周波，黄培森．关注个体差异：教育过程公平的路径选择 [J]. 河北师范大学学报（教育科学版），2017，19（1）：91-94.

③ 迟艳杰．师生关系新探 [J]. 课程·教材·教法，2020，40（9）：48-54，73.

参与感；其四，班主任在编排教室座位时要综合考虑身高、性别、学习成绩，让学习成绩好的学生和后进生交叉排座，打破成绩好、坏学生泾渭分明的局面，充分发挥同伴效应作用。

三、重视家庭教育的基础性作用，发挥家校协同育人功能

学生发展是家庭和学校联合作用的结果，家庭环境和学校环境对学生微观教育公平都起着关键性作用。近年来，为全面强化和提高家长的家庭教育主体责任与教育水平，我国相继颁布《教育部关于加强家庭教育工作的指导意见》《中华人民共和国家庭教育促进法》《关于指导推进家庭教育的五年规划（2021—2025年）》等政策法规，明确了家庭承担对未成年人实施家庭教育的主体责任，并提出协同推进覆盖城乡的家庭教育指导服务体系建设。本研究的结果也显示，家长陪伴、家长教养方式、家长参与和家校合作是影响微观教育公平的重要因素。鉴于此，需要进一步强化家庭教育功能，健全学校家庭社会协同育人机制，协同推进微观教育公平。

（一）强化家庭教育功能，引导家长树立科学教育观念

家庭是影响微观教育公平的重要环境之一，家庭教育也是影响儿童全面发展的关键因素。作为现代教育体系的重要组成部分，家庭的社会功能和育人功能不可替代。在推进微观教育公平的实践中，家长首先要切实履行家庭教育主体责任，提高家庭教育水平。

（1）引导家长理性决策，注重过程陪伴。本研究发现，家长陪伴与良好的亲子关系对儿童能力发展有显著的积极作用。父母需要进一步增强陪伴子女的意识，对子女的教育投入不能局限于金钱与物质投入，还要注重过程陪伴与情感关注。通过加强与子女基本的亲子沟通、亲子陪伴、亲子互动等，在日常给予子女更多的情感关怀，让孩子充分感受到自己被关心和关爱，如主动提高亲子共餐频率、增加亲子沟通的频率等。

（2）采取科学的教养方式，营造良好的家庭氛围。在教养子女的过程中，父母应积极改善家庭教养方式，主动采取温暖、理解和民主的教养行为，深入了解子女的问题和需求，为子女营造高情感温暖的亲子关系氛围。

（3）主动协同学校教育，发挥协同育人合力。研究表明，家校合作带来的亲子关系转好、不良同伴减少、亲子沟通增多等行为，能对青少年发展起积极影响。家长要积极参加学校组织的家庭教育指导和家校互动活动，及时与教师主动沟通子女在家中的思想情绪、身心状况和日常表现，以形成良性的家校双向互动关系。

（二）加强学校指导服务，优化家校合作育人模式

学校是教书育人的主阵地，也是家庭教育指导服务的主渠道、主机构，为有效地开展家庭教育指导工作提供了有力的保障。学校应以促进青少年健康成长和全面发展为主要抓手，做好家校合作的整体规划和制度建设。研究表明，高质量的家校合作不仅可以为青少年提供成长过程的“重要他人”，还有利于青少年获得家校双方的共同关爱、充足社会鼓励与替代

性经验[①]。因此有以下几点建议。

（1）优化学校内部管理，形成顺畅的指导服务运行机制。制定落实学校家庭教育指导工作计划，形成目标明确、责任共担、有机协调的运行机制，规范地将家庭教育指导服务纳入学校常态化工作中。

（2）强化家长学校的重要作用，创新家校合作育人模式。通过建立家长学校，定期组织家长交流家庭教育信息，并特别要注重创新家校活动形式，推动弱势阶层家庭的教育参与，积极弥补家庭财富差距所导致的教育资源和机会分配失衡对青少年发展的不利影响，比如，为留守儿童群体提供公益性的课外服务活动等，从而帮助孩子抵御外部环境中负面行为的影响。

（3）提高学校的资源整合能力，强化家校社协同机制。厘清学校家庭教育指导的定位和边界，鼓励家长参与学校监督，发挥其在保障学生安全健康、化解家校矛盾等方面的积极作用。同时，积极寻求妇联、民政、村委及专业机构的支持和帮助，整合协同更多社会专业资源与力量为家长提供更好更全面的服务。

（三）倡导社会有效支持，健全家庭教育服务网络

习近平总书记明确要求，教育、妇联等部门要统筹协调社会资源支持服务家庭教育，全社会要担负起青少年成长成才的责任。为此，要鼓励和引导社会力量参与，积极构建普惠性家庭教育公共服务体系。一方面，用好城乡社区服务空间，精准开展家庭教育指导服务。应将家庭教育指导作为城乡社区公共服务重要内容，通过建设家长学校等家庭教育指导服务站点，根据社区居民的家庭教育指导服务需求，开展智慧父母学习沙龙、亲子实践活动、公益培训等活动，并重点关注留守儿童、残疾儿童和特殊家庭教育需求，为其精准提供家庭教育问题咨询等服务。另一方面，充分发挥公共文化服务机构家庭教育功能，推进社会资源开放共享。图书馆、博物馆、青少年宫、儿童活动中心等公共文化服务机构要面向中小学生积极开展各种公益性课外实践活动。对于留守儿童、随迁子女等弱势儿童群体，可以通过政府购买服务或发放专项补助等方式，积极培育关爱服务类公益组织，鼓励社会力量开发教育公共资源，努力让每个家庭都能享有普惠性、公益性教育公共资源。

四、为相对弱势群体提供补偿性支持，促进微观教育结果公平

保障弱势群体、困难群体的受教育机会和教育质量，是促进微观教育公平的重点和难点。随着教育公平政策的持续推进，微观层面的教育不公平可能会更加隐蔽、更加容易被误识。文化再生产理论提示我们，微观教育公平的实现不仅有赖于教育政策的优化、资源配置的均衡以及学校教学环境的改善，更需要给予弱势学生群体更多的政策倾斜和补偿[②]，为这部分弱势群体提供“兜底式”保障。如果不能充分关注和弥补因家庭背景等因素而导

① 陈嘉晟，张文明．家校互动的类型表征及其对青少年自我效能感的影响——基于“中国教育追踪调查”的实证研究 [J]. 教育发展研究，2022，42（22）：51-58.

② 高政，邓莉．教育公平的文化视角 [J]. 清华大学教育研究，2010（4）：8-14.

致的弱势学生群体的发展劣势，那么单纯的硬件设施改善对实现微观教育公平而言可能是效果有限的。因此，本研究认为补偿对待是微观教育公平的实施原则之一。

（一）精准识别相对弱势群体身份，完善补偿性政策与机制

弱势群体往往呈现分散化、弱质化、边缘化等特点，依靠自身力量很难短期内改变自身处境,其向上流动的机会更少,更易形成阶层固化,加剧社会不公。根据罗尔斯在《正义论》当中论述的公平正义的差别原则，为处境不利的弱势群体提供必要的资源和帮助是社会公平的基石。因此，首先应从制度设计层面出发，坚持弱势补偿原则，积极出台并实施针对弱势群体的教育补偿政策。考虑贫困、偏远、学困和残障等因素，加大对弱势学生资助力度和项目支持，例如，针对贫困等弱势阶层家庭提供基本学具补助项目、免费校服项目、基本健康体检项目等差别化服务。同时，鉴于当前贫困生高消费、炫富等新闻屡屡报道，引发人们对贫困生认定标准的质疑，应进一步精准识别弱势群体，建立健全有效的弱势群体身份认定机制。对此，一是进一步细化弱势群体评估指标，确保评估结果真实反映学生的实际情况，如对于家庭经济困难的学生，则综合考虑家庭收入、父母职业、社会福利资格等因素。二是建立严格审核和监督机制，针对弱势群体身份认定申请材料，通过现场访问和实际调查核实其生活状况和所申报的情况，弱势群体身份认定审批过程中采取内部审核与外部监督机制，确保审查过程的独立性和公正性。三是建立动态调整机制，组织开展定期申报审查和不定期个人申请,及时更新身份认定结果,保证资助政策实现精准支持。

（二）关注相对弱势儿童能力发展，挖掘每个学生的潜能与优势

美国经济学家阿玛蒂亚・森（A. Sen）提出“能力平等”主张，认为真正的机会平等必须通过消除能力方面的不平等才能实现。因留守、随迁等弱势群体学生家庭背景方面居于弱势地位，其认知与非认知能力方面的发展与优势学生群体存在差距，造成了微观教育结果的不公平，因此需要在物质、行为、情感上的补偿弥补客观条件差异的基础上，着力促进其认知与非认知能力发展。首先，树立科学的学生评价观，改变传统的应试教育倾向，探索将学生的认知能力与非认知能力发展纳入现有评价体系,引导教师与家长逐步改善“重知识教学、轻情感培育”等问题。其次，教师应该在教育教学过程中善于发现弱势学生群体的优点优势，除了学科课程学习之外，引导学生多参与社团活动、公益活动等，帮助其找到自己身上的闪光点。最后，要鼓励弱势学生群体进行元认知和自我概念发展，引导其思考自己的学习策略和方法以及在不同学科或领域中展现出的优势与特长，尝试不同的学习策略、技巧及其学习效果，建立适合自己的个性化学习策略。同时，根据学生学习风格和认知水平，为弱势学生群体推荐个性化的学习资源与额外教育，有效回应学生多样化的成长需求。

（三）建立健全教育关爱制度，为弱势群体提供精准支持

本研究表明，高水平的家长参与和家校合作会在一定程度上缓解弱势阶层家庭背景给学生带来的不利效应。但是一方面，不同弱势群体家庭的内部形态存在较大差异，例如，

留守儿童家庭主要面临的重养轻教、隔代抚养问题；父母离异儿童存在家庭监管不力、学业表现不佳问题；特困家庭儿童则容易产生自卑心理问题等。另一方面，弱势背景家长的学校参与较少，不仅是因为他们“缺乏参与意识”，更重要的是他们“不知道怎么做”。因此，在优先满足弱势群体基础性需求的前提下，学校应转变“大水漫灌”式家庭教育指导为“精准滴灌”式指导，针对不同儿童的特征与不同类型的家庭需求提供差异化的关爱服务。一是聚焦弱势群体，做好服务需求调查。通过组织教师开展家访，全面做好学生家庭情况调查，分类明确留守儿童家庭、单亲或重组家庭、贫困儿童家庭、残疾儿童家庭等特殊对象的服务需求与重点，并建立弱势儿童家庭指导服务档案。二是创新方式，灵活开展指导服务。分类制定不同群体的指导服务方案，结合信息化手段，有计划地采用集中与分散、线上与线下相结合的方式为家长提供“普适性 + 个性化”的菜单式指导服务，满足多元化的家庭教育指导需求。另外，教育关爱制度建设是系统工程，还需发挥家校社协同作用，鼓励各方为弱势群体提供额外的学习支持、辅导服务、奖学金计划或职业指导等资源与机会，协助学校为弱势群体学生提供更全面的关爱与支持，共同保障弱势群体学生的微观教育公平。